Business Etiquette

4th Edition

21世纪高等院校市场营销专业规划教材

商务礼仪

（第四版）

王忠伟 蒲岸华 李洪娜 胡迎春 编著

东北财经大学出版社
Dongbei University of Finance & Economics Press
大连

图书在版编目（CIP）数据

商务礼仪 / 王忠伟等编著. —4版. —大连：东北财经大学出版社，2022.1（2024.1重印）

（21世纪高等院校市场营销专业规划教材）

ISBN 978-7-5654-4382-4

Ⅰ. 商… Ⅱ. 王… Ⅲ. 商务-礼仪-高等学校-教材 Ⅳ. F718

中国版本图书馆CIP数据核字（2021）第235386号

东北财经大学出版社出版

（大连市黑石礁尖山街217号 邮政编码 116025）

网 址：http://www.dufep.cn

读者信箱：dufep@dufe.edu.cn

大连雪莲彩印有限公司印刷 东北财经大学出版社发行

幅面尺寸：185mm×260mm 字数：357千字 印张：17.75

2022年1月第4版 2024年1月第3次印刷

责任编辑：蔡 丽 责任校对：蓝 海

封面设计：冀贵收 版式设计：钟福建

定价：49.00元

教学支持 售后服务 联系电话：（0411）84710309

第四版前言

中华民族具有五千年的文明史，素以礼仪之邦闻名于世，礼仪文化教育的传统源远流长。孔子继承周礼，发展出“仁”的思想，以“敬”为内核，以“礼”为形式，构建了儒家学说。从此，礼仪成为中华民族在长期社会生活中形成的人际关系的表现形式，成为衡量一个人道德水平和教养程度的尺度。

伴随中华民族伟大复兴的步伐，学国学，讲传统，兴礼仪，蔚然成风，礼仪已经渗透到社会生活的各个方面，人们的交往、工作和生活时刻都离不开礼仪。振兴中华，实现中国梦，必须从我做起，从学生开始。进入21世纪以来，各高校都注意强化礼仪规范教育。我们根据多年的教学实践，阅读大量礼仪文献，进行筛选和提炼，编写成这部《商务礼仪》教材。该教材的内容涉及个人、家庭、社交、职场等方面的礼仪问题。希望学生能通过学习，纵览礼仪概貌，掌握礼仪常识，提高自身素质和修养，成为遵守礼仪的楷模。

本书第二版主要在两个方面做了改进：一是增加了示意图。为了准确把握商务礼仪规范，我们请学生着装示范，拍摄成图片，安排插图，以增强礼仪教学视觉功能，设身处地，直观易懂。二是对书中的赘言冗句进行了规范，删掉部分内容。

本书第三版主要在四个方面做了改进：一是更正了部分错漏之处；二是补充了网络相关的内容；三是引入了二维码的阅读方式；四是修改了全书的标题级次，提升阅读体验。

本书第四版更正了部分错漏之处，并注重思政引领，融入党的二十大精神。党的二十大报告指出：“用社会主义核心价值观铸魂育人，完善思想政治工作体系，推进大中小学思想政治教育一体化建设。坚持依法治国和以德治国相结合，把社会主义核心价值观融入法治建设、融入社会发展、融入日常生活。”本书在部分章通过“学思践悟”栏目的形式，结合党的二十大报告内容，引导学生深入社会实践，关注现实问题，使他们既灵活地应用专业知识，又遵纪守法，经世济民，坚定中国特色社会主义道路自信、理论自信、制度自信、文化自信，努力践行习近平新时代中国特色社会主义思想进教材、进课堂、进学生头脑，达到价值塑造、知识传授、能力培养三位一体的育德树人之效。根据《国家教材委员会关于印发〈“党的领导”相关内容进大中小学课程教材指南〉的通知》（国教材〔2021〕5号），本书“思政园地”的内容包含“党的领导”相关内容。

本书由王忠伟教授拟定框架并进行总撰，蒲岸华收集资料，拟定大纲，李洪娜和胡迎春编写。李洪娜为本书第二版的修订工作殚精竭虑，下了很多功夫；李奇志在摄影过程中，尽心尽力，十分辛苦，在此一并深表谢忱！

在本书的编写和修订过程中，编著者参考和引用了大量文献，但由于不具备广泛且深入地查询馆藏资料的条件，以及电子数据资源的覆盖范围有限，在脚注和“主要参考文献”中可能没有列全资料来源，或者所列的可能不是最早来源的作者的作品，请相关作者谅解；若相关作者与本书编著者联系，编著者愿意根据引用作品的篇幅而提供相应的字数报酬。在此，编著者向所有的相关作者表示衷心的感谢。本书中的不妥之处，敬请广大读者指正。

编著者

2021年10月

（2023年7月更新）

目　录

第一章

导　论

人类的活动在受自然规律影响和制约的同时，还受各种社会规范的影响和制约。在社会规范中，除了道德规范和法律规范外，还有一个很重要的方面，就是礼仪规范。

礼仪，作为人类社会发展过程中逐渐形成并积淀下来的一种文化，渗透于各种社会关系之中。随着我国社会主义市场经济的快速发展，竞争日益激烈，掌握并运用好商务活动中的礼仪规范日益成为企业取胜的重要法宝。商务礼仪逐渐发展成为一门学科、一种文化。

第一节　礼仪的含义

礼仪是文明的标志，世界上所有的民族都有自己的礼仪。在四大文明古国中，唯有中国有“礼仪之邦”的美誉。在数千年的历史进程中，礼仪文化作为整个中华民族文化的一个重要的、贯穿始终的组成部分，不断发展、充实、完善，成为独具东方特色、在世界上有重大影响的文化瑰宝。

一、礼的释义

中国古代有“五礼”之说，祭祀之事为吉礼，冠婚之事为嘉礼，宾客之事为宾礼，军旅之事为军礼，丧葬之事为凶礼。民俗界认为礼仪包括生、冠、婚、丧四种人生礼仪。随着社会的不断进步和发展，作为人类文明标志的“礼”也不断完善和发展。“礼”的含义比较丰富，主要有以下四个方面：

① 本义是敬神，即祭祀、烧香、拜神，后引申为“敬意”的统称。孟子曰：“尊敬之心，礼也。”《说文解字》中提到：“礼，履也，所以事神致福也。”

② 指为表示敬意或隆重而举行的仪式，如典礼、婚礼、丧礼。

③ 泛指奴隶社会、封建社会的等级制及社会生活中的社会准则和道德规范。孔子曰：“齐之以礼。”朱熹曰：“礼，谓制度品节也。”

④ 指礼物。《晋书·陆纳传》中记载：“及受礼，唯酒一斗，鹿肉一柈。”

随着历史的发展，“礼”的外延已经有了延伸和扩展，在许多场合它已成为“礼貌”“礼节”“仪表”“仪式”等的代名词。

二、礼仪

礼仪就是礼的规范化、制度化、系统化和条理化，即人们在社会交往中形成的行为规范准则。其具体表现为以下方面：

（一）礼貌

礼貌是人们在交往时相互表示敬重和友好的行为规范。它主要通过有礼貌的语言和行为来表现谦虚和对他人的恭敬。在日常生活中，礼貌表现在人们的举止、仪表、语言上，表现在服务的规范、程序上，表现在对客人的态度上。一个微笑、一个鞠躬、一声“你好”、一句“祝您旅途愉快”，都是礼貌的具体表现。

从道德、社会风尚方面来研究礼貌，可以将它分为三类：

一是在各种公共场合的最起码的行为准则；

二是个人交往中最起码的礼节；

三是个人私生活中最起码的行为习惯。

礼貌的主要内容包括遵守秩序，言必有信，敬老尊贤，待人和气，仪表端庄，讲究卫生。礼貌的内容既是社会公德的核心内容，也是商务职业首要的基本规范。

（二）礼节

礼节是礼貌的具体表现形式，是礼貌在语言、行为、仪表等方面的具体规定。礼节是人们在日常生活中，特别是在交际场合相互表示尊敬、祝颂、问候、致意、哀悼、慰问，以及给予必要协助和照料的各种惯用形式。从形式上看，它具有严格的仪式；从内容上看，它反映某种道德原则，反映对他人的尊重和友善。例如，在某人生日那天，其朋友、同事对他说一句“生日快乐”，或送上生日贺卡、鲜花、生日蛋糕等；参加宴会时，服务员按照先宾后主、先女宾后男宾的程序送茶、斟酒、上菜、送毛巾等。

（三）仪表

仪表是指人的外表，包括容貌、姿态、服饰、个人卫生等内容。孔子就非常重视对学生仪表方面的教育，要求学生衣冠整齐，站有站相，坐有坐相，为人处世彬彬有礼、温文尔雅。

（四）仪式

仪式是指在比较大的场合举行的具有专门规定的程序化行为规范的活动，如颁奖仪式、签字仪式、开幕仪式等。

在市场经济的大潮中，商务往来是一种重要的交往形式。商务活动从本质上说也是一种交际活动，因此，商业场合的交际就有必要遵循一定的规则和规范，从而形成商务礼仪。一个人只有具备较强的交际能力，才能立足于竞争激烈的商业社会中。商务礼仪作为商业交际中必不可少的组成部分，其重要性已越来越被商界人士所认识和看重。

第二节　商务礼仪概述

一、商务礼仪的含义

商务礼仪是人们在商务活动中逐步形成的一种约定俗成的习惯形式，多表现在各种礼节和仪式中。

商务礼仪是社会礼仪在商务活动中的体现和运用。在市场经济不断发展的条件下，商界人士要想在激烈的市场竞争中取得成功，保持良好的商业信誉，并长期立于不败之地，就必须了解、熟悉和正确运用商务礼仪。

二、商务礼仪的特征

（一）规定性

商务礼仪的适用范围是指从事商品流通的各种商务活动。凡不参与商品流通的商务活动，都不适用商务礼仪。

（二）信用性

从事商务活动的双方都有利益上的需要，而不是单方面存在利益需求。因此，在商务活动中，诚实、守信就显得非常重要。所谓诚实，即诚心诚意参加商务活动，力求达成协议，而不是夸夸其谈、毫无诚意。所谓守信，就是言必信，行必果。签约之后，一定要履行；如果实在不能如期履约，那就应给对方一个满意的结果来弥补，而不应言而无信，决而不行。

（三）时机性

商务活动的时机性很强，如果时过境迁，就会失去良机。在商务活动中，如果说话做事恰到好处，问题就会迎刃而解。有的商界人士坚持“不见兔子不撒鹰”，对方也可能会因此被拖垮，从而失去一次成功的商业合作机会。

（四）文化性

商务活动虽然是一种经济活动，但是商务活动中文化含量较高。因此，商界人士要体现文明礼貌、谈吐优雅，就必须不断提高自身的文化素质，树立文明的企业形象，在商务活动中表现出文明典雅、有礼有节。

三、商务礼仪的原则

商务活动是一种典型的社交活动。在商务交往中，如何运用社交礼仪，怎样才能发挥礼仪应有的效应，怎样创造最佳人际关系状态，这些都同双方彼此遵守礼仪的原则密切相关。

（一）真诚和尊重

在与人交往时，真诚和尊重是礼仪的首要原则。只有真诚待人，才是尊重他人；只有尊重他人，方能创造和谐愉快的人际关系，真诚和尊重是相辅相成的。

真诚是对人、对事的一种实事求是的态度，是待人真心实意的友善表现。真诚和尊重，首先表现为对人不说谎、不侮辱人，所谓“骗人一次，终身无友”；其次表现为对他人的正确认识，相信他人、尊重他人。只有真诚奉献，才有丰硕的收获；真诚和尊重能使双方相互包容，友谊天长地久。

然而在社交场合，真诚和尊重也会出现许多误区。一种是在社交场合，一味地倾吐自己所有的真诚，甚至不管对象是谁；另一种是不管对方能否接受，凡是自己不赞同的或不喜欢的都一味地抵制、排斥，甚至攻击。在社交中，必须注意真诚和尊重的一些具体表现。在你倾吐忠言时，有必要看一下对方是否是自己倾吐肺腑之言的知音，如果对方根本不喜欢听你真诚的心声，你就徒劳了。

另外，如果你不喜欢、不赞同对方的观点或打扮等，那么也不必针锋相对地批评，更不能嘲笑或攻击，可以委婉地提出或适度地有所表示，或干脆避开此问题。有人以为这是虚伪，非也，这是给人留有余地，是一种尊重他人的表现，自然也是真诚在礼貌中的体现。就像在谈判桌上，尽管对方是你的对手，也应彬彬有礼，显示自己尊重他人的风度。这既是礼貌的表现，也是心理上战胜对方的表现。要在社交场合展示真诚和尊重，切记三点：①给人以充分表现的机会；②对他人表现出你最大的热情；③永远给对方留有余地。

（二）平等和适度

在社交场合，礼仪行为总是表现为双方的。你给对方施礼，自然对方也会相应地还礼于你，这种礼仪施行必须讲究平等的原则。平等是人与人交往时建立情感的基础，是保持良好人际关系的诀窍。平等在交往中表现为不骄狂，不我行我素，不自以为是，不厚此薄彼，不傲视一切、目中无人，更不以貌取人或以职业、地位、权势压人，而是处处、时时平等、谦虚待人，唯有如此，才能结交更多的朋友。

适度原则，即交往应把握礼仪分寸，根据具体情况具体分析，因人、因事、因时、因地恰当处理。应用礼仪时特别要注意做到把握分寸，认真得体，不卑不亢，热情大方，有理、有利、有节，避免过犹不及。分寸感是礼仪实践的最高技巧，运用礼仪时，做得过了头，或者做得不到位，都不能正确地表达自己的自律、敬人之意。

（三）自信和自律

自信的原则是社交场合的一个心理健康的原则，唯有对自己充满信心，才能如鱼得水，得心应手。自信是在社交场合的一份很可贵的心理素质。一个有足够自信心的人，才能在交往中不卑不亢、落落大方，遇到强者不自惭，遇到艰难不气馁，遇到侮辱敢于挺身反击，遇到弱者会伸出援助之手；一个缺乏自信的人会处处碰壁，遭遇失败。

人应该自信，但不能自负。自以为了不起的人往往会走向自负的极端，凡事自以为是，不尊重他人，甚至强人所难。

自律是正确处理好自信与自负的一个原则。自律原则就是主动对自己的行为进行约束。礼仪不是法律，不是由司法机关强制执行的。礼仪是待人处事的规范，是社会群体日常生活与交往过程中形成的合乎规范的一些行为规范。这些行为规范并不是某一个人或某一个团体所规定的，而是由社会大众一致认可并约定俗成的行为规范。因此，礼仪是靠人自觉来维系的，靠社会舆论来监督，并逐渐受到人们重视，从而发展成为一门规范的学科。礼仪作为一门学科，需要教育和训练，这样可以更为广泛地在人们心中树立起一种道德信念和礼貌修养准则。这样就会获得一种内在的力量。拥有这种力量后，人们不断增强自我约束、自我克制的能力，在与他人交往时会自觉按礼仪规范去做，而无需别人的提示和监督。

（四）守信和宽容

孔子说，“民无信不立”，“与朋友交，言而有信”，强调的正是守信用的原则。守信是我们中华民族的美德，在社交场合尤其讲究。一是要守时，与人约定时间的约会、会见、会谈、会议等，绝不拖延迟到。二是要守约，即与人签订的协议、约定的事一定要说到做到，所谓言必信、行必果。在社交场合，不要轻易许诺他人；许诺如果做不到，就落了个不守信的恶名，从此会失信于人。

宽容的原则即与人为善的原则。在社交场合，宽容是一种较高的境界。《大英百科全书》对“宽容”下了这样的定义：“宽容即容许别人有行动和判断的自由，对不同于自己或传统观点的见解的耐心公正的容忍。”

宽容是人类一种伟大的思想，在人际交往中，宽容的思想是创造和谐人际关系的法宝。对他人宽容、理解他人、体谅他人，千万不要求全责备、斤斤计较，甚至咄咄逼人。总而言之，站在对方的立场去考虑一切，是你争取朋友的最好方法。

四、商务礼仪的作用

人是一种感情动物，不论做什么事，都不可能脱离感情而纯粹地就事论事。而礼仪正是人们互相尊重的一种感情表现形式。正因为如此，商务礼仪的应用对促进商务活动蓬勃发展所起的巨大作用已越来越引起人们的重视。

（一）有利于沟通与交流

对人“以礼相待”可以使相互陌生的人在最短的交往过程中达成沟通和信任，是人类交流感情、建立友谊和开展各种活动的桥梁和纽带。商务活动是双向交往活动，交往成功与否，首先要看双方是否能够沟通，或者是否能取得对方的理解。交往的对象是人，而不是物，人有自己的思想、情感、观点和态度。由于立场不同，人们对同一个问题会有各自不同的理解和看法，这就使交往双方的沟通有时变得困难。若交往双方不能沟通，不仅交往的目的不能实现，有时还会导致误解，给企业造成负面影响。因此，商务礼仪旨在消除差异，使双方相互接近，实现情感沟通。

（二）有利于良好形象的塑造

一位资深的企业家曾说过这样的话：商界人士平时所做的全部努力，可以被归纳为一句话，就是想方设法在自己的人际交往中替自己和企业塑造出完美的形象，并且尽心竭力地维护这种形象。而商务礼仪在努力塑造和维护个人和企业形象中可以发挥重要作用。

1.有利于个人良好形象的塑造

个人形象对于商界人士十分重要，因为它体现着每个人的精神风貌与工作态度。商务工作向来以严谨、保守而著称。假如一名商界人士在商务交往中对个人形象掉以轻心，那么就会直接影响其所在企业的形象。正像一位举世闻名的公共关系大师曾经说过的那样：在世人眼里，每一名商界人士的个人形象如同他所在企业的产品或服务一样重要。它不仅真实地反映了每一名商界人士本人的教养、阅历以及是否训练有素，而且准确地体现了他所在企业的管理水平与服务质量。

商界人士在日常的工作和生活中要塑造好、维护好自身形象，就必须懂得商务礼仪。一名商界人士即使知识再多、专业能力再强，如果不懂得商务礼仪，那么在商务活动中要树立起良好的个人形象，也是非常困难的。

2.有利于企业良好形象的塑造

对一个企业来说，员工良好的个人礼仪反映了员工良好的文化素质和品质修养，从而间接反映了企业良好的精神风貌和管理水平。因此，员工的礼仪直接塑造了自身的个人形象，间接塑造了企业的组织形象。一个企业具有良好的企业形象，意味着有较高的知名度和美誉度，值得广大客户信赖，使销售渠道畅通，并使企业不断开拓市场，更可以赢得政府、主管部门以及市场监管、财税、金融、新闻传媒等部门的理解、信任和支持。

（三）有利于促进协调

在商务活动中，难免会碰到购销不畅的情况，有时客户还可能不高兴。如果处理不当，那么不仅客户对商务从业人员的印象不佳，而且会影响企业的形象。商务礼仪能化解矛盾，消除分歧，使双方相互理解，达成谅解，从而调节人际关系，使之趋于和谐，妥善地解决商务纠纷。

拓展阅读一

关键术语

礼仪　礼貌　礼节　仪表　仪式

复习与思考

1. 商务礼仪的含义是什么？
2. 商务礼仪的特征是什么？
3. 商务礼仪的原则是什么？
4. 商务礼仪的作用是什么？
5. 学习商务礼仪的意义有哪些？

第二章

商界人士个人礼仪

个人礼仪是个人形象和魅力的最好证明。商界人士经常在各种场合露面，参加各种商务活动，同各种人打交道。商界人士要在商务活动中树立个人形象和展现个人魅力，就必须有良好的个人礼仪——注重自己的仪容、仪表、仪态，注重自己的言谈举止。

第一节　着　装

一、商界人士着装的总体要求

在社交场合，一个人的穿着不但可以体现他的文化修养，也可以反映出他的审美趣味。穿着得体，不仅能赢得别人的喜欢，给人以良好的印象，而且能不断提高自己的生活信心，使人充分享受生活的乐趣；相反，穿着不当，往往使人感到你举止不当，进而损害你的社交形象。由此可见，穿着是一门艺术，它既要讲究协调、色彩，也要注意场合、身份，同时是一种文化的体现。

（一）穿着协调

穿着协调是指一个人的穿着要与他的年龄、体形、职业和所处的场合吻合，表现出一种和谐，这种和谐能给人以美感。穿着协调具体地说有以下几个方面：

1.穿着要和年龄相协调

不管青年人还是中老年人，都有权利打扮自己，但是在打扮时要注意，不同年龄的人有不同的穿着要求。年轻人应穿得鲜艳、活泼、随意一些，这样可以充分体现出年轻人的朝气和蓬勃向上的青春之美。而中老年人的着装要注意庄重、雅致、整洁，体现出成熟和稳重，透出那种青年人所没有的成熟美。因此，无论你处于青年、中年还是老年，只要你的穿着与年龄相协调，都会使你显出独特的美来。

2.穿着要和体形相协调

人的身材、肤色各有差异，穿着时应扬长避短。

一般说来，身材较高的人，上衣应适当加长，配以低圆领或宽大而蓬松的袖子、宽大的裙子和衬衣，衣服颜色最好选择深色、单色或柔和的颜色，这样能给人以“矮”的感觉。身材较矮的人，不宜穿大花图案或宽格条纹的服装，最好选浅色的套装，上衣应稍短一些，使腿比上身突出；服装款式以简单直线为宜，上下颜色应保持一致。

体形较胖的人应选择小花纹、直条纹的衣料，最好是冷色调，以达到显“瘦”的效果；在款式上要力求简洁，中腰略收，后背扎一中缝为好，不宜采用关门领，以V形领为最佳。体形较瘦的人应选择色彩鲜明的大花图案以及方格、横格的衣料，给人以宽阔、健壮的视觉效果。在款式上，瘦人应当选择尺寸宽大、上下分割花纹、有变化的、较复杂的、质地不太软的衣服，切忌穿紧身衣裤，也不要穿深色的衣服。

另外，肤色较深的人穿浅色服装会获得健美的色彩效果；肤色较白的人穿深色服装更能显出皮肤的细腻柔嫩。

3.穿着要和职业相协调

不同的职业有不同的穿着要求。例如，教师、公务员等一般要穿得庄重一些，不要打扮得过于妖冶、怪异，这样可以给人留下一个良好的印象。医生穿着要力求显得稳重和富有经验，一般不宜衣着过于时髦，这样给人轻浮的感觉，不利于对病人进行治疗。未成年学生穿着要朴实、大方、整洁，不要过于成人化。而演员等艺术工作者可以根据他们的职业特点，穿着时尚、个性一些。

4.穿着要和环境相协调

办公室是一个很严肃的地方，因此人们上班时应穿着整齐、庄重。

外出旅游，穿着应以轻装为宜，力求宽松、舒适，方便运动。

平日居家，可以穿得随意一些；但若有客人来访，应立即穿着整齐，否则显得失礼了。

除此之外，在一些较为特殊的场合，还有一些专门的穿着要求。例如，在喜庆场合不宜穿得太素雅、古板，在庄重的场合不能穿得太宽松、随便，在悲伤场合不能穿得太鲜艳等。

（二）色彩协调

1.色彩给人的感受

根据人们对各种色彩的不同感受，色彩被分为暖色调、冷色调和中和色调。不同的色调不但给人的感觉不同，有些色调、色彩还包含某些象征意义。

红色是一种暖色调，它除了使人联想到太阳、光明，给人热烈、兴奋的感觉之外，在我国红色还象征着吉祥，是一种传统的吉庆色彩。在暖色调中，除了红色之外，还有橙色、黄色。橙色给人以温馨华贵的感觉，显得热烈、活泼。黄色是一种偏暖色，给人的感受是明亮、活泼，使人兴奋，并且非常引人注目。

冷色调主要包括紫色、蓝色、绿色。其中，紫色是一种偏冷色，它给人以神秘、忧郁的感觉，同时显得高贵、有权威。紫色中的浅紫色（紫丁香色、蓝紫色）

宜做春装色，而深蓝可作为秋冬装的颜色。蓝色会使人想到天空、海洋，给人的感觉是柔和、沉静。蓝色着装搭配得当可产生高雅的效果。绿色往往使人感到凉爽、恬静、安宁、友好，让人想起田野和草原，人们还常常以绿色象征青春、生命与和平。

黑色、白色这两种中和色调除了给人以神秘、神圣的感觉之外，有时还象征着悲哀。中和色调除白色、黑色之外，还有灰色。灰色能给人以平和、稳重、可靠的感觉，所以它是最常见的工作服装用色。

2.色彩搭配的常识

（1）亲色调和法

这种方法要求将色调相近似但深浅、浓淡不同的颜色组合在一起。亲色调和法具体可分为三类：

第一，单色调和，即将一种颜色作为基色，用其不同饱和度和深浅度的色彩进行配色，如用深绿色和浅绿色搭配、红色和深红色搭配等。

第二，主色调和，即用取自同一种颜色的几种不同色彩来配色，如平均取自同一颜色的棕色、深象牙色和浅棕色相搭配。

第三，类色调和，即把相近的几种颜色调和。

亲色调和法比较简单，容易掌握，而且由该方法配出的服装颜色穿着的效果也比较好。

（2）对比色调和法

其特点是在服装色彩搭配上以其中一种颜色衬托另外一种或两种颜色，各种颜色不失各自的特点，相映生辉。对比色调和法有三种调和形式：

第一，将两种对比色加以配合，其中一种颜色是主色，压住另一种颜色，如红色配绿色、黄色配紫色等。

第二，将相邻的颜色对比搭配，如黄色与绿色搭配、红色与紫色搭配。只要颜色相邻即可，色彩饱和度及深浅度可以各有不同。

第三，将三种颜色对比搭配，这是对比色调和中最常见的一种，如红黄蓝、橙绿紫等。为了突出其中的一种颜色（主色），可以用色调的变化来实现。一般说来，主色应突出，采用较为柔和、平稳的颜色为好；配色（也就是装饰色）一般应采用鲜明的饱和色，而且越少越显得鲜明。例如，灰色的衣服上适当地加上一道深红配色，就会显得很悦目，但是如果好几处都有这种配色，就会令人感到俗气。

另外，还需要记住，在着装颜色搭配上切忌上下身都采用鲜明的颜色，这样会显得很刺眼，令人不舒服。例如，鲜绿色的裙子最好不要配鲜黄色的上衣。

3.肤色与着装色彩的选择

中国人的皮肤大致可分为浅黄、黄、暗黄和浅褐色。不同的肤色可以配以不同颜色的服装。

浅黄色皮肤者，也就是我们所说的皮肤较白净的人，对颜色有很多选择，穿什么颜色的衣服都合适，尤其是穿不加配色的黑色衣裤，会显得更加白皙。

暗黄或浅褐色皮肤，也就是皮肤较黑的人，尽量避免穿深色服装，特别是深褐色、黑紫色的服装，一般应选择红色、黄色的服装。

另外，肤色呈病黄或苍白的人，最好不要穿紫色、红色的服装，以免使其脸色呈现出黄绿色，加重病态感；皮肤黑中透红的人，则应避免穿红、浅绿等颜色的服装，而应穿浅黄、白等颜色的服装。

总而言之，中国人的肤色，除特殊情况者外，是中和色调和偏暖色调的，在服装的颜色上也应以暖色调为主，一般应选择红、棕褐、玫瑰、杏黄等颜色。有时，根据自己的皮肤情况选择某种偏冷色调的服装也会很有魅力。

（三）场合协调

1.喜庆场合的着装要求

喜庆场合是指结婚庆典、生日欢宴、欢庆舞会、朋友聚会、联欢晚会、假日游园等场合。在这些场合，一般气氛比较热烈、喜庆，为了与这种气氛相协调，参加者在穿着上应注意以下两个方面：

（1）色彩要合适

喜庆场合具体可分为两类：

一类为正式的喜庆场合，如结婚庆典、生日欢宴、欢庆舞会等。在这类场合，着装要求比较严格。男士服装以深色为宜，单色、条纹、暗小格均可；女士应该以浅色连衣裙或裙套装为宜。参加者的身份不同，着装也有一些差异。一般来说，主人穿得最好不要太华丽或太暴露，色彩也不要太鲜艳，以免给人以不庄重的印象；穿得略微素雅，去招呼客人就会感到舒服、自然。假如你是客人，则可以穿得欢快、喜气、鲜艳一些。不过，在参加朋友的婚礼时，应该特别注意不要打扮得过于出众。

另一类是比较随意的喜庆场合，如朋友聚会、假日游园等。在这类场合，不妨选择色彩明快的服装，色调搭配上也可以有一些变化，如男士西装可以上下一色，也可以上下分色。

（2）款式要得当

喜庆的场合，特别是正式的喜庆场合，对男士的服装要求比较严格，应该穿着中山装、西装或自己民族的服装。其他的喜庆场合可以穿得宽松、潇洒一些，如可以穿两用衬衫、夹克衫、牛仔上衣等各式便装，但要穿得整齐、干净，千万不要穿皱皱巴巴的衣服。女士服装款式相对来说选择的余地要大得多，喜庆场合实际为女士提供了一个展示自己时装的机会。女士可以根据季节和自身的特点，选择自己喜欢的款式，但是也应该注意在比较正式的喜庆场合不要穿得过于怪异。

此外，我们还应该注意所佩戴的饰物与服装颜色和款式的搭配。

2.庄重场合的着装要求

庄重场合主要是指正式宴请、庆典仪式、会见外宾等正式场合。这种场合对着装有比较严格的要求，马虎不得。

（1）要按照规定着装

重大的宴会、庆典及会见，组织者在所发请柬上有时专门注有着装要求，这时参加者应该根据规定着装。即使组织者没有具体的着装规定，参加者也应该穿着比较严肃、正式的服装。男士可穿中山装、西装或民族服装，女士可以穿各式套装、晚礼服、旗袍、长裙等。服装的色彩和款式要衬托出庄严、高雅的气质，表现出风度和教养。在庄重的场合，参加者不宜着便装和两用衫、夹克衫、T恤衫、牛仔服等，更不能穿短裤、背心或超短裙。

（2）要按规范着装

着装，特别是穿着正式服装有一定的规范。出席重大宴会、参加庆典和会见，一定要按这些规范进行着装。比如，穿西服一定要穿衬衫、系领带、穿皮鞋；如果穿中山服，一定要扣好衣扣、领钩和裤扣，不要把衬衣领翻出领口，皮带不要垂露在外。此外，纱手套、纱面罩、帽子、披肩和短外套等，作为女士服装的一部分，按照习惯在室内允许穿戴，而男士在室内一般不能戴帽子和手套。

（3）要注意着装礼仪

着装要讲究礼仪，比如手不要随意插在裤袋里，入门时应脱去大衣、风衣。此外，不要当众解开衣扣或脱下上衣；如果温度确实很高，则经主人同意，可以宽衣。脱下的外衣，可搭在小臂或椅子背上。男士在室内一般不要戴墨镜；在室外，遇有隆重仪式或迎送场合，也不应该戴墨镜。如果有眼疾必须戴墨镜，则应向主人或客人说明原因，在握手或向人介绍时应将墨镜摘下，过后再戴上。

3.悲伤场合的着装要求

悲伤场合是指集体告别、亲友葬礼或者吊唁活动等场合。这种场合气氛庄严、肃穆，参加者心情沉重、悲伤，为了表示对逝者的哀悼，在着装上应注意以下几点：

（1）着装的颜色要素雅

在悲伤场合，参加者应着素色服装，最好是黑色服装，内衬白色或暗色衬衣，切忌穿大红大绿服装。鞋子应是暗色的，佩戴的饰物也应是素色的。

（2）着装要严整

在悲伤场合，参加者的着装应严肃、整齐，要与肃穆悲哀的气氛相协调。这既体现了对逝者的尊重，也表现出对其他悼念者的慰问。另外，在举行追悼仪式时，参加者应脱帽致哀。

二、西装

西装，又称西服，起源于欧洲，目前是全世界最流行的一种服装，也是商界男士在正式场合着装的优先选择。商界男士要想使自己所穿着的西装真正称心合意，就必须在西装的选择、穿法、搭配等二个主要方面循规蹈矩，严守相关的礼仪规范。

（一）西装的选择

一般而言，若要挑选一身地地道道的适用于商务交往的西装，需要关注以下具体细节：

1.面料

鉴于西装在商务活动中往往充当正装或礼服之用，其面料的选择应力求高档。在一般情况下，毛料应为西装首选的面料。具体而言，纯毛、纯羊绒的面料以及高比例含毛的毛涤混纺面料，皆可用作西装的面料。而那些不透气、不散热或发光、发亮的化纤面料，尽量不要用以制作西装。

目前，以高档毛料制作的西装大都具有以下特点：

其一，轻，是指西装不笨重，穿在身上感觉轻飘。

其二，薄，是指西装的面料单薄，不过分厚实。

其三，软，是指西装穿起来柔软舒适，既合身，又不会给人以束缚挤压之感。

其四，挺，是指西装外表挺括雅观，不起皱、不松垮、不起泡。

2.色彩

西装的色彩必须庄重、正统，而不能过于轻浮和随便。根据此项要求，适合男士在商务交往中所穿的西装的色彩应当全身为一色，首推藏蓝色。除此之外，还可以选择灰色或棕色的西装。黑色的西装也可以考虑，但它更适于在庄严肃穆的礼仪活动中穿着。若是平日上班也穿黑色的西装，则未免有些小题大做。

平日穿西装时，全身的色彩通常不宜多于三种。最好的选择是：深色西装、白色衬衫、黑色鞋袜。领带的色彩则最好与西装的色彩保持一致。

按照惯例，商界男士在正式场合不宜穿色彩过于鲜艳或发光、发亮的西装。朦胧色、过渡色的西装，通常也不宜选择。由于越是正规的场合越讲究穿单色的西装，因而带有两种以上色彩的“杂色”西装在大多数情况下都是与商界男士无缘的。

3.图案

一般来说，上乘的西装的特征之一便是没有任何图案。不要选择绘有花、鸟、虫、鱼、人等图案的西装，更不要自行在西装上绘制或刺绣图案、标志、字母、姓名等。唯一的例外是，商界男士可以选择以牙签呢缝制的竖条纹西装。竖条纹的西装以条纹细密者为佳，以条纹粗阔者为劣。在着装异常考究的欧洲国家里，商界男士最体面的西装往往就是深灰色的、条纹细密的竖条纹西装。

用格子呢缝制的西装，通常是难登大雅之堂的，只有在非正式场合商界男士才可以穿它。

4.款式

与其他任何服装一样，西装也有自己的不同款式。当前，区别西装的具体款式主要有以下两种最常见的方法：

（1）按照西装的件数，分为单件西装与西装套装

依照惯例，单件西装，即一件与裤子不配套的西装上衣，仅适用于非正式场合。商界男士在正式的商务交往中所穿的西装，通常必须是西装套装。正因如此，男士在商务交往中所穿的西装套装有时索性被人们称为商务套装。

西装套装是指上衣与裤子成套，其面料、色彩、款式一致，并在风格上相互呼应的多件式西装。通常，西装套装又可分为两件套与三件套。两件套包括一衣与一裤；三件套则包括一衣、一裤与一件背心。按照人们的传统看法，三件套西装比两件套西装更正规。正因如此，商界男士在参与高层次的商务活动时应穿三件套的西装套装。

（2）按照西装上衣纽扣的数量，分为单排扣与双排扣西装

一般认为，单排扣的西装上衣比较传统，而双排扣的西装上衣较为时尚。具体而言，由于单排扣西装上衣与双排扣西装上衣的纽扣数目各自又有所不同，因而又呈现出不同的风格。

最常见的单排扣西装上衣有一粒、两粒或三粒纽扣。一粒、三粒纽扣这两种单排扣西装上衣穿起来比较时髦，而两粒纽扣的单排扣西装上衣显得更为正统一些。

最常见的双排扣西装上衣有两粒、四粒或六粒纽扣。两粒、六粒纽扣这两种款式的双排扣西装上衣属于流行的款式，四粒纽扣的双排扣西装上衣则明显具有传统风格。

（二）西装的穿法

根据西装礼仪的基本要求，商界男士在穿西装时要特别注意以下具体问题：

1.拆除商标

在西装上衣左袖的袖口处，通常缝有一块商标，有时那里还会缝一块纯羊毛标志，在正式穿西装之前，切勿忘记将它们拆除。这样做等于对外宣告：该套西装已被启用。假如在西装已经穿过许久之后，袖子上的商标却依旧在原处，则会给人以招摇过市之感，难免会贻笑大方。

2.熨烫平整

欲使一套穿在自己身上的西装看上去美观大方，首先就要使其显得平整、挺括，线条笔直。要做到此点，除了要定期对西装进行干洗外，还要在每次正式穿着

之前对其进行认真的熨烫。

3.扣好纽扣

穿西装时，纽扣有一定的系法。一般而言，站立时，特别是在大庭广众之下起身而立之后，西装上衣的纽扣应当系上，以示郑重。就座之后，西装上衣的纽扣则大都需要解开，以防其“扭曲”走样。唯独在内穿背心或羊毛衫、外穿单排扣上衣时，才允许站立时不系上衣的纽扣。

通常，系西装上衣的纽扣时，单排扣西装上衣与双排扣西装上衣又有各不相同的具体做法。系单排两粒扣式西装上衣的纽扣时，讲究“扣上不扣下”，即只系上边那粒纽扣，不系下边那粒纽扣。系单排三粒扣式西装上衣的纽扣时，正确的做法有两种：要么只系中间那粒纽扣，要么系上面那两粒纽扣。而在系双排扣式西装上衣的纽扣时，全部纽扣都要系上。

4.不卷不挽

穿西装时，一定要悉心呵护，以维持其原状。在公共场合，千万不要当众随心所欲地脱下西装上衣，更不能把它当作披风披在肩上。需要特别强调的是：无论如何，都不可以将西装上衣的衣袖挽上去；否则，极易给人以粗俗之感。一般情况下，随意卷起西裤的裤管，也是一种不符合礼仪的表现。

5.慎穿毛衫

商界人士若想将一套西装穿得有“型”，那么除衬衫与背心之外，在西装上衣之内最好不要再穿其他任何衣服。即便在冬季寒冷难忍时，也只宜暂作变通，穿上件薄款V领的单色羊毛衫或羊绒衫。这样既不会显得过于花哨，也不会妨碍自己打领带。既不要穿色彩、图案十分繁杂的羊毛衫或羊绒衫，也不要穿扣式的开领羊毛衫或羊绒衫。后者往往有不少纽扣，与西装上衣同穿容易让人眼花缭乱。千万不要一下子同时穿上多件羊毛、羊绒的毛衫、背心，甚至再加上一件手工编织的毛衣；否则，一眼望去，其领口处既会如不规则的“梯田”一样难看，还会使西装鼓胀不堪，变形走样。

6.巧配内衣

西装的标准穿法是：衬衫内不穿棉制或毛织的背心、内衣。至于不穿衬衫而以T恤衫直接与西装配套的穿法，则更是不符合规范。若因为一些特殊原因而需要在衬衫内穿上背心、内衣，应具体注意以下三点：

① 数量以一件为限；

② 色彩宜与衬衫的色彩相仿；

③ 款式应短于衬衫。

7.腰间无物

穿西装时，着装者的腰带上不宜别挂任何物品。一名男士的社会地位通常与其腰带上所别挂的物品的数量成反比；类似钥匙、手机、打火机、计步器、瑞士军刀等一类物品，切勿在穿西装时悬挂在腰间。

8.少装东西

为了保证西装在外观上不走样，就应当在西装的口袋里少装东西，或者不装东西；上衣、背心和裤子均应如此。如果把西装的口袋当作一只“百宝箱”，用乱七八糟的东西把它塞得满满的，则无异于糟蹋西装。

具体而言，西装上不同的口袋发挥着各不相同的作用。

在西装上衣上，左侧的外胸袋除了可以插入一块用来起装饰作用的真丝手帕，不能再放其他任何东西，尤其不应当别钢笔、挂眼镜。内侧的胸袋可以用来别钢笔、放钱夹或名片夹，但应注意不要放过大、过厚的东西或无用之物。西装外侧下方的两只口袋，原则上以不放任何东西为佳。

在西装背心上，口袋多具装饰功能，除了可以放置怀表之外，不宜再放别的东西。

在西装的裤子上，两只侧面的口袋只能够放纸巾、钥匙包或零钱包。其后侧的两只口袋，则大都不放任何东西。

（三）西装的搭配

熟知西装着装规范的人，大都应该听说过这样一句行话：“西装的韵味不是单靠西装本身穿出来的，而是用西装与其他衣饰一道精心组合与搭配出来的。”由此可见，西装与其他衣饰的搭配对于成功地穿着西装是何等重要！

下面介绍一下商界男士在穿西装时，使自己的衬衫、领带、鞋袜、公文包与之相搭配的基本技巧。

1.衬衫

与西装为伍的衬衫，通常应当是正装衬衫。

（1）衬衫的选择

一般而言，正装衬衫具备下述几个方面的具体特征：

第一，面料。正装衬衫主要以精纺高织的纯棉、纯毛制品为主。以棉、毛为主要成分的混纺衬衫可酌情选择，但不要选择以条绒布、水洗布、化纤布制作的衬衫。后者要么过于厚实，要么易于起皱，要么起球、起毛。用真丝、纯麻做成的衬衫，一般也不宜选择。

第二，色彩。正装衬衫必须为单一色彩。在正规的商务应酬中，白色衬衫可谓商界男士的唯一选择。除此之外，蓝色、灰色、棕色、黑色，有时亦可考虑。但杂色衬衫，或红色、粉色、紫色、绿色、黄色、橙色等穿起来有失庄重感的彩色衬衫，都是不可取的。

第三，图案。正装衬衫大体上以没有任何图案为佳。印花衬衫、格子衬衫，以及带有人物、动物、植物、卡通、文字、建筑物等图案的衬衫，均非正装衬衫。唯一的例外是，较细的竖条衬衫在一般性的商务活动中可以穿着，但在此种情况下，必须注意不能同时穿有竖条纹的西装。

（2）衬衫的穿法

穿与西装相配套的正装衬衫时，有下述四点具体的注意事项：

第一，衣扣要系。穿西装的时候，衬衫的所有纽扣都要系好。不论衣扣、领扣还是袖扣，概莫能外。只有在穿西装而不打领带时，才必须解开衬衫的领扣。

第二，袖长适度。穿西装时，衬衫的袖长最好适度。最美观的做法就是让衬衫的袖口恰好露出来1厘米左右（如图2-1所示）。若衬衫的袖口外露得过长，甚至被一卷再卷，直至翻到西装上衣的衣袖之上，则不免会有些滑稽。不过，若令其永远“不见天日”，也是不规范的。

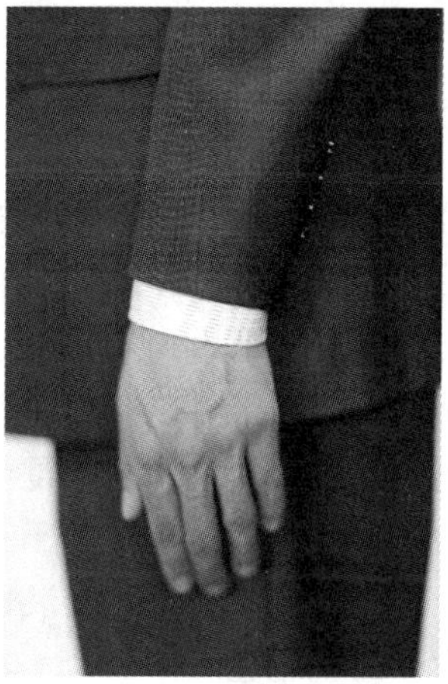

图2-1　衬衫袖口的合适长度

第三，下摆放好。穿长袖衬衫时，不论是否穿外衣，均须将其下摆均匀而认真地掖进裤腰内，不要让它在与裤腰的交界处皱皱巴巴，或者上下错位、左右扭曲，尤其是不应使其部分或全部暴露在裤腰之外。

第四，大小合身。除休闲衬衫外，衬衫既不宜过于短小紧身，也不应当过分地宽松肥大、松松垮垮。在选择正装衬衫时，务必使之大小合身。大小合适的标准之一是衬衫的领子高出西服领子1厘米（如图2-2所示）。特别需要注意：其衣领与胸围要松紧适度，其下摆不宜过短。

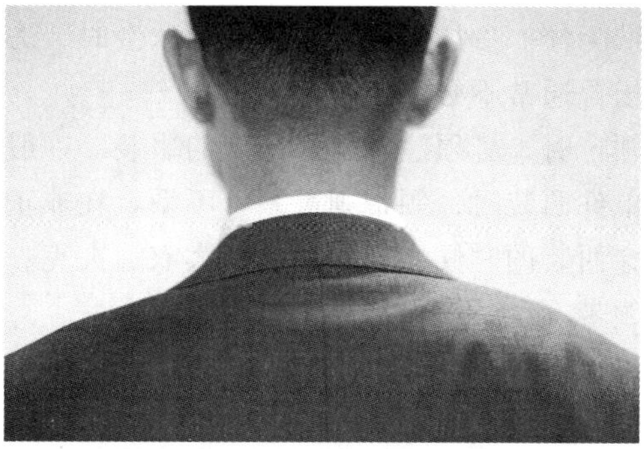

图2-2　衬衫衣领的合适高度

还应指出的是：商界男士如果在自己的办公室里，可以暂时脱下西装上衣，直接穿长袖衬衫、打领带。但是如果以此种形象外出办事，则未免有失体统。简言之，不穿西装上衣而直接穿长袖衬衫、打领带去参加正式活动，通常都是不合乎礼仪规范的。

2.领带

领带可以说是商界男士穿西装时最重要的饰物。人们常说：“男人的领带，总是缺少一条。”在欧美国家，领带与手表、装饰性袖扣并列，被称为男士的三大饰品。

（1）领带的选择

领带是西装的灵魂，因而选择起来的讲究也就比较多。商界男士在挑选领带时至少需要重视如下几点：

第一，面料。最好的领带应当是使用真丝或者羊毛制作而成的。以涤丝制成的领带售价较低，有时也可以选用。除此之外，用棉、麻、绒、皮、革、塑料、珍珠等物制成的领带，在比较正式的商务活动中均不宜佩戴。

第二，色彩。从色彩方面来看，领带可以分为单色与多色。在商务活动中，蓝色、灰色、棕色、黑色、紫色、红色等单色领带都是十分理想的选择。应该注意的是：商界男士在正式场合切勿使自己佩戴的领带多于三种颜色，也应尽量少打浅色或艳色领带。一般而言，领带的主色调应与西装套装的色彩保持一致，有时亦可采用员工所属单位的企业形象设计的主题色。

第三，图案。适用于商务活动中所佩戴的领带，主要是单色无图案的领带，或者是以条纹、圆点、方格等规则的几何形状为主要图案的领带。以人物、动物、植物、卡通、景观、徽记、文字或电脑绘画为主要图案的领带，则主要适用于社交或休闲活动中。

（2）领带的系法

一条系得漂亮的领带，在穿西装的人身上往往能发挥画龙点睛的作用。若想系好领带，就务必注意以下几点：

第一，场合。系领带便意味着郑重，因此在上班、办公、开会或走访等执行公务的场合，都以打领带为佳。参加宴会、舞会、音乐会时，为了表示尊重主人，亦可系领带。但在休闲场合通常不必系领带。

第二，服装。系领带时，必须注意与之配套的服装。一般而言，穿西装套装是非系领带不可的。穿单件西装时，领带则可系可不系。在非正式活动中穿西装背心时，可以系领带。不穿西装的时候，如穿风衣、大衣、夹克、猎装、毛衣、短袖衬衫时，通常都不宜系领带。

第三，性别。严格地说，在商务活动中，领带仅适合男士佩戴，领带是商界男士的基本标志之一，一般商界女士在正式活动中都不宜系领带。不过，若女士将其视为普通饰物而在社交场合加以使用，则是可以的。

第四，位置。将领带系好后，必须将其置于适当的位置。如果穿的是西装上衣与衬衫，则应将其置于二者之间，并令其自然下垂。如果在西装上衣与衬衫之间还加穿西装背心、羊毛衫、羊绒衫，则应将领带置于西装背心、羊毛衫、羊绒衫与衬衫之间。切勿将领带夹在西装上衣与西装背心、羊毛衫、羊绒衫之间，尤其是不要在穿两件羊毛衫或羊绒衫时将领带掖在两者中间。

第五，长度。领带系得好的一个标准就是长短适度。最标准的长度是领带系好后，其下端的大箭头正好抵达皮带扣的上端。超过这一长度，搞不好领带就会暴露于上衣衣襟下方；若达不到这一长度，则领带很有可能会时不时地从上衣衣襟里“蹦跳”出去。

3.鞋袜

穿西装时，商界男士所穿的鞋与袜子均应符合规范，并与西装相配套。对商界男士来说，鞋袜在正式场合亦被视作“足部的正装”。如果不遵守相关的礼仪规范，就必定会使自己“足下无光”。

（1）鞋的选择与穿着

与西装配套的鞋只能选择皮鞋，布鞋、运动鞋、凉鞋或拖鞋显然都是与西装“互相抵触”的。

与西装配套的皮鞋，通常应当是真皮制品，而非仿皮。一般来说，牛皮鞋与西装最般配，羊皮鞋、猪皮鞋则不甚合适。至于以鳄鱼皮、鸵鸟皮、蟒蛇皮等制作的皮鞋，不符合环保理念，一般都不宜选择。

需要说明的是，磨砂皮鞋、翻毛皮鞋、编织皮鞋大都属于休闲皮鞋，均不适合与西装相配套。

与西装配套的皮鞋，按照惯例应为深色、单色。浅色、艳色与多色皮鞋，如白色、米色、红色、香槟色以及拼色皮鞋等，都不宜在穿西装时选择。通常认为，最适合同西装套装配套的皮鞋唯有黑色一种。在很多人眼里，就连棕色皮鞋往往也大受排斥。在正式场合，一定要自觉遵守“三一定律”，亦称“三一法则”，即应使自己皮鞋的颜色与腰带、公文包的颜色一致，并最好使三者皆为黑色。

商界男士在正式场合所穿的皮鞋，应当没有任何图案与装饰。打孔皮鞋、绣花皮鞋、拼图皮鞋、带有文字或金属扣的皮鞋等，均不应予以考虑。

商界男士所穿皮鞋的款式，理当庄重而正统。根据此项要求，系带皮鞋是最佳之选。各类无带皮鞋，如船形皮鞋、盖式皮鞋、拉锁皮鞋等，都不符合这一要求。此外，在正式场合，男士穿厚底皮鞋、高跟皮鞋、坡跟皮鞋或高帮皮鞋都显得不伦不类，故不宜选择。

（2）袜子的选择与穿着

穿西装、皮鞋时所穿的袜子，最好是纯棉、纯毛制品。有些质量好的以棉、毛为主要成分的混纺袜，也可以选用，不过最好不要选择尼龙袜与丝袜。

与西装、皮鞋相配套的袜子，以深色、单色为宜，并且最好是黑色的。千万别穿与西装、皮鞋的色彩对比鲜明的白色袜子，也不要穿过分“扎眼”的彩袜、花袜或其他浅色的袜子。发光、发亮的袜子，则更不要穿。

在袜子上，允许出现以几何图案为主的庄重风格的图案，但穿没有任何图案的袜子更为合适。

4.公文包

公文包往往被称为商界男士的“移动式办公桌”，是其外出之际须臾不可离身之物。对穿西装的商界男士而言，外出办事时手中若是少了一个公文包，未免会使其神采和风度大打折扣，而且会让人对其身份产生疑问。

（1）公文包的选择

商界男士在选择公文包时有许多特定的讲究。其面料以真皮为宜，并以牛皮、羊皮制品为最佳。一般来讲，棉、麻、丝、毛、革、塑料、尼龙所制作的公文包，均难登大雅之堂。

公文包的色彩以深色、单色为佳，浅色、多色甚至艳色的公文包均不适用于商界男士。在正常情况下，黑色、棕色的公文包是最正统的选择。从色彩搭配的角度来说，公文包的色彩若能与皮鞋的色彩相一致，则显得更加和谐。

除商标之外，商界男士所用的公文包在外表上不宜再带有任何图案、文字，否则会有失自己的品位。

最标准的公文包当推手提式的长方形公文包。箱式、夹式、挎式、背式等其他类型的皮包，均不可充当正式的公文包之用。

（2）公文包的使用

在使用公文包时，大体上有如下四点具体要求：

第一，用包不宜多。外出使用公文包时，应以一个为限。不要连提带背，一次携带数个公文包。

第二，用包不张扬。使用公文包前，一定要先行拆去所附的真皮标志。在外人面前，切勿显示自己所用的公文包是名贵、高档的。

第三，用包不乱装。在外出前，随身携带的物品均应尽量装在公文包里的既定之处。但应切记，无用之物千万别放在包里，尤其是别使之“过度膨胀”。凡是放在包里的物品，一定要有条不紊地摆放整齐。

第四，用包不乱放。进入别人办公室或居所后，应将公文包自觉地放在自己就座之处附近的地板上或主人指定之处，而切勿将其乱放在桌、椅之上。在公共场所亦应注意，不要让它放得有碍于他人。

三、套裙

商界人士的正式着装一向讲究男女有别。商界女士在正式场合的着装以裙装为最佳。不仅如此，商界人士还约定俗成地认为：所有适合商界女士在正式场合穿着的裙装中，套裙是名列首位的选择。在一些人的脑海里，套裙甚至与商界的职业女装直接画上了等号。

正宗的套裙一般是由一件女式西装上衣和一条半截裙所构成的两件套女装。有些时候也可以见到三件套的套裙，它是在女式西装上衣与半截裙以外再加上一件背心。自套裙问世至今，占主导地位的一直都是两件套套裙。

（一）套裙的选择

时至今日，套裙早已在商界广为普及。但是从本质上看，它依旧万变不离其宗。商界女士在选择套裙时，通常需要兼顾下述几个基本问题：

1.面料

总的说来，女士所穿的套裙在面料上的选择余地远远要比男士所穿的西装套装大得多。其主要要求是：

① 套裙所选用的面料最好是纯天然质地的上乘面料。

② 其上衣、裙子以及背心等，均应选用同一种面料。

③ 在外观上，套裙所选用的面料讲究的是匀称、平整、润滑、光洁、丰厚、柔软、悬垂、挺括。其不仅有弹性、手感好，而且应当不起皱、不起毛、不起球。

目前，人们依照以上标准用来制作套裙的面料，除薄花呢、人字呢、女式呢、华达呢、啥味呢、凡立丁、法兰绒等纯毛面料之外，高档的府绸、丝绸、亚麻、麻纱、毛涤以及一些化纤面料往往也在选择之列。

商界女士务必注意：无论在什么情况下，都不要选择真皮或仿皮套裙，尤其是在对外交往中勿穿黑色皮裙，因为在有些国家此乃“风尘女子”的主要标志。

2.色彩

在色彩方面，套裙的基本要求是：

① 以冷色调为主，借以体现出着装者的典雅、端庄与稳重。

② 用常人的眼光来看，套裙的色彩应当清新、雅致且凝重。因此，挑选套裙时不宜选择鲜亮抢眼的色彩。

③ 必须使之与各种“流行色”保持一定的距离，以示自己的传统与持重。

具体而言，标准、完美的套裙色彩，不仅应兼顾着装者的肤色、形体、年龄与性格，更要与着装者从事商务活动的具体环境协调一致。在一般情况下，各种加入一定灰色的色彩，如藏青、炭黑、烟灰、雪青、茶褐、土黄、紫红等稍冷一些的色彩，都是商界女士可以考虑的。由此可知，同商界男士所穿的西装套装相比，商界女士所穿的套裙并不一定非得是深色，而且其选择范围也远远不止蓝、灰、棕、黑等颜色。

不仅如此，套裙的色彩有时还可以不受单一色彩的限制。以两件套套裙为例，它的上衣与裙子既可以同为一色，也可以采用上浅下深或上深下浅等两种并不相同的色彩，使之形成鲜明的对比，以强化它所留给别人的印象。在上面所提及的两种套裙色彩的组合方法中，前者庄重、正统，后者则富有活力与动感，二者各有千秋。

有时，即使穿着上衣和裙子同为一色的套裙，也可以采用与其色彩不同的衬衫、领花、丝巾、胸针、围巾等衣饰来加以点缀，以便使之生动活泼。此外，还可以采用不同色彩的面料来制作套裙的衣领、兜盖、前襟、下摆，这样做也可以“搞活”套裙的色彩。

但应当切记：一套套裙的全部色彩至多不要超过三种；否则，会显得杂乱无章，给人一种乱糟糟的感觉。

3.图案

选择套裙讲究的是朴素且简洁，在考虑其图案时必须注意到这一点。

按照常规，商界女士在正式场合穿着的套裙可以不带有任何图案。如果本人喜欢，那么以各种或宽或窄的格子、或大或小的圆点、或明或暗的条纹为主要图案的套裙，都可以一试。其中，采用以方格为主体图案的格子呢所制成的套裙，因为穿在商界女士的身上可以使人显得静中有动、充满活力，所以多年来一直盛行不衰、大受欢迎。

一般认为，套裙不应以花卉、宠物、人物、卡通、文字、符号为主体图案。一名白领丽人假如穿着那样的套裙行走于商界，不但过分地引人注目，而且会让人感到头晕目眩。总而言之，绘有此类图案的面料，在本质上与套裙的风格是水火不容的。

4.尺寸

从具体的尺寸上来讲，套裙可谓变化无穷。但从总体上来看，套裙在造型上的变化主要表现在它的长短与宽窄等两个方面。

（1）长短

一般而言，在套裙中，上衣与裙子的长短没有明确、具体的规定。以前，在欧美主要国家，商界女士的套裙曾被要求：上衣不宜过长，下裙不宜过短。比较而言，人们对裙子的长度似乎关注得更多一些。传统的观点是：裙短则不雅，裙长则无神。裙子的下摆抵达着装者小腿肚子上最为丰满之处，乃是最为标准、最为理想的裙长。不过，在现实生活中仍然遵守此规定的情况并不多见。目前，套裙之中的裙子，有的是短式，有的是及膝式，有的则是过膝式。商界女士在具体进行选择时，主要考虑的是个人偏好、身材特点以及流行时尚。

需要强调的是，在套裙中，虽然短裙已被渐渐地接受，但出于自尊自爱与职业素养等方面的原因，商界女士仍需注意，套裙中的裙子并非愈短愈好，过多地裸露自己的大腿，无论如何都是不雅的。在一般情况下，商界女士所穿着的套裙中的短裙，裙长应以不短于膝盖以上15厘米为限。

就事论事，在套裙的着装实践中，上衣与裙子的具体造型主要有上长下长式、上短下短式、上长下短式、上短下长式等基本形式。只要着装者选择恰当，穿起它们来就能够令人赏心悦目。

（2）宽窄

在套裙中，由于背心需要内穿，故其不宜过于宽松肥大；由于裙子强调以贴身为美，故其以窄为主。因而套裙中的宽窄问题实际上主要与上衣有关。

以宽窄肥瘦而论，套裙中的上衣分为紧身式与松身式两种。紧身式上衣的肩部平直、挺拔，腰部收紧或束腰，其长多不过臀部，整体上呈倒梯形，线条硬朗且鲜明。松身式上衣的肩部则大都任其自然，或稍许垫高一些；其腰部概不收缩，衣长往往直至大腿，线条上讲究自然且流畅。一般认为紧身式上衣显得较为正统，松身式上衣则显得更加时尚。

（二）套裙的搭配

在套裙的具体搭配上，主要应考虑衬衫、内衣、鞋袜、衬裙等的选择是否适当。

1.衬衫

选择用以与套裙配套的衬衫，向来就有不少的讲究。

（1）衬衫的选择

对衬衫的面料的主要要求是轻薄且柔软，故此真丝、麻纱、府绸、花瑶绉、涤棉等都可以用作其面料。

对衬衫的色彩的要求则主要是雅致且端庄，并不失女性的妩媚。除了作为基本型的白色外，其他各式各样的色彩，包括流行色在内，只要不是过于鲜艳，或与同时所穿的套裙的色彩不相互排斥，均可用作衬衫的色彩；不过，还是以单色为最佳之选。同时，还应注意，应使衬衫的色彩与同时所穿的套裙的色彩般配：要么外深内浅，要么外浅内深，以形成两者之间的深浅对比。

与套裙配套穿着的衬衫上，最好不要带有“繁花似锦”般的图案，选择无任何图案的衬衫最为得当。除此之外，至多可以再选择带有条纹、方格、圆点、碎花或暗花的衬衫。如果在穿着带有图案的套裙时穿带有图案的衬衫，则应使二者或外简内繁，或外繁内简，以实现变化有致。

（2）衬衫的穿法

穿衬衫时，商界女士须注意下述事项：

一是制服式衬衫领子要翻到西服领子外面（如图2-3所示）。

二是衬衫的下摆必须掖入裙腰内，不得任其悬垂于外，或是将其在腰间打结。

三是衬衫的纽扣要一一系好。除最上端一粒纽扣按惯例允许不系外，其他纽扣均不得随意解开。

四是在公共场合不宜直接外穿衬衫。

图2-3　女士制服式衬衫领子的穿法

按照惯例，不应在外人面前脱下上衣，进而直接以衬衫面对对方。身穿紧身且薄透的衬衫时，特别要牢记此点。

2.内衣

内衣通常被商界女士昵称为“贴身的关怀”。穿着套裙时，按照惯例，亦必须对所穿的内衣慎加选择，并注意其具体的穿着之法。

（1）内衣的选择

一套内衣往往由胸罩、内裤、腹带、吊袜带、连裤袜等构成。内衣理当柔软贴身，并能够起到支撑和烘托女性线条的作用。有鉴于此，选择内衣时最关键的一点就是要使之大小适当，既不能过于宽大，也不能过于窄小。

内衣所使用的面料以纯棉、真丝等为佳，其色彩可以是常规的白色、肉色，也可以是粉色、红色、紫色、棕色、蓝色、黑色。总体而言，一套内衣最好同为一色，而且其各个组成部分宜为单色。就图案而论，着装者完全可以根据个人爱好加以选择。

内衣的款式甚多，在具体进行选择时，特别应当注意的是，穿上内衣以后，不应使它的轮廓一目了然地在套裙外展现出来；不然，就很有可能使自己和他人都感到尴尬。

（2）内衣的穿法

在内衣的穿着方面，商界女士必须具体注意如下四点：

第一，不可不穿。无论如何，在工作岗位上不穿内衣的做法都是失礼的。在西方一些国家里所流行的不戴胸罩的做法，并不值得仿效。

第二，不宜外穿。有人为了显示自己新潮，在穿着套裙时索性不穿衬衫，而直接代之以连胸式衬裙或文胸；更有甚者，在套裙之内仅仅穿着胸罩，此种出格的穿法，是甚为不雅的。

第三，不得外露。穿内衣之前，务必检查一下它与套裙是否大小相互配套。若无意之中在领口露出一条胸罩的带子，或在裙腰外面露出一圈内裤，都会给自身形象造成无可挽回的损失。

第四，不准外透。在选择与内衣一同穿着的套裙、衬衫时，应使三者厚薄有别；切勿令三者一律又薄又透，并使色彩反差过大。

3.鞋袜

鞋袜往往被称为商界女上的“腿部景致”或“足上风光”，因此每一位爱惜自身形象的商界女士都切不可对其马虎大意。有人曾言：“欲了解一位商界女士的服饰品位，看一看她所穿的鞋袜即可。”这句话突出地说明了鞋袜之于商界女士的重要性。

（1）鞋袜的选择

选择鞋袜时，理当首先注意其面料。商界女士所穿的用以与套裙相配套的鞋，宜为制式皮鞋，即黑色高跟或半高跟的船型皮鞋，并以牛皮或羊皮制品为上品。同时与之配套所穿的袜子，则可以是尼龙丝袜或羊毛袜。

对鞋袜的色彩有许多特殊的要求：与套裙配套的皮鞋，以黑色最为正统。此外，与套裙色彩一致的皮鞋亦可选择。但是，鲜红、明黄、艳绿、浅紫色的鞋子最好莫试。穿套裙时所穿的袜子，可有肉色、黑色、浅灰、浅棕等几种常规选择，但其宜为单色。至于多色袜、彩色袜，以及白色、红色、蓝色、绿色、紫色等色彩的袜子，则通常都是不宜选择的。

有必要强调的一点是，穿套裙时应该有意识地注意一下鞋、袜、裙三者之间的色彩是否协调。一般认为，鞋、裙的色彩必须深于或略同于袜子的色彩。若一位女士在穿白色套裙、白色皮鞋时穿上一双黑袜子，则很不协调。

不论鞋还是袜子，其图案与装饰均不宜过多，以免“喧宾夺主”。在正式场合，若选择加了网眼、镂空、拼皮、珠饰、吊带、链扣、流苏、花穗的鞋袜或印有时尚图案的鞋袜，只能给人以肤浅感。一点图案与装饰都没有的鞋袜，有时穿起来效果反而更好。

鞋袜在与套裙搭配穿着时，其款式也有一定之规。与套裙配套的鞋，除制式皮鞋外，诸如系带式皮鞋、丁字式皮鞋、皮靴、皮凉鞋等都不宜采用。高筒袜与连裤袜被视为套裙的标准搭配。中筒袜、低筒袜绝对不宜与套裙同时穿着。

（2）鞋袜的穿法

穿套裙的商界女士在穿鞋袜时，有下列五点需要注意的具体事项：

第一，鞋袜应大小相宜。鞋大了会不跟脚，并露出脚趾缝；袜子大了则会松松垮垮，甚至还会往下掉。

第二，鞋袜应完好无损。鞋如果开线、裂缝、掉漆、破残，袜子如果有洞、跳丝，均应立即更换，不要打了补丁再穿。

第三，鞋袜忌当众脱下。有些女士喜欢一有空便脱下鞋子，或是处于半脱鞋状态。还有个别人则经常将袜子撸下去一半，甚至当着外人的面脱去袜子。此类做法都是极其有失身份的。

第四，袜子忌随意乱穿。不允许同时穿两双袜子，也不许将健美裤、七分裤、九分裤等裤装当成袜子来穿。

第五，袜口忌暴露于外。袜口即袜子的上端，将其暴露在外是一种公认的既缺乏服饰品位又失礼的表现。换言之，此即所谓“三截腿”，即在裙袜之间露出一段小腿肚子。商界女士不仅在穿套裙时应该自觉避免此种情形的发生，而且应当在穿开衩裙时注意，即使在走动之时，也不应当让袜口偶尔现于裙衩之处。

第二节　饰　品

在商务交往中，尤其是在一些社交场合，除西装、套裙等正装之外，商界人士通常还离不开许多重要的饰品。此时此刻，饰品的选择、搭配与使用等一系列的细节，往往更能充分、客观地反映出商界人士自身的素养。

饰品又叫作饰物，其对商界人士而言，乃指在其整体服饰中发挥装饰作用的一些配件。不少饰品在装扮其使用者的同时，往往还发挥着不可替代的实际功能。因此，在探讨商界人士的衣饰时，绝对不应对饰品有所忽略。

下面，主要来介绍首饰、手表、钢笔、皮具、围巾等几种商界人士最为常用的饰品的礼仪规范。

一、首饰

首饰是人们平日使用最多的一种饰品。严格地说，首饰指的是那些功能专一的装饰品，诸如戒指、耳环、项链、胸针等。有的时候，首饰往往被人们与饰品直接画上等号。

在一个人的穿着打扮中，首饰通常起到画龙点睛的作用。鉴于此，商界人士在选用首饰时务必三思而后行。对下述几条有关首饰的礼仪规范，一定要认真予以遵守。

（一）符合身份

在正式的商务交往中选戴首饰时，商界人士务必使之与自己的身份相称。一般而言，在工作中商界人士要讲究“首饰三不戴”：

1.不戴有碍工作的首饰

如果佩戴某些首饰会直接影响自己的正常工作，商界人士就应当坚决不佩戴它们。

2.不戴炫耀财力的首饰

在工作场合佩戴过于名贵的珠宝首饰，难免会给人以招摇过市、不务正业之感。

3. 不戴突出性别的首饰

诸如手链、脚链之类的首饰，往往会突出佩戴者的性别特征，从而引起异性过分的关注，因而在工作场合不宜佩戴它们。

（二）男女有别

从某种意义上讲，首饰实际上是女士的“专利品”。除结婚戒指等极少数品种的首饰之外，男士通常不宜在正式场合佩戴过多首饰。这条当今社会上普遍通行的规则，对商界男士同样适用。

与对男士的限制相反，在佩戴首饰时，女士则往往会有多种多样的选择。俗称“女士首饰两大件”的戒指、项链，许多职业女性都是经常佩戴的。

（三）遵守常规

对商界人士，特别是白领丽人来说，在上班时佩戴首饰还需自觉遵守以下几条约定俗成的常规：

1. 以少为佳

在上班时即便可以佩戴首饰，也要注意限制其数量，并坚持以少为佳。一般而言，佩戴首饰时总量上不宜多于三种，每种不宜超过两件。

2. 同质同色

同时佩戴多件首饰时，应尽量选择质地、色彩基本上相同的首饰，最低限度也要使其色彩相似；否则搞得五花八门、异彩纷呈，会令人感到佩戴者粗俗。

3. 风格划一

同时佩戴的多件首饰应当风格统一，首饰应与佩戴者自身其他服饰的风格协调一致。

二、手表

手表亦称腕表，在此特指以表带佩戴于手腕上的计时工具。商界人士在佩戴手表时主要应当在以下方面遵守常规：

（一）手表的档次

在商界，人们非常讲究档次。在选择手表时，人们对其档次是颇为关注的。一般而言，市面上销售的手表有高、中、低等三个档次。它们不仅价格悬殊，而且对其佩戴者的身份亦有一定限制。

1. 高档表

高档表多为瑞士名表，其价值均在万元人民币以上，其代表品牌有江诗丹顿、劳力士、欧米茄等。通常认为，高档表是商界领袖的特征。

2. 中档表

中档表一般价位在1 000元~10 000元人民币，既有外国表，又有国产表，其代表品牌有浪琴、精工等。中档表是大多数商界人士的选择。

3. 低档表

低档表通常指价位在1 000元人民币以下的手表，一些普通公司职员人大多选择这一档次的手表。

（二）手表的款式

在选择手表的款式时，往往多有讲究。商界人士在正式场合佩戴手表时，在其款式方面主要应考虑下述各点：

1. 男女有别

男款表与女款表是手表在款式上的最基本的区别。佩戴手表时，一般不应男女不分、胡乱佩戴。

2. 风格庄重

在商务交往中所佩戴的手表，其风格以庄重、保守为主。因此，商界人士在非常正式的场合大多喜欢佩戴比较传统的机械表，而很少选择时髦的石英表、电子表。

3. 重视外观

商界人士在选择正式场合所佩戴的手表时大都十分重视其外观，并尤其关注下述两点：

（1）轮廓

一般而言，正圆、正方、椭圆、长方等形状的手表都是适宜之选，至于异形手表则通常不宜考虑。

（2）色彩

手表的表盘、表壳、表带的色彩均极有名堂。商界人士在正式场合往往首先考虑选戴“全黄表”“全银表”“全黑表”。有时，有人也喜欢表盘为乳白色，而表壳、表带分别为金色、银色、黑色的“两黄一白表”“两银一白表”“两黑一白表”。

（三）手表的功能

手表的功能在此指的是其具体用途。在此方面，一般要求商界人士遵守如下“手表六不戴”：

1. 不戴广告表

若非本单位的广告表，商界人士在正式场合是不宜佩戴广告表的。

2. 不戴时装表

时装表只宜与时装进行搭配，上班时穿着正式的套装、套裙、制服的商界人士显然不宜佩戴。

3.不戴珠宝表

上班时，任何人都不宜招摇过市，所以奢华抢眼的珠宝表不宜佩戴。

4.不戴特种表

一些有特定用途的手表，如太空表、潜水表、血压表、卡通表、纪念表、军用表等，商界人士均不宜佩戴。

5.不戴劣质表

虽说商界人士没有必要上班时一律佩戴高档表，但这并不意味着可以选择劣质表。

6.不戴残损表

此处所说的残损表，特指那些功能与外观均已严重受损的手表。上班时佩戴此种表，无疑是缺乏自尊自爱的表现。

（四）手表的戴法

商界人士在佩戴、使用手表时大都应当注意下述三点：

1.忌不戴手表

在外人面前，不戴手表的人通常会被视为时间观念不强的人。

2.忌乱戴手表

手表只宜戴于手腕之上；将其挂于胸前、腰上或装入口袋中，都会显得不伦不类。

3.忌滥用手表

佩戴手表意在查看时间，但在商务交往中面对外人频频看表、反复上弦，则是不允许的，那样做有变相逐客或心不在焉之嫌。

三、钢笔

随着科技的进步，电脑已被广泛地应用于商务场合。商界人士平时在互行文书时已越来越多地应用电脑。尽管如此，作为传统书写工具的典型代表，钢笔的重要地位依旧是不可替代的。在商界，钢笔历来都被视为商界人士的武器。在选择与使用钢笔时，商界人士应认真遵守以下礼仪规范：

（一）钢笔的选择

一般来看，选择钢笔时主要应对品牌、式样、功能、类别等方面的具体问题给予重视。

1.品牌

在选择钢笔时，商界人士特别是公司的高层人士往往对其品牌特别关注。在国外，人所共知的著名的钢笔品牌有万宝龙、威迪文、派克等；在国内，英雄、永生、金星等品牌的钢笔则有口皆碑。

2.式样

商界人士所使用的钢笔，其式样应朴实、大方。具体而言，其色彩应单一、传统，并以黑色、灰色、红色、金色、银色为佳；其长度应在12~15厘米，过长或过短都不得体；其外观与装饰则应当简洁。

3.功能

在商务交往中，商界人士所使用的钢笔不仅应具备实用功能，而且应具备一定的装饰功能。但由于其主要用途仍然是书写，因此商界人士尽量不要选用附加功能过多的钢笔。

4.类别

有些类别的钢笔，如签字笔、宝珠笔、书法笔、工艺笔等，均属于正式钢笔的“变种”，在一般情况下，若无特殊原因，商界人士不宜选用它们。

（二）钢笔的使用

商界人士在使用钢笔时，有以下几条具体的注意事项：

1.随身携带钢笔

平时，商界人士应养成随身携带钢笔的习惯；不随身携带钢笔的人往往会在一些关键场合遭遇尴尬的情况。

2.备有两支钢笔

训练有素的商界人士，往往会在正式场合同时携带两支钢笔。这样一来，当其中的一支钢笔出现故障时，另外一支钢笔便可以及时救场。

3.保证墨水充足

因公外出前，有经验的商界人士都会循例检查一下自己随身所携带的钢笔，了解其墨水是否充足。

4.禁止借用钢笔

通常，在工作中，商界人士是不宜向他人借用钢笔的。

5.置于适当之处

在正式场合，商界人士所随身携带的钢笔应被置于公文包、上衣口袋、笔袋等既定的规范之处。乱放钢笔，如夹在耳朵上、插在衣襟上、别在西装上衣外侧左上方的口袋上、放在裤兜内等，都是不适宜的。

四、皮具

皮具，在此特指以皮革制作的较高档次的工作与生活用品。对商界人士而言，皮具兼具实用与装饰之功效。而要想发挥皮具的良好功效，首先就要注意选择好的皮具。选用皮具时，商界人士对以下几个基本点应有所了解：

第一，质地。商界人士所选用的皮具，多为牛皮、羊皮制品，有时也可以选用质地稍逊一筹的猪皮制品；但珍稀、名贵动物的皮革制品，一般都不宜选用。

第二，颜色。商界人士在选择正式场合使用的皮具时，大多选用单色，并往往优先考虑黑色与棕色。对杂色、花色、多色、艳色的皮具，必须谨慎选用。

第三，形状。根据惯例，商界人士在正式场合所使用的皮具，其形状多为长方形、正方形、椭圆形、半圆形、六边形等较为规范的几何图案。

第四，做工。正规场合所使用的皮具，不论其式样、用途怎样，均应制作精良。粗制滥造的皮具，商界人士还是不使用为妙。

第五，品牌。在一些重要场合，尤其是在国际交往中，人们对商界人士所用皮具品牌的关注，往往甚于对其质地、颜色、形状等方面的关注。例如，路易威登和爱马仕等都是知名的国际皮具品牌，而金利来、万里马等国内知名皮具品牌也有众多的拥戴者。

在日常工作与生活中，商界人士所使用的兼具实用性与装饰性功能的皮具主要有皮夹、皮带等。

（一）皮夹

皮夹，在此特指某些外形较小的皮包。依据皮夹的用途，商界人士最为常用的皮夹有钱夹、零钱夹、钥匙夹、名片夹、公文夹、笔记夹、便条夹、支票夹、护照夹等。使用皮夹时，通常要求商界人士重视以下三点：

1.内容专一

皮夹通常容积较小，因此其具体内容越专一越好。以钱夹为例，其中只宜放置钱币与银行卡。若是里面既放硬币又放名片，就会弄得乱七八糟，有碍观瞻。

2.外形美观

皮夹虽小，但因使用较多，故亦备受瞩目。使用于正式场合的皮夹，若出现褪色、残破、缺损、开线等情况，则最好不再使用。

3.放置到位

在正常情况下，商界人士所使用的皮夹应存放在公文包或办公桌内。在其他地方乱摆乱放均属不当，即使将其放在衣服口袋内也未必合适。

（二）皮带

皮带又叫腰带，除了可以束腰、系住裤子与裙子之外，有时亦用作饰品。比较而言，在商界人士身上，皮带所发挥的装饰作用尤其突出。在选用皮带时，商界人士一般应注意以下几个要点：

1.色彩

商界人士使用于正式场合的皮带，在色彩方面有下列三点具体讲究：

① 宜为单色。使用多色皮带，通常是不允许的。

② 宜选深色。商界人士所使用的皮带，一般应为深色，并以黑色、棕色皮带为首选。

③ 宜讲搭配。众所周知，皮带的色彩应与同时所穿着的皮鞋、所使用皮包的色彩保持一致。

2.图案

除商标之外，正式场合所使用的皮带应当没有任何图案。它宜为光面，而非压花、磨砂之类。

3.尺寸

在尺寸上，对皮带主要有下述两个方面的具体要求：

① 宽度。正式场合所使用的皮带，男士宜宽3厘米，女士宜宽2.5厘米。皮带过宽或过窄，一般都是不合适的。

② 长度。长度应为系好之后长过皮带环扣约10厘米。

4.环扣

环扣是皮带上最醒目之处，一般应为金属制品，并多为单一的金色、银色或黑色。除商标之外，皮带环扣上不宜出现其他任何文字、图案。

5.系法

系皮带时，应遵守下述各点：①自右而左；②穿入襻带；③勿挂他物。

五、围巾

围巾在传统意义上一般是指围在脖子上保暖的针织品或纺织品。在现代生活中，许多商界人士，尤其是女士，往往喜欢选用围巾作为自己的装饰之物。对商界人士而言，不论选择还是使用围巾，都有一些既定的规则。

（一）围巾的选择

1.质地

一般公认真丝或羊绒质地的围巾属上品。

2.色彩

兼顾三点：个人偏好、整体风格、流行时尚。应当注意的是，一条围巾上的色彩在其总量上最好不要多过三种。

3.图案

图案往往是商界女士选择围巾时所关心的重点。从总体上讲，使用于正式场合的围巾可以没有任何图案。喜欢有图案围巾的人，可选择典雅、庄重的图案。

4.规格

围巾的具体尺寸往往多种多样，具体选择时可以根据个人的具体需要而定。

5.品牌

围巾的知名品牌甚多，如爱马仕、古驰、博柏利等。

（二）围巾的使用

1.男女有别

比较而言，男士在使用围巾时大都依旧偏重“围脖”这一传统功能，而女士在使用围巾时往往偏重装饰或点缀功能。

2.季节有别

商界人士在选用围巾时通常会首先考虑到所处具体季节的差异。在冬季，人们青睐羊毛、羊绒围巾，而在其他季节里，真丝、纯麻的围巾是大多数人的首选。

3.场合有别

在较为正式的场合，商界人士使用围巾时宜注意庄重、大方；在轻松愉快的场合，商界人士使用围巾时则应讲究时尚、俏丽、别致。

4.形状有别

就基本形状而论，围巾有正方形、长方形、三角形，还有不规则形。具体使用时，长方形围巾使用最广，并可以形成多种变化，因此它最受白领丽人的喜爱，有人甚至称长方形围巾为围巾的“基本型”。

第三节　仪　容

仪容是指人的外观、外貌。在商务交往中，每一名商界人士的仪容都会自然而然地引起交往对象的关注，并将影响到对方对自己的整体评价。在个人的仪表问题上，仪容可谓是重中之重。

商务礼仪对个人仪容的首要要求是仪容美。其具体含义主要有三层：

第一，自然美，是指一个人仪容的先天条件好，天生丽质。尽管以貌取人不合情理，但先天美好的仪容、相貌无疑会令人赏心悦目，感觉愉快。

第二，修饰美，是指依照规范与个人条件对仪容进行必要的修饰，扬其长，避其短，设计、塑造出美好的个人形象，在人际交往中尽量令自己显得有备而来，自尊自爱。

第三，内在美，是指通过努力学习，不断提高个人的文化、艺术素养、思想和道德水平，培养出自己高雅的气质与美好的心灵，使自己秀外慧中，表里如一，正所谓“腹有诗书气自华”。

真正意义上的仪容美，应当是上述三个方面的高度统一。忽略其中任何一个方面，都会使仪容美失之偏颇。在此三者之间，仪容的内在美是最高的境界，自然美是人们的心愿，而修饰美是仪容礼仪所关注的重点。在修饰个人仪容时，应引起注意的通常有面部、手臂、手部、腿部、脚部等五个具体方面。

一、面部的修饰

仪容在很大程度上指的就是人的面部。由此可见，面部修饰在仪容修饰中占有举足轻重的地位。在人际交往中，商界人士必须始终保持精神焕发、神采奕奕。因此，绝大多数工作环境许可的单位都要求自己的员工在工作岗位上“严阵以待”：女士必须做到淡妆上岗，男士注意面部的修饰。

（一）女士化妆

对一般人来讲，化妆最实际的目的就是对自己容貌上的某些缺陷加以弥补，以期扬长避短，使自己变得更加美丽、光彩照人。经过化妆之后，人们大都会拥有良好的自我感觉，身心愉快，精神振奋，不仅可以缓解来自外界的种种压力，而且可以在人际交往中表现得更为开放、自尊、自信、潇洒自如。

对商界女士来说，化妆最重要的功能主要有如下两个：

第一，塑造形象。要求员工化妆上岗，有助于体现本单位的统一性、纪律性，有助于使其单位形象更为鲜明、更具特色。一句话，这样做乃是塑造单位形象之所需。

第二，体现尊重。要求员工化妆上岗，意在向商界的交往对象表示尊重之意。换言之，在商务交往中化妆与否绝非个人私事，而是被对方作为标尺，来判定商界人士对其尊重的程度。在对外商务交往中，这一点表现得尤为明显。在国外的许多地方，参加商务活动时若不化妆，常常会被对方理解为蔑视对方，或视为一种侮辱。

下面，简要地介绍商界女士所必须了解并认真遵守的有关化妆的基本规范。

1.化妆的步骤

从技巧上讲，进行一次完整而全面的化妆，其程序与步骤具有一定之规。下面，列举出一位女士进行全套化妆时的大体步骤，仅供大家参考：

第一步，沐浴。在沐浴时，使用洗发水洗头发；使用沐浴液清洗身体。浴后使用润肤乳液保养、护理全身肌肤，并注意保养手部。

第二步，做头发。浴后吹干头发，冷烫定型，或使用定型产品制作出适宜的发型。商界人士在正式场合既不允许将头发染成红色、金色、亚麻色等或多种色彩并存，也不允许戴其他色彩的假发套。

第三步，洁面。用洁面乳去除油污、汗水与灰尘，使面部彻底清洁。随后，在脸上扑打化妆水，为面部化妆做好准备。

第四步，涂敷粉底。先用少量的润肤霜，以保护皮肤免受其他化妆品的刺激。这样做还有助于使涂敷粉底的工作进行得更加容易。接下来，在面部的不同区域使用深浅不同的粉底，使妆面产生立体感。完成之后，可使用少许定妆粉来固定粉底。

第五步，描眉画眼。首先，修眉、画眉。其次，沿着睫毛的根部，画好眼线。再次，运用睫毛夹、睫毛膏，对睫毛进行“加工”、造型。最后，通过涂眼影来为眼部着色，加强眼睛的立体感。

第六步，美化鼻部。画鼻侧影，以改变鼻形的缺陷。

第七步，扑打腮红。使用腮红的目的是修饰、美化面颊，使人看上去容光焕发。涂好腮红之后，应再次用定妆粉定妆。

第八步，修饰唇形。先用唇笔描出唇形，然后填入色彩适宜的唇膏，使嘴唇生色。

第九步，使用香水。使用香水的目的是以芬芳的气息美化身体的整体“大环境”。

第十步，修正补妆。检查化妆的效果，并进行必要的调整、补充、修饰和矫正。至此，一次全套化妆彻底完成。

实际上，无论什么人、什么性别，也无论其准备在什么场合抛头露面，其化妆的步骤大致都是在上述范例的基础上增减变化而已。故此，可将上述十个步骤称为商界人士化妆的基本步骤。

2.化妆的规则

商界对化妆，尤其是对女士的化妆，通常有一定的规范和许多具体的要求，要求员工在化妆的问题上遵守如下几项规则：

（1）工作妆以淡妆为主

一般而言，化妆有晨妆、晚妆、工作妆、社交妆、舞会妆、少女妆、结婚妆等多种具体形式。它们在浓淡的程度和化妆品的选择使用方面，都存在一定的差异。商界人士在工作岗位上只宜选择工作妆这一化妆的具体形式。因此，有人将这一规定简洁地称为“淡妆上岗”。

工作妆的主要特征是：简约、清丽、素雅，并具有鲜明的立体感。它既要给人以深刻的印象，又不容许显得脂粉气十足。总的来说，工作妆就是要求清淡而又传神。

工作妆要求化妆后若有若无、自然而然，好似天生如此。实际上，工作妆不仅与其他类型的化妆在总体要求上有所不同，而且在化妆品的具体选择上不甚一致。以唇膏为例，虽然鲜红的唇膏最容易吸引异性的注意，但商界的白领丽人在化工作妆时，还是要优先选择棕色、橙色或深红色的唇膏。

工作妆要求以淡为主，目的在于不至于过分地突出商界人士的性别特征，使其不过分地引人注目。如果一位商界女士在工作场合妆化得过于浓艳，往往会使人觉得她招摇和粗俗。

（2）忌过量使用浓香型化妆品

在工作岗位上，使用任何化妆品都不能过量。就浓香型化妆品，尤其是这一类型的代表香水而言，使用时更应当铭记这一点。

实际上，过量地使用香水，不但有可能使别人觉得你表现欲望过于强烈，而且有可能因此而“摧残”他人的嗅觉，并引起对方的反感或不快。在商务交往中，由于许多地方，如写字间、会议室、会客室、电梯、轿车等处的空气流通不畅，因此不宜使用过量香水。

除此之外，过量地使用香水还有可能引起别人的误解。因为香气扑鼻的人，很有可能是利用香水浓郁的香气来遮掩自己身上不雅的体臭。通常认为，与他人相处时，自己身上的香味在1米以内能被对方闻到不算是过量。若在3米开外，使自己身上的香味依旧能被对方闻到，则肯定是过量使用香水了。要使自己在工作岗位上所使用的香水恰到好处，应注意以下两个问题：

第一，应选择适当类型的香水，像淡香型、微香型的香水。

第二，使用香水的剂量不宜过大。用得多，不如用得精、用得准，即香水有当用之处，也有不当用之处；将香水用在当用之处，即便只是一两滴，亦能见效。

通常认为，若同时使用几种香水很容易“串味”，所以在某一段时间内只能用同一品种。凡是身上容易出汗的地方，如发际、腋窝、脊背、膝弯等处，均不可涂抹香水；否则，汗味与香味掺杂在一起，往往会产生“复合”型的气味，更加难闻。

正确使用香水的位置主要有两处：

一是脉搏离皮肤比较近的地方，如手腕、耳根、颈部、膝部、踝部等处；

二是既不会污损面料，又容易扩散出香味的服装上的部位，如衣领、口袋、裙摆的内侧，或西装上所用的装饰性手帕的下端。

（3）忌当众化妆或补妆

尽管商界人士的时间并不宽松，其对自己的化妆应当认真对待、一丝不苟，但是这并不等于说，商界人士就可以随时随地都为自己化妆或补妆。并非不允许商界人士在其工作岗位上进行必要的化妆或补妆，而只是不允许商界人士当众这样做。许多企业都设有专门的化妆间，它就是为有必要随时化妆或补妆的人所预备的。此项要求，在礼仪上称作“修饰避人”。在许多国家，若单身女性在酒吧、舞厅、饭店、街头等公共场合当众化妆或补妆，则会让人鄙视。

（4）忌与他人探讨化妆

现在有不少人，其中尤其以女性居多，都对化妆颇有兴趣。虽然如此，在工作岗位上，仍不允许商界人士擅自“越位”，随便与他人一起切磋化妆之术。如果在工作岗位上这样做，则会让人觉得其有些不务正业。不应在工作岗位上介绍自己化妆的心得，也不应到处兜售自以为是的“拿手好戏”。不应评价、议论他人化妆的得失。每个人的审美观未必一样，所以不值得在此方面替别人“忧心忡忡”，否则很可能“费力不讨好”。

（5）忌妆面出现残缺

在工作岗位上，假如自己适当地化了彩妆，那么就要有始有终，努力维护其妆面的完整性。对使用唇膏、眼影、腮红、指甲油等化妆品所化过的妆面，尤其要“常备不懈”地时常检查。用餐、饮水、休息、出汗、沐浴之后，一定要及时地为自己补妆。妆面一旦出现残缺，不仅会直接有损自身的形象，更重要的是，它还会使自己在他人眼中显得邋里邋遢、不善自理。所以，商界人士尤其是白领丽人必须努力克服此种问题。

（二）男士面部修饰

男士修饰面部首先要做到清洁，即要勤于洗脸，使之干净清爽，无汗渍、油污以及其他任何不洁之物。男士可以化工作妆，一般包括：美发定型；清洁面部，并使用护肤品进行保护；使用无色唇膏，保护嘴唇等。具体到各个不同的部位，修饰面容还有一些不尽相同之处。

1.眼睛

眼睛是人际交往中被他人注视得最多的地方，因此它是修饰面容时的首要之处。

（1）保洁

保洁是指及时清除眼部分泌物。若眼睛患有传染病，则应自觉回避交际活动，省得让他人近之不宜、避之不恭。

（2）眼镜

若有必要，则可以经常戴眼镜。眼镜不仅需要美观、舒适、方便、安全，而且应随时对其进行必要的揩拭或清洗。在正规的交际场合，按惯例不应戴墨镜，免得让人“不识庐山真面目”，或给人以拒人千里之感。

2.耳朵

耳朵虽位于面部两侧，但仍在他人视线注意之内。修饰耳朵时需要注意的具体问题是：

（1）清洁

在洗澡、洗头、洗脸时，不要忘记清洗耳朵。必要时，还须清除耳孔中不洁的分泌物，但切记不要在他人面前如此进行操作。

（2）耳毛

有些人，特别是一些上了年纪的人，耳毛长得较快，有的甚至长出耳孔之外；在必要时，应对其进行修剪。

3.鼻子

涉及个人形象的有关鼻子修饰的问题，主要有以下两个：

（1）清洁

平时应注意保持鼻腔的清洁，不要让异物堵塞鼻孔，或让鼻涕淌出。不要随处吸鼻子、擤鼻涕、“发射”鼻涕，也不要在人面前挖鼻孔、抠鼻屎。

（2）鼻毛

在参加社交应酬之前，勿忘检查本人的鼻毛是否长出鼻孔外。一旦出现此种情况，就应及时对其进行修剪，不要置之不理，更不要当众下手去拔。

4.嘴巴

嘴巴是发声之所，也是进食之处，理所当然地应当对其多作修饰，并悉心照顾。

（1）护理

牙齿洁白、口腔无味，是护理嘴巴的基本要求。应谨记：

第一，早晚刷牙，以去除异物、异味。

第二，经常使用漱口水、牙线，或采用洗牙等方式，有效保护牙齿。

第三，在参加重要应酬之前，忌食葱、蒜、洋葱、韭菜之类易于散发异味的食物，并不要抽烟或喝酒，免得令对方掩鼻。

（2）胡须

男士若无特殊宗教信仰和民族习惯，最好不要蓄须。在交际场合，即使胡须极浅，但若被人看出，也十分失礼。

二、手臂的修饰

在正常情况下，手臂是人际交往中人的身体使用最勤、动作最多的一个部分，而且其动作往往被附加了多种多样的含义，因此，手臂往往被人们视为商务交往中每个人都拥有的“第二张名片”。从某种程度上讲，它甚至比人们常规使用的名片更受重视。

（一）肩臂

在参加各种非常正式的活动时，商界人士的手臂，尤其是肩部，不应当裸露在衣服之外，即不宜穿半袖装或无袖装。但在其他非正式场合，并无此限制。着装时肩臂的露与不露，应依照具体场合而定。

（二）汗毛

由于个人生理条件不同，有个别人手臂上的汗毛生长得过浓、过重或过长。此事一般无关大局，没有必要非去进行“干涉”不可。不过，若是情况反常，特别是有碍观瞻，最好还是采用适当的方法对其进行脱毛。

需要强调的是，在他人面前，尤其是在外人或异性面前，腋毛是不应被对方看到的。因为它属于“个人隐私”，不甚雅观，所以被人见到是很失礼的。根据现代人着装的具体情况，商界女士特别要注意此点。在正式场合，一定要牢记，不要穿着会令腋毛外现的无袖装。而在非正式场合，若打算穿着暴露腋窝的服装，则务必先行脱去或者剃去腋毛。

三、手部的修饰

手是“制作”形形色色的手语的关键部分。它的修饰重点有：

（一）清洁

在日常生活里，手是接触其他人和其他物体最多的地方。出于卫生、健康的考虑，手应当勤于洗涤。用餐前、便后、接触过肮脏物品等时洗手，更是起码的要求；否则，会使自己与“不卫生”画等号。

（二）指甲

手上的指甲应该定期修剪，大体上应每周修剪一次。不要长时间不剪指甲，使其看上去脏兮兮、黑乎乎。不要无故蓄指甲，不仅毫无实用价值，而且不美观、不卫生、不方便。修剪手指甲，应令其不超过手指的指尖；反之，即可视为过长。若指甲的外形不美观，则可进行适当的修饰。

（三）护理

不要让手部常带伤残。若皮肤粗糙、红肿或皲裂，则应及时进行护理、治疗。如果长癣、生疮、发炎、破损、变形，则不仅要治疗，还应避免使之接触他人。因为不论以之与别人进行直接的还是间接的接触，都会令对方不快，甚至会因此产生反感。

四、腿部的修饰

腿部在近距离内常为他人所注视，在修饰仪容时不能偏废。

（一）裸露

在正式场合，不允许商界男士的着装暴露腿部，即不允许其穿短裤、八分裤等。商界女士可以穿正装长裤、裙子，但不得穿短裤，或穿暴露大部分大腿的超短裙。在庄严、肃穆的场合，商界女士的裙长通常应在膝部以下。商界女士在正式场合穿裙子时，不允许光着大腿不穿袜子，尤其不允许光着的大腿暴露于裙子之外；在非正式场合，特别是在休闲活动中，则无此规定。

（二）汗毛

男士腿部汗毛大都较重，所以在正式场合不允许其穿短裤，或卷起裤管。

女士若因内分泌失调而使腿部汗毛浓黑茂密，则最好将之脱去或者剃除，也可选择深色的丝袜加以遮掩，既不要光着大腿，也不要穿浅色或薄的透明丝袜。

五、脚部的修饰

修饰脚部必须对以下三点予以关注：

（一）裸露

严格地说，在正式场合是不允许光着脚穿鞋子的。这样既不美观，又可能被人误会。在社会上，尤其是在国外的正式场合，女性光脚穿鞋，或穿一些可能使脚部过于暴露的鞋子，往往被视为卖弄“性感”的做法。不仅如此，一些有可能使脚部过于暴露的鞋子，如拖鞋、凉鞋、镂空鞋、无跟鞋，也因此而难登大雅之堂。总之，易于磨损、不甚雅观的脚趾、脚跟，切勿随意裸露在鞋外。

（二）清洁

在正常情况下，应注意保持脚部的卫生。鞋子、袜子要勤洗勤换，每天要洗脚，袜子则应每日一换，以防臭气熏人。不要穿残破、有异味的袜子。如果有可能，则应在办公室或随身所带的公文包里装上备用的袜子，以备不时之需。在非正式场合光脚穿鞋子时，要确保其干净、清洁。

不要在他人面前脱下鞋子、趿拉着鞋子，更不要脱下袜子抠脚趾。此类不良习惯，不仅令人作呕，而且极其有损个人形象。

（三）趾甲

趾甲要勤于修剪，至少要做到每周修剪一次。要去除死趾甲，不应任其“藏污纳垢”或长于趾尖。

第四节 举 止

举止一般是指人们在外观上可以明显地被觉察到的活动、动作，以及在活动、动作中身体各部分所呈现出的姿态。在一般情况下，它主要由人的肢体所呈现出的各种体态及其变动所组成。作为无声的语言，举止的特点有三：

其一，连续性。它的过程连续不断，往往不可分割。

其二，多样性。传递同一信息时，可以多种举止并行。

其三，可靠性。相对于口语而言，它往往是无意识的，因而对人的内心世界的反映就更加令人可信。

人们在交往中，尤其是在各种正式场合，一定要注意举止有度，即要求人们的举止合乎约定俗成的行为规范，文明、优雅、恭敬。一个人的举止既体现了他的道德修养、文化水平，又表现出他与别人交往的诚意。因此，我们在交往中应做到举止有度、得当、文明、潇洒等。

一、举止有度

所谓举止有度，是指一个人的举止要符合一定的标准，要“站有站相，坐有坐相”。商界人士应注意的举止礼仪主要涉及以下几个具体方面：

（一）手姿

手是人的身体上最为灵活自如的一个部位，所以手姿也是体语中最丰富、最有表现力的。手姿是指人的两只手臂所做的各种具体动作，又叫手势。其中，双手的动作是其核心所在。它既可以是静态的，也可以是动态的。一般而言，手姿由进行速度、活动范围和空间轨迹三个部分构成。在人际交往中，它主要具有表示形象、传达感情等两个方面的作用。

1.基本的手姿

学习手姿，最重要的是要正确掌握和运用下述几种基本手势：

（1）垂放

它是最基本的手姿。其做法有两种：

第一，双手自然下垂，掌心向内，叠放或相握于腹前。

第二，双手伸直下垂，掌心向内，分别贴放于大腿两侧。它多用于站立之时。

（2）背手

背手多见于站立、行走时。它既可显示权威，又可镇定自己。其具体做法是双臂伸到身后，双手相握，同时昂首挺胸。

（3）持物

持物，即用手拿东西。其做法多样，既可仅用一只手，也可使用双手。但最关键的是，拿东西时应动作自然，五指并拢，用力均匀；不应跷起无名指或小指，显得忸怩作态。

（4）夸奖

此种手姿主要用以表扬他人。其做法是：伸出右手，跷起拇指，指尖向上，指腹面向被称道者。但在交谈时则不应将右手拇指竖起来反向指向其他人，因为它意味着自大或藐视；以之自指鼻尖，也有自高自大、不可一世之意。

（5）指示

它是用以引导来宾、指示方向的手姿。其做法是：将右手或左手抬至一定高度，五指并拢，掌心向上，以肘部为轴，朝一定方向伸出手臂（如图2-4、图2-5和图2-6所示）。

图2-4　指示手姿（一）

图2-5　指示手姿（二）

图2-6　指示手姿（三）

2.禁忌的手姿

在人际交往中，下列几种手姿均在禁止范围之内：

（1）易误解的手姿

其有下列两种：

第一，出自个人习惯，但不通用、不为他人理解。

第二，因为文化背景不同，而被赋予了不同的含义。例如，伸起右臂，右手掌心向外，拇指与食指合成圆圈，其余手指伸直这一手姿，在英美表示“OK”，在日本表示钱，在德国则表示下流，不了解这一文化背景的人很容易发生误会。

（2）不卫生的手姿

在他人面前做出搔头皮、掏耳朵、擦眼屎、抠鼻孔、剔牙齿、抓痒痒、搓脚趾等一些手姿，均极不卫生，甚至令人恶心，自然属于不当之举。

（3）欠稳重的手姿

在大庭广众之下，双手乱动、乱摸、乱举、乱扶、乱放，或咬指尖、拆衣角、抬胳膊、抱大腿、拢头发等手姿，亦是应当禁止的不稳重的手姿。

（4）非敬人的手姿

掌心向下挥动手臂，勾动食指或除拇指外的其他四指招呼别人，用手指指点他人，都是失敬于人的手姿。其中指点他人，即伸出一只手臂，食指指向他人、其余四指握拢这一手姿，因含有指责、教训之意，尤为失礼。

（二）立姿

立姿又叫站姿、站相，指的是人在站立时所呈现出的具体姿态。一般认为，立姿是人最基本的姿势，同时是其他一切姿势的基础。立姿通常是一种静态姿势。

1.基本的立姿

具体而言，人的立姿一般呈现三种基本形态，即立正、稍息与跨立。立姿的基本要求是：头端、肩平、胸挺、收腹、腿直、手垂。

由于性别方面的差异，对商界男士和女士的基本立姿又各有一些不尽相同的要求。一般而言，对男士的要求是稳健，对女士的要求则是优美。

（1）男士的立姿

男士在站立时，一般应双脚平行，大致与肩同宽，最好间距不超过一脚之宽。全身应正直，双肩稍向后展，头部抬起，双臂自然下垂伸直，双手贴放于大腿两侧。如果站立时间过久感到疲劳，则可将左脚或右脚交替后撤一步，使身体的重心落到另一只脚上。但是，上身仍需直挺，伸出的脚不可伸得太远，双腿不可叉开过大，变换不可过于频繁。膝部一定要注意伸直。图2-7至图2-10为男士四种基本立姿。

（2）女士的立姿

女士在站立时，应挺胸，收下颌，目视前方。双手应自然下垂，叠放或相握于腹前；双腿则应基本并拢，但不宜叉开。站立时，女士可将重心置于某一脚上，即一条腿伸直，另一条腿略为前伸或弯曲，也就是说双腿一直一斜。还有一种立姿则是：双脚脚跟并拢，脚尖分开，张开的脚尖大致相距10厘米。其张角约为45度，略呈V形。图2-11至图2-13为女士的几种基本立姿。

图2-7　男士肃立式立姿

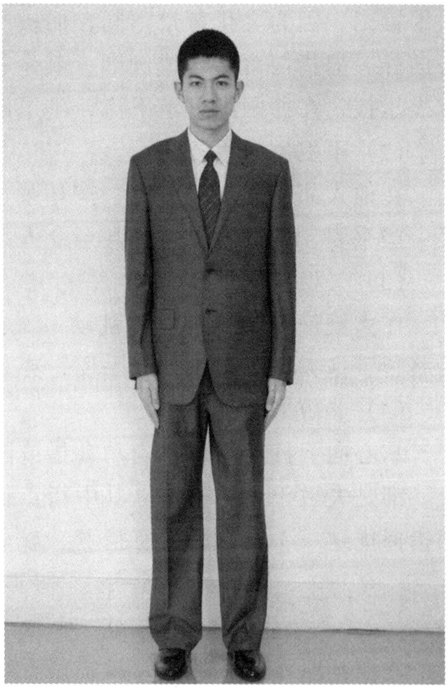

图2-8　男士直立式立姿

图2-9 男士前搭手直立式立姿

图2-10 男士后搭手直立式立姿

图2-11 女士肃立式立姿

图2-12 女士前搭手肃立式立姿

图2-13 女士休闲立姿

2.禁忌的立姿

（1）全身不够端正

古人对站立的基本要求是“站如松”。它强调的是：站立时身体要端正。站立时，一定要十分用心，力戒头歪、肩斜、臂曲、胸凹、腹凸、背弓、臀撅、膝屈。

（2）两腿叉开过大

站立过久，可采用稍息的姿势，双腿可适当叉开一些。但出于美观与文明的考虑，在他人面前双腿切勿叉开过大。对此点，女士尤其应当谨记。此外，双腿交叉站立，即别腿站立，亦不美观。

（3）两脚随意乱动

在站立时，双脚应当老实规矩，不可肆意乱动。例如，不应用脚尖乱点乱划，双脚踢来踢去、蹦蹦跳跳，用脚去够东西、蹭痒痒，脱下鞋子把脚“解放”出来，或半脱不脱，脚后跟踩在鞋帮上，一半在鞋里，一半在鞋外。

（4）表现自由散漫

在站立时不能随意扶、拉、倚、靠、趴、踩、蹬、跨，显得无精打采、自由散漫。站得久了，若条件许可，可坐下稍事休息。

3.下蹲的姿势

下蹲的姿势简称蹲姿，它是人在处于静态的立姿时的一种特殊情况，多用于捡拾物品、帮助别人或照顾自己。例如，在他人面前需要捡拾地上某物时，弯腰、俯首、撅臀，显然不如采取蹲姿雅观。

（1）基本方式

蹲的基本方式有三种：

第一，单膝点地式，即下蹲后一条腿弯曲，另一条腿跪着。

第二，双腿交叉式，即下蹲时双腿交叉在一起，然后蹲下。

第三，双腿高低式，即下蹲后双腿一高一低，互相倚靠。

（2）主要禁忌

在公共场所下蹲，一般有三条禁忌：

第一，忌面对他人。那样做，会使他人不便。

第二，忌背对他人。此举对别人不够尊重。

第三，忌双腿叉开。此举好像在上洗手间，故又称“洗手间姿势”。它最不雅观，对女士而言还有内裤曝光的可能。

（三）坐姿

坐姿，即人在就座后所呈现出的姿势。从总体上讲，坐姿是一种静态的姿势。在各种交际应酬中，坐姿往往是人们采用最多的姿势。一种正确的坐姿一般需要兼顾角度、深浅、舒展等三个方面的具体问题：

其一，角度，即坐定后上身与大腿、大腿与小腿所形成的角度。这两个角度均有大小之分，坐姿也因此而大有不同。

其二，深浅，即坐下时臀部与座位所接触面积的多少。以此而论，坐有深坐、浅坐之别。

其三，舒展，即入座前后手、腿、脚的舒张、活动程度。其舒展与否，往往与交往对象相关，从这一点上可以间接反映出双方关系的远近亲疏程度。

坐姿的重点自然是指坐定后的姿势，但对就座时的姿势也应有所了解。

1.就座的姿势

就座，即走向座位直到坐下来等一系列的过程。它是坐姿的前奏，也是其重要组成部分。就座由一系列的具体环节构成，而举止礼仪对其中的各个重要环节均有规范。

（1）注意顺序

若与他人一起入座，则落座时一定要讲究先后顺序，并礼让尊长。就座时合乎礼仪的顺序有两种：

第一，尊长优先，即请位尊之人首先入座。

第二，同时就座，它适用于平辈人与亲友、同事之间。无论如何，抢先就座都是失态的表现。

（2）讲究方位

不论从正面、侧面还是背面走向座位，通常都讲究从左侧一方走向自己的座位，并从左侧一方离开自己的座位。它被简称为“左进左出”，是人们在正式场合一定要遵守的。

（3）落座无声

入座时，切勿争抢。在就座的整个过程中，不论是移动座位还是放下身体，都不应发出嘈杂声。不慌不忙、悄无声息，本身就体现着一种教养。调整坐姿，同样不宜出声。

（4）入座得法

就座时，应转身背对座位。如果距其较远，则可以右脚后移半步，待腿部接触座位边缘后再轻轻坐下。着裙装的女士在入座时，通常应先用双手拢平裙摆，随后再坐下。

（5）离座谨慎

离座时，亦应注意礼仪序列，既不要突然跳起、惊吓他人，也不要因不注意而弄出声响，或把身边东西弄到地上去。

2.坐定的姿势

正确的坐定后的姿势主要体现在如下几个具体方面：

（1）调整坐姿

一般而言，可以根据座位的高低来调整坐姿的具体形式。在较为正式的场合，或有位尊者在座时，通常坐下后不应坐满座位，大体占据2/3即可。

（2）目中有人

就座后，须挺直上身，头部端正，目视前方或面对交谈对象。在一般情况下，不可身靠座位的背部。只有在无人在场或进行休息时，此举方被许可。

（3）正襟危坐

在极为正规的场合，就座后上身与大腿、大腿与小腿宜均为直角，此姿势即所谓的“正襟危坐”。这两个角度若为钝角或锐角，不是显得放肆，就是显得疲乏不堪。

（4）双腿并拢

若有可能，尤其是当自己面对尊长而无屏障时，双腿最好并拢。具体而言，男士就座后双腿可以适当张开一些，但不应宽于肩。女士就座后，特别是身着短裙时，务必并拢大腿。

（5）腿位

在非正式场合，允许坐定后双腿叠放或斜放；双腿交叉叠放时，应力求做到膝部之上的部分并拢。双腿斜放时，则以与地面成45度夹角为最佳。

（6）脚位

就座以后，双脚应自然下垂，置于地面之上。脚尖应面对正前方，或朝向侧前方。双脚可以并拢、平行，或呈外八字状。双脚一前一后也是允许的。

（7）手位

正坐之时，双手应掌心向下叠放于大腿上，或放在身前的桌面上。手一左一右扶住座位两侧的扶手也是可以的。侧坐时，双手以叠放或相握的姿势放置于身体侧向的那条大腿上最为适宜。图2-14和图2-15为男士的两种基本坐姿，图2-16至图2-20为女士的五种基本坐姿。

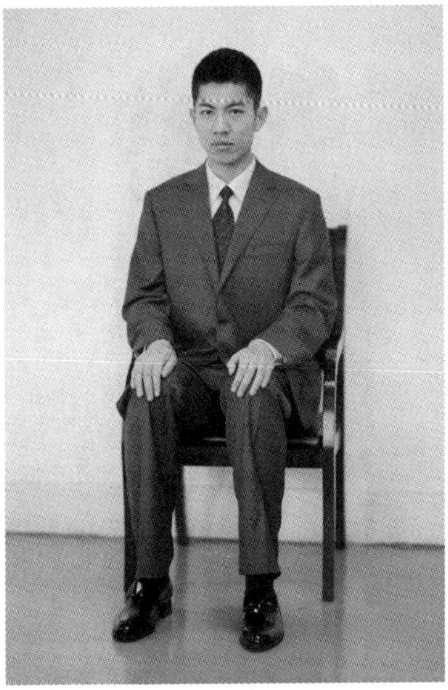

图2-14　男士两腿平行分立坐姿

图2-15　男士大腿交叉式坐姿

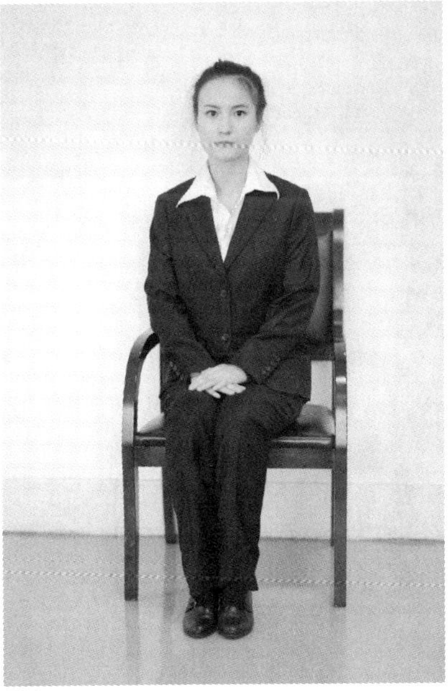

图2-16　女士两腿平行并立坐姿

图2-17　女士侧倾式坐姿

图2-18　女士大腿交叉式坐姿

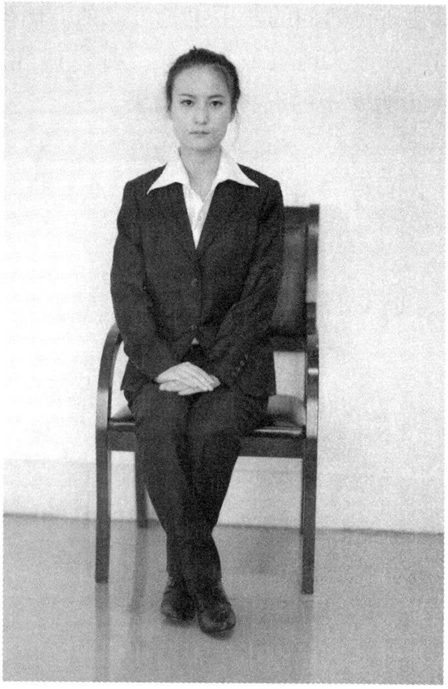

图2-19　女士小腿交叉式坐姿

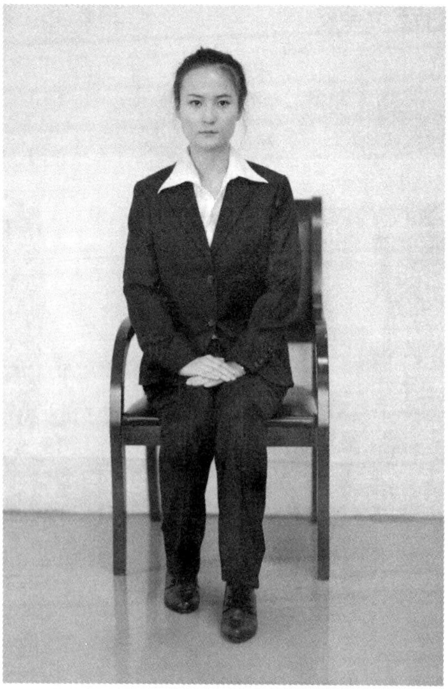

图2-20　女士前后式坐姿

3.禁忌的坐姿

（1）头部不端正

坐定之后，不允许仰头靠在座位后背上，或低头注视地面。左顾右盼，闭目养神，摇头晃脑，亦不被许可。

（2）上身不直

不允许坐定后上身前倾、后仰、歪向一侧，或是趴向前方、两侧。

（3）手部错位

坐下之后，不应以双手端臂、抱于脑后、抱住膝盖，以手抚腿、摸脚。双手应尽量减少不必要的动作，不要摸碰、敲打。身前有桌子时，不要将肘部支于其上，或双手置于其下。双手夹在大腿中间，通常也应避免。

（4）腿部失态

双腿切勿在坐好后敞开过大。不要在尊长面前高跷“4”字形腿，即不要将一条小腿叠放于另一条大腿上。两腿既不要直伸开去，也不要反复抖动不止。此外，也不要骑在座位上，或把腿蹬在其他高处。

（5）脚部乱动

切勿在坐定后将脚抬得过高，以脚尖指向他人，或使对方看到鞋底。不要在坐下后脱鞋袜，或将脚架在桌面上，勾住桌腿，跷到自己或他人的座位上。也不要以脚踩踏其他物体。双脚不要交叉，不要将其摆成内八字，更不要令两脚脚跟着地、脚尖朝上、摇荡抖动不止。

（四）行姿

行姿亦称走姿，是指人在行走的过程中所形成的姿势。与其他姿势有所不同的是，行姿自始至终都处于动态之中，它体现的是人类的运动之美和精神风貌。从总体上讲，行姿属于人的全身性综合活动，但是其重点在行进中的脚步之上。因此，行姿有时也叫作步态。对行姿总的要求是：轻松、矫健、优美、匀速。虽然不一定非要做到古人所要求的“行如风”，但至少也要做到不慌不忙、稳重大方。

1.基本的行姿

（1）昂首挺胸

在行走时，一定要面朝前方，双眼平视，头部端正，胸部挺起。背部、腰部、膝部尤其要避免弯曲，应使全身看上去形成一条直线。

（2）重心在前

在起步行走时，身体应稍向前倾，身体的重心应落在反复交替移动的前面那只脚的脚掌上。如此这般，身体就会随之向前移动。需要注意的是，当前脚落地、后脚离地时，膝盖一定要伸直，踏下脚步时再稍为松弛，并即刻使重心前移。这样走起来，步态就十分好看。

（3）步幅适中

在行进时，向前伸出的那只脚应保持脚尖向前，不要向内或向外。在此同时，还应保证步幅大小适中。此处所说的步幅，主要是指行进中一步的长度。通常，正常的步幅应为一脚之长，即行走时前脚脚跟与后脚脚尖二者之间的距离。

（4）自始至终

在行进时，双脚两侧行走的轨迹大体上应为一条直线。与此同时，还要克服身体在行进中的左右摇摆，并使自腰部至脚部始终都保持以一条直线的形式进行移动。

（5）两臂摆动

行进时，双肩、双臂都不可过于僵硬呆板。双肩应当平稳，并力戒摇晃。两臂则应自然地、一前一后地、有节奏地摆动。在摆动时，手腕要进行配合，掌心要向内，手掌要向下伸直，摆动的幅度以30度左右为佳。不要双手横摆，或同向摆动。

（6）匀速前进

在行走时，大体上在某一阶段中速度要均匀，要有节奏感。此外，全身各个部分的举止要相互协调、配合，并表现得轻松、自然。

2.禁忌的行姿

（1）方向不定

方向一定要明确，切不可忽左忽右、变化多端，好像胆战心惊、心神不定。

（2）瞻前顾后

不应左顾右盼，尤其是不应反复回过头来注视身后。此外，应力戒身体乱晃不止。

（3）速度多变

切勿忽快忽慢、突然快步奔跑、突然止步不前，这些都会让人感到不舒服。

（4）声响过大

不要用力过猛、声响大作，否则会妨碍或惊吓到其他人。

（5）八字步态

无论两脚脚尖向内侧伸构成内八字步，还是两脚脚尖向外侧伸构成外八字步，都十分难看。

二、举止得当

举止得当是指社交者能够了解某些举止具有的特殊礼貌意义，在社会交往中，在适当的场合，能正确地运用这些举止，准确地表达自己的意愿。人们在交际中经常使用的礼貌举止有以下几个方面：

1. 点头

这是一种最常使用的礼貌举止，经常用于与他人打招呼。应两眼看着对方，面部略带微笑，等对方有表示时再转向其他方向。点头打招呼也可以在较大的迎送场合中使用。当迎送者较多或距离较远时可以用点头表示敬意，也可以点头和握手配合使用。

2. 举手

这是一种与对方距离较远或交臂而过、时间仓促时的打招呼方式，也是一种常见的礼貌举止。由于条件所限，打招呼者无法与对方交谈或站停施礼，在这种情况下，举手打招呼是最合适的。这种方式不但可以表示认出了对方，而且可以在短时间、远距离内表达你的敬意。

3. 起立

这是一种在较正式场合使用的礼貌举止。在较正式场合，如果长者、尊者来访，则在场者应起立表示敬意，待访者落座后，才可坐下；如果长者、尊者离去，则待他们离开后才可落座。

4. 鼓掌

这是在社交场合表达赞许或向别人祝贺等感情时的礼貌举止。在正式的社交场合，重要人物出现、精彩的演讲完毕或表演结束时，人们可以用鼓掌来表达自己的敬意和赞赏。它是用以表示欢迎、祝贺、支持的一种手姿，多用于会议、演出、比赛或迎候嘉宾。鼓掌通常应该出声，不出声而仅做出鼓掌的样子也可以，但要让别人看见你的动作。鼓掌的做法是：右手掌心向下，有节奏地拍击掌心向上的左掌；必要时，应起身站立。但是，不应以此表示反对、拒绝、讽刺、驱赶之意，即不允许“鼓倒掌”。

5. 拥抱

这是传达亲密感情的礼貌举止。拥抱在国外特别是欧美国家应用得比较广泛。我国通常用于外事活动中的迎来送往等场合，偶尔用于久别重逢、误解消除等难以用语言来表达强烈感情的特殊场合，但在同辈异性之间轻易不使用。

当然，礼貌举止不仅仅这些，我们在这里只是介绍了常见的几种。在社交场合，每一个人都应该有意识地、恰当地运用这些礼貌举止，既不要过于谦卑，也不要过于傲慢，做到举止得当、礼貌周到，充分体现出你的教养和风度。

拓展阅读二

关键术语

三一定律　饰品　化妆　仪态语

复习与思考

1. 怎样选择一身适合自己的西装？
2. 穿套裙时需要注意哪些问题？
3. 商界人士为什么需要重视饰品？
4. 化妆的基本规则有哪些？
5. 怎样才能让自己的举止表现得优雅得体？

第三章 商务会面礼仪

商务会面礼仪主要表现为称呼、问候、握手、相互介绍、递送名片、交谈等。它是商界人士的基本礼仪规范，是衡量商界人士基本素质的最重要指标。在商务场合，作为管理者，与客人会面是常有的事。掌握正确的商务会面礼仪，能使管理者拉近与客人的距离，展现自己的修养，从而能有效推动商务活动的顺利开展。

第一节 称 呼

日常交往中正确称呼别人是最起码的交往礼仪。人们以前对称谓十分讲究，对不同的身份、场合等情况有不同的称谓。在当今商界，人们见面后彼此的称谓越来越简单化、实用化，反映了快节奏商务生活的要求。

商务交往，礼貌当先；与人交谈，称谓当先。使用称谓，应当谨慎，稍有差错，便会贻笑于人。恰当地使用称谓，是商务交往顺利进行的第一步。

一、称呼的一般规则

合适的称呼不仅要符合对方的身份，而且要准确地体现双方之间关系的亲疏程度。称呼的一般规则是：让关系亲近的人感到亲切，让关系疏远的人感到尊重。

对于关系较为密切的人，往往可以直呼名字，或只称呼名字中的一个字，以示亲切。南方人习惯取对方名字中的一个字，再在前面加上“阿”字来称呼；北方人则喜欢取名字中的一个字，然后加上“子”字来称呼。关系非常密切的人之间还常用爱称或绰号来称呼。中国人的爱称通常用名字中的一个字或叠字来称呼，如“佳佳”“春春”等。对于那些关系较为疏远的人，通常以对方的姓再加上体现对方身份的称谓，如“王院长”“王教授”“张博士”“张老师”等。

随着交往的深入和关系的逐渐密切，称呼也往往需要作适当的调整。开始交往时，通常以对方的姓再加上体现对方身份、地位的称谓来称呼，慢慢地在双方熟悉以后就可以用姓名或姓来称呼对方，最后甚至可以直呼名字（不过，中国有尊长的传统习俗，年轻者对年长者通常不能用姓名或名字来称呼）。这种称呼的变化往往是自然发生的，有时甚至双方都没有意识到，因此也没有必要征得对方的同意。但如果是想通过改变称呼来进一步密切双方之间的关系，就有必要征得对方的同意，如："我可以叫你×××吗？"

以上这一原则在西方文化圈内同样适用。西方在家人、朋友之间通常以名字相称，而在初次认识的人或不太熟悉的人之间，通常用对方的姓以及符合他身份的称谓来称呼，最常用的是"先生""女士""夫人""太太""小姐"这些称谓。只是西方人与我们有一点不同，他们在直呼对方名字时没有长幼之别，儿子也可以直呼父亲的名字，而这在中国是绝对不行的。

二、通用称呼

通用称呼是指目前在我国较为常用的一些称呼，通常包括两类：特殊称呼，又称专用称呼，与个人的特定身份、职业或关系相适应；一般称呼，普遍适用于各种不同身份人士。

（一）一般称呼

目前我国一般称呼主要有以下几种：

1.同志

这是中华人民共和国成立以来普遍使用的称呼。它既可以单独使用，也可以在前面冠以姓或姓名，如张同志、李同志。它原先的适用对象非常广泛，不同年龄、性别、职业及职务的人均可称之为"同志"，既严肃又有礼貌。但在20世纪80年代以后，随着政治、经济体制的改革，原先较为单一的社会关系开始分化，并呈现多样化的特征，同志关系成为多种社会关系中的一种关系。这样，在任何场合对任何人都称呼"同志"就显得有点不合适了。就目前的情况而言，同志的称呼主要适合于以下场合和对象：①在非常正式、严肃的场合；②政府部门的工作人员；③公共场所不知身份的陌生人。

2.师傅

这一称呼原先主要适用于工人出身的从事技术性工作的人。但随着"同志"这一称呼适用范围的缩小，"师傅"这一称呼的适用范围相应扩大。在许多场合它已取代了"同志"这一称呼。特别是在公共场所与不知身份的陌生人交往时，称呼"同志"似乎太正式了，称呼"师傅"显得随和，容易与人接近。但"师傅"这一称呼一般不适用于文职人员。它的主要适用范围是市井街道和工矿企业，还可用来称呼那些传授技艺和经验的人。

3.先生、女士（小姐）

这是西式称呼，主要适用于与外宾接触比较频繁、西化程度比较高的大饭店、宾馆、合资企业、商业系统以及年轻人。根据西方的习惯，对所有的男士都可以称先生，对所有初次见面且不了解对方婚姻状况的女士都可以称小姐。但由于在我国有些地方"小姐"被用于称呼特定的人群，对于一般的女性用"女士"称呼更为妥当。另外，“先生”“小姐”单独使用时，可以用来称呼服务行业的工作人员。

4.老师

这一称呼本来是一个职业称呼，主要适用于那些传授知识的人，但随着文化传播方式的多元化，“老师”也变成了泛称。它适用于所有文化事业单位的工作人员，以及那些具有专业知识的人。

5.老板

这一称呼的广泛使用是人们经济意识提高的体现，通常用于称呼那些具有经济权力的人，包括上司、雇主、业主等。在服务性行业，“老板”还经常被用来称呼顾客。

（二）特殊称呼

特殊称呼是对那些具有特定职业、职称、职务和身份的人，或者与称呼者有特定关系的人的称呼。

① 称呼姓名。一般的同事、同学关系，平辈的朋友、熟人，均可彼此之间以姓名相称。长辈对晚辈也可以如此称呼，但晚辈对长辈不可这样做。为了表示亲切，可以在被称呼者的姓名前分别加上“老”“大”“小”字相称，而免称其名。例如，对年长于己者，可称“老周”“大李”；对年幼于己者，可称“小邢”“小胡”。这种称呼多用在职业人士之间。对同性的朋友、熟人，或关系极为亲密的人，可以不称其姓，而直呼其名，如“艾民”“建军”等，显得亲切随和。

② 称呼职称。对于有职称者，尤其是有高级、中级职称者，可以在工作中直接以其职称相称。可以仅称职称，如“教授”“工程师”等；也可以在职称前加上姓氏，如“王教授”“张工（程师）”；也可以在职称前加上姓名，它适用于十分正式的场合，如“××教授”“××工程师”等。

③ 称呼职务。在工作中，以交往对象的职务相称，以示身份有别、敬意有加，这是一种最常见的称呼方法。其在具体做法上可以仅称呼其职务，如“局长”“经理”“主任”等；可以在职务前加上姓氏，如“沈经理”“王院长”等；还可以在职务之前加上姓名，这仅适合于极其正式的场合，如“××主席”“××县长”等。

④ 称呼职业，即直接以被称呼者的职业作为称呼，如老师、医生、会计、律师等。通常的做法是对方的姓加上职业称谓，如“王老师”“张医生”等。

⑤ 称呼学衔。在工作中，以学衔作为称呼，可增强被称呼者的权威性，有助于增强现场的学术氛围。可以在学衔前加上姓氏，如“黄博士”；可以在学衔前加上姓名，如“张明博士”。一般对学士、硕士不称呼学衔。

⑥ 对于德高望重的人，可以用其姓加“老”字称呼，如“徐老”。

⑦ 对于有较高学术地位的男士和女士均可称之为“先生”。

⑧ 称呼亲属。在日常生活中，对亲属的称呼已约定俗成，人所共知。面对外人，对亲属可根据不同情况采取谦称或敬称。

⑨ 在生活环境中，对邻居、父母的朋友、同学或朋友的父母、亲戚等可用一些显示亲密关系的称谓来称呼，如“大爷”“大娘”“大妈”“叔叔”“阿姨”“大哥”“大姐”等。

在一般称呼与特殊称呼之间，如果有合适的特殊称呼，就不应用一般称呼；否则，会让对方觉得有意疏远对方。譬如，对你的同学、家人就不能用“先生”或“同志”这些一般称呼来称呼。

第二节　问　候

问候又称打招呼，是对他人友好或者关心的表示，其目的是使人际关系融洽。

打招呼是遇见熟人时常用的礼节。与熟识的人相遇，有的尽管可能只有一面之交，也应相互打招呼，不能因为考虑到“他可能没有看到我”，或是“他可能已经不认识我了”，而故意避之不打招呼。与熟人见面不打招呼是很失礼的。在很多场合（主要是比较正式的场合及涉外场合），打招呼往往与其他的见面礼一起使用，如握手、鞠躬、合十等。在许多国家，人们不仅与熟人打招呼，还经常与陌生人打招呼，以表示自己的友好和善意。

一、问候的规矩

一般的规矩是：男士应先向女士问候；年轻的应先向年老的问候；下级应先向上级问候。不过在实际交往中，人们往往并不拘泥于上述的顺序，而通常是谁先看到对方，谁就主动向对方问候。年轻者、男士和地位低的人主动向对方问候是对对方的尊重，也是自己应有的礼貌；年长者、女士和地位高的人主动向对方问候，则显得谦虚与随和，也使自己更具亲和力。

二、问候方式

（一）语言问候

一般熟人相见，使用频率最高的问候语首推“你好”，另外还有“好久没见，近来可好（怎么样）”等。问候语应根据不同场合、不同对象灵活使用，总的原则是越简单越好。比如，中国人见面爱以一些有关胖瘦、服饰的话作为问候语：“小王，几天不见，又胖了。”对方听了心里会不太舒服。“小张，你今天穿的衣服真时髦啊！”对方听了不知是恭维还是讥讽，心里很别扭。再如“吃了没”“上哪儿去”等，看似很具体，却失去了美感和问候的效果。随着社会的发展和进步，人们越来越喜欢用“你好”来表达见面时的喜悦和礼貌。

（二）动作问候

动作问候有点头、鞠躬、握手（本章第三节将单独作介绍）、拥抱、亲吻等。

与外国人见面时，视对象、场合的不同，礼节也不同。对日本人等多数东方国家人来说，鞠躬是最常见的。对日本人、韩国人的鞠躬礼，每次必须同样还礼。欧洲人则更喜欢拥抱的礼节，有时还伴以贴面和亲吻，但要注意不可吻出声音；在商务活动中，一般不行此礼。对德国客人，握手很正式，同时伴有几乎令人感觉不到的鞠躬。对英国客人，最好不要有身体接触。对意大利客人来说，他们握手和拥抱很频繁。阿拉伯和伊斯兰国家在社交场合握手后还要在对方脸颊上亲吻，你需同样回敬。印度人双手合拢放在胸前表示欢迎客人。美洲人，不论是美国人还是拉美人，见到孩子时都会拍拍他的头或抚摸一下作为问候。但在其他一些国家，如日本、印度，只有很亲密的人才会有这种体语。在东南亚的一些国家，如泰国、马来西亚和一些伊斯兰国家，头被认为是神圣的，是智慧和精神力量的源泉，拍头部意味着侮辱，即使拍背部也是不适宜的。不要拥抱、亲吻或轻拍中国人，因为中国人不喜欢同陌生人尤其是异性有身体的接触。

下面简单介绍几种见面时的动作问候方式：

1.点头礼

点头礼适用于路遇熟人，在会场、剧院、歌厅、舞厅等不宜与人交谈之处，在同一场合碰上已多次见面者，遇上多人又无法一一问候之时。行礼的做法是：头部向下轻轻一点，同时面带笑容，不宜反复点头不止，也不必点头的幅度过大。

2.鞠躬礼

鞠躬礼是向地位高、辈分高的人表示尊敬与虔诚。其常用于日本、韩国、朝鲜等国。行鞠躬礼时要注意：

① 还以鞠躬礼。别人向你鞠躬，你若不以鞠躬礼相还，是不礼貌的，别人可能会误解你，以为你自认为高人一等，或不愿意接受别人的好意，都会伤害向你鞠躬的人的感情。

② 地位较低的人要先鞠躬。

③ 地位较低的人鞠躬要相对深一些。

④ 男士鞠躬时，手放身体两侧，手掌贴大腿外侧（日本人在表示恭敬时要将手放在双膝上）。女士鞠躬时，双手互握于体前。

3.脱帽礼

戴着帽子的人，在进入他人居所或进行其他会面礼时，还有进入娱乐场所、升挂国旗、演奏国歌等一些情况下，应自觉主动地摘下自己的帽子，并置于适当之处。女士在社交场合可以不脱帽。

4.拱手礼

在我国传统的礼仪中，也有一种类似于握手的礼节——拱手礼（或称作揖、抱拳）。拱手礼的具体做法是：右手半握拳，然后左手在胸前扶住右手，在双目注视对方的同时，相拱的双手向对方轻轻上下摇动。为了表示对对方的尊敬，可将双手抬至与额头同高。行礼时，可向受礼者致以祝福或祝愿，如“恭喜发财”“请多关照”等。自己握自己的手摇，代替握别人的一只手摇。来华的外国人认为这种礼东方气息浓厚，既文明又有趣。现在拱手礼一般用在非正式场合或气氛比较融洽时，如春节拜会、宴会、晚会等。

5.合十礼

在东南亚、南亚信奉佛教的地区以及我国傣族聚居区，合十礼最为普遍。行合十礼时，双掌十指在胸前相对合，五指并拢向上，掌尖和鼻尖基本持平，手掌向外侧倾斜，双腿直立，上身微欠低头，可以口颂祝词或问候对方，也可面带微笑，但不准手舞足蹈、反复点头。一般而论，行此礼时，合十的双手举得越高，越体现出对对方的尊重，但原则上不可高于额头。

6.拥抱礼

在商务交往中多以握手来表示礼节，但在涉外交往中，当第二次见面时，迎接你的礼节也可能是拥抱。正规的拥抱礼，讲究两人正面面对面站立，各自举起右臂，将右手搭在对方左肩后面；左臂下垂，左手扶对方右腰后侧。首先各向对方左侧拥抱，然后各向对方右侧拥抱，最后再一次各向对方左侧拥抱，一共拥抱三次。在普通场合行礼不用如此讲究，次数也不要求如此严格。墨西哥男士见面时一般采用“热烈的拥抱”，即紧紧地拥抱，并用手在对方背部轻轻拍打。你与他们有过几次会面之后，他们也会拥抱你。但在哥伦比亚和阿根廷不是这样。在希腊、意大利、西班牙，你可能也会体验到这种风俗。巴西人情感外露，人们在大街上相见也热烈拥抱。女士们相见时脸贴脸，虽然唇不触脸，但双方都用嘴发出接吻时的声音。在这种时候，你一定要自然地接受对方的拥抱，不要太拘谨；否则，对方会很尴尬。

7.亲吻礼

亲吻礼是西方国家常用的问候礼，有时会与拥抱礼同时使用。行礼时，通常忌讳发出亲吻的声音或将唾液弄到对方脸上。在行礼时，双方关系不同，亲吻的部位也有所不同。长辈吻晚辈，应当吻额头；晚辈吻长辈，应当吻下颌或吻面颊；同辈之间，同性应当贴面颊，异性应当吻面颊。接吻，即吻嘴唇，仅限于夫妻与恋人之间，不宜滥用。

8.吻手礼

吻手礼主要流行于欧美国家。它的做法是，男士行至已婚女士面前，首先垂手立正致意，然后以右手或双手捧起她的右手，俯首以自己微闭的嘴唇，象征性地轻吻一下其手背或手指。行吻手礼的地点以在室内为佳。吻手礼的受礼者只能是女士，而且应是已婚女士。

第三节 握 手

握手是商务活动中十分重要的礼节，是人们见面和分别时的礼节。在古老的西方，当人类还处于半文明半野蛮时期，无敌意的双方为了表明自己的友好，就要放下手里的棍棒或石块之类的武器，摊开手掌让对方摸摸手心，这种习惯慢慢地就演变成现在的握手礼了。这个起源于古老西方的礼节现已成为世界最为通用的礼节。

一、握手的主动权

握手的主动权规定了握手双方到底谁处于主动的地位，享有主动的权利。其具体表现为两个人见面后是握还是不握的决定权，即谁有先伸手的权利。握手的主动权主要是为了解决人们在日常交往中可能会产生的尴尬局面。

不同国家和地区的人由于习惯和观念的不同，对于“双方见面时是否有必要握手”的看法不尽相同。譬如：中国及大多数亚洲国家的人往往只与初次见面的人握手，而且只在比较正式的场合；美国人除了与初次见面的人握手外，还习惯与不常见面的朋友、熟人握手致意；法国人习惯于跟所有见面或分别的人握手，即使对方是天天见面的，甚至是一天见好几次的。即使是生活在同一国家和地区的人，由于个性与生活方式的不同，对于“握手必要性”的认识也会有所不同。

握手的主动权通常掌握在以下四类人的手里：主人、年长者、身份高的人、女士。也就是说，主人、年长者、身份高的人、女士，以先伸手为有礼；客人、年轻者、身份低的人、男士，最好先问候对方，待对方伸手后再伸手为有礼；双方的身份、地位相当，以先伸手为有礼。

一般来说，主客关系比其他关系具有优先权，而不管主人的年龄、身份和性别。而当其他三类身份交叉时，要看双方到底以哪种关系为主。譬如：西方人在人际交往时比较重视性别关系，女士优先是最通行的社交规则，因此女士总是拥有主动权；中国人比较重视年龄的长幼关系，年轻人对年长者应给予特别的尊重和照顾，因此年长者通常拥有主动权；如果双方是单纯的工作关系，则一般以职位的高低来决定主动权的归属（身份高的人拥有握手的主动权）。

事实上，在很多场合双方往往是同时伸手的，除非那些特别需要讲究次序的正式场合。即使在正式场合，握手的主动权也并非神圣不可侵犯的。如果对方没有主动权，但他已经向你伸手了（尽管他是失礼的），你应马上伸手回应；否则是无礼的，因为对方伸手不管是有礼还是失礼，都是一种友好的表示。

倘若由于手脏、疾病（关节炎、损伤）等原因，不方便与对方握手，则不必勉强，但应该向对方解释并表示歉意。

二、握手的正确做法

（一）正确的握手姿势

握手是一种无言的沟通。如果你握手的做法不对，则很有可能会导致沟通的错误，并进一步影响日后的交往。正确的握手姿势应该是：

① 站起来，两脚并立；

② 手抬到腰部，手掌垂直；

③ 身体稍微前倾（一般是男士）；

④ 面带笑容，眼睛温和地注视对方；

⑤ 轻轻地握住对方的手上下抖动（而不是左右晃动）。

（二）握手应注意的方面

① 握手时总是站着而不是坐着，除非你年老体弱或患有残疾。

② 握手一定要用右手（即使对方是右手截肢者，你也应用右手握住他伸出来的左手）。如果右手拿着东西，则可把东西放下或用左手来拿。

③ 握手时通常应脱下手套和帽子。女士的装饰性手套和帽子可以不脱。另外，戴军帽或制服帽的工作人员握手时也不用脱帽，但应先向对方行敬礼后才能握手。

④ 握手时手掌一般要垂直（手掌垂直表示双方地位的平等）。掌心向下握住对方的手有傲慢之嫌，而掌心向上握住对方的手又显得过分谦虚。

⑤ 握手时一般不用双手捧接。只有对特别年长或身份极高的人，可以用双手握住对方的手以示对对方的毕恭毕敬；但男士对女士的敬重通常不用这种方式来表示。

⑥ 握手时要全神贯注。眼睛要望着对方，不能一边握手一边向别处张望，嘴上不能叼着香烟或嚼着食物，左手不能插在裤袋里，不能一边握手一边与别人说话，也不能同时与两个人握手（交叉握手）；否则，都是不尊重对方的表现，也显得你缺乏交往的诚意。

⑦ 握手时间长短适宜。握手时间通常以三五秒钟为好。老朋友之间为了表示真诚和热烈可以握手时间长一些，甚至可以一边握手一边寒暄，但一般也以不超过20秒钟为好。

⑧ 握手用力适宜。握手时的力度往往能体现握手者的热情，握手时用力太轻会给对方拒人千里的感觉。很少有人会喜欢握一只软绵绵的手。不过，过分用力以至于弄疼对方（特别是当男士与女士握手时）也不会让对方感到愉快。所谓用力适宜，是指握手时的力度能传递自己的热情，但又不粗鲁。

总之，恰到好处的握手应是简短认真、热情有力的一握，两眼愉快地凝视对方，表达你的温和、友善和真诚。如果能在合适的场合正确地使用握手礼，就更好了。

三、握手的场合

握手作为一种交际礼节，在我国主要在比较正式的场合使用，而在一般的交往场合通常只在男士之间使用。具体地说，较为常见的握手场合有以下几种：

① 当双方被介绍认识时，通常用握手礼来互相致意。刚认识的双方一边握手一边寒暄，如“您好”“很高兴认识您”“久仰久仰”“幸会幸会”等。

② 熟人朋友在久别重逢时，通常也会一边握手一边问候，如“好久不见”“久违了”“最近忙些什么”等。关系密切的朋友之间还可以一边握手一边问候对方的家人或是双方共同认识的朋友。

③ 在告别或送别时双方也通常以握手作别。一边握手一边道别，如“再见”“慢走”“请走好”“请留步”“恕不远送”“下次再来”等。

④ 当需要向对方表示祝贺、感谢和慰问时，也可以用握手来致意。一边握手，一边说一句“祝贺你”“多谢了”“辛苦了”。

⑤ 当双方的谈判和争论达成统一或和解时，可以用握手来表示联手合作或握手言和。在谈判桌上，当双方的会谈出现了令人满意的结局时，双方通常以握手来表示合作的开始。当矛盾双方的矛盾在中间人的协调下得到了一定程度的消除时，双方也常常握手表示和解。

第四节 介 绍

在商务交往中，要进行必要的沟通，以寻求理解、帮助和支持。介绍是初次合作的双方见面时的礼节，是进行沟通的出发点，是双方增进了解、建立联系的一种最基本、最常规的方式。在商务交往中，如果能正确地利用介绍，则不仅可以扩大自己的交际圈，广交朋友，而且有助于自我展示、自我宣传，在交往中消除误会，减少麻烦。所以掌握介绍的礼仪方法和技巧，是商界人士的必备素质之一。

商务介绍有两种情况：自我介绍、他人介绍。

一、自我介绍

在商务交往中，商界人士若想结识某个人或某些人，而又无人引见，这时他可以自己充当自己的介绍人，自己将自己介绍给对方。这就是我们常说的“自我介绍”。恰当的自我介绍不但能增进他人对自己的了解，而且能创造出意料之外的商机。

（一）自我介绍的时机

应当何时进行自我介绍？这是最关键的而又往往被人忽视的问题。通常商界人士在下面的场合有必要进行适当的自我介绍。

① 在社交场合，与不相识者相处时，或是有不相识者表现出对自己感兴趣时，或是有不相识者要求自己做自我介绍时。

② 在公共聚会上，与身边的陌生人组成一定的交际圈时，或是打算介入陌生人组成的交际圈时。

③ 有求于人，而对方对自己不甚了解或一无所知时。

④ 前往陌生单位，进行工作联系时。

⑤ 拜访熟人遇到不相识者挡驾，或是对方不在，而需要请不相识者代为转告时。

⑥ 初次利用大众媒体向社会公众进行自我推荐、自我宣传时。

⑦ 在出差、旅行途中，与他人不期而遇，并且有必要与之建立临时接触时。

（二）自我介绍的态度及方式

商界人士在作自我介绍时，要求注意一定的态度及方式：

1.镇定和自信

商界人士进行自我介绍时，其本身就是当事人，因此要先向对方点头致意，待得到对方回应后再报出自己的姓名、身份、单位及其他有关情况，语调要热情友好，充满自信，眼睛要注视对方，如“您好，我是××公司的销售员”，同时递上事先准备好的名片；要自然、大方，不要扭扭捏捏。通常情况下，人们对于自信的人会另眼相看，对你产生好感；相反，如果自我介绍时流露出羞怯心理，则会让人感到你不能把握好自己，可能会使对方对你有所保留，从而彼此的沟通会产生障碍。

2.主动与被动的自我介绍

主动的自我介绍方式通常可以引起对方的回应，如：“您好！我是××公司的王××，很高兴见到您。”被动的自我介绍方式，即首先婉转地询问对方：“先生您好！请问我该怎样称呼您呢?”待对方作完自我介绍，并表示要了解一下你的情况时，再顺水推舟地介绍自己。采用这种自我介绍的方式，措辞一定要得体，尽可能用一些适当的谦辞或敬语。

3.介绍内容的繁简程度

在商界人士的社交场合，自我介绍的内容大体由三个要素构成：本人姓名的全称、供职的单位及职务。自我介绍的三要素简明扼要，能使他人对你初步有所认识。一般的自我介绍大都需要将三者一气呵成地报出来。初次见面时的自我介绍，本人姓名一定要报全称；否则，随便一句“叫我小王好了”，就明显地带有不愿进一步深谈、拒人千里的意思。

虽然自我介绍的内容由三个基本要素构成，但不一定每次都面面俱到，作为商界人士，应视交际需要来决定介绍的繁简程度。一般参加聚会、沙龙或演讲，发言前的自我介绍应简明扼要。而在有些社交场合，如果对方不一定有多大的兴趣去深入地了解你，只报出自己姓名的全称，为对方提供称呼自己的方便就足够了。如果自己很想认识对方，或者对方显然也有认识自己的愿望，或者对于公开招标过程中的投标者来说，自我介绍仅仅局限于三要素，恐怕就不够了。鉴于此种情况，还可以简略地介绍一下自己的籍贯、出生地、母校、专长、兴趣等相关的方面。

（三）自我介绍的注意事项

1.注意时间

要抓住时机，在适当的场合进行自我介绍，不要打断别人的谈话而介绍自己，应在对方有空闲、情绪较好又有兴趣时，这样就不会打扰对方。有时，为了节省时间，在作自我介绍时还可利用名片、介绍信等加以辅助介绍。

2.态度诚恳

商界人士在进行自我介绍时，态度一定要自然、友善、亲切、诚恳，落落大方、彬彬有礼，既不能唯唯诺诺，又不能虚张声势。无论男女，都希望别人尊重自己，特别是希望别人尊重自己的优点和成就，因此在自我介绍时，表情一定要庄重。

3.无须提醒

如果一个曾经向其介绍过自己的人，一时未想起你的姓名，这时请不要作出任何提醒式的询问，最佳的方法是直截了当地再作一次自我介绍。

4.实事求是

进行自我介绍要实事求是、真实可信，不可自吹自擂、夸大其词。

二、他人介绍

（一）介绍他人

商界人士在商务场合除了需要自我介绍外，有时难免要为他人作介绍，即介绍他人。

1.介绍他人的时机

介绍不相识的人相互认识，为他人作必要的介绍，要有适当的时机。通常遇到下列情况时可进行他人介绍：

① 陪同上司、长者、来宾时，遇见了其不相识者，而对方又跟自己打招呼。

② 本人的接待对象遇见了素不相识的人士，而对方又跟自己打招呼。

③ 在办公室或其他社交场合，接待彼此不相识的客人或是来访者。

④ 与客人、亲朋好友外出，路遇家人、亲朋不相识的同事或朋友。

⑤ 打算推荐某人加入某一方面的交际圈。

⑥ 受到为他人作介绍的邀请。

2.明确介绍的顺序

为他人作介绍时必须遵守“尊者优先了解情况”的规则。在为他人作介绍前，先要确定双方地位的尊卑，然后先介绍位卑者，后介绍位尊者。公认的介绍基本规则如下：

① 先将男士介绍给女士。这是最常见的一种方式。但是也有例外，如果男士的年纪比女士大很多，则应将女士介绍给男士年长者，以表示对年长者的尊重。

② 把年轻者介绍给年长者。

③ 把客人介绍给主人。

④ 把地位低者介绍给地位高者。

⑤ 先将未婚女士介绍给已婚女士。

⑥ 先将家庭成员介绍给对方。

⑦ 集体介绍的顺序。在被介绍者双方地位、身份大致相似，或者难以确定时，应当使人数较少的一方礼让人数较多的一方，一个人礼让多数人，先介绍人数较少的一方或个人，后介绍人数较多的一方或多数人。若被介绍者在地位、身份之间存在明显差异，特别是当这些差异表现为年龄、性别、婚否、师生以及职务有别时，则地位、身份为尊的一方即使人数较少，甚至仅为一人，仍然被置于尊贵的位置，最后加以介绍，而先介绍另一方人员。若需要介绍的一方人数不止一人，可采取笼统的方法进行介绍，如“这是我的家人”“他们都是我的同事”等；但最好还是对其进行一一介绍。进行此种介绍时，可按位次尊卑顺序进行介绍。若被介绍双方皆不止一人，则可按礼规，先介绍位卑的一方，后介绍位尊的一方。

3.介绍他人时的注意事项

① 在为被介绍人介绍之前，必须充分考虑到被介绍人双方有无相识的必要或愿望，务必征求一下被介绍双方的意见，切勿直接上前开口就讲；否则，不仅显得很唐突，还会使被介绍者感到措手不及。在为不同国籍人士作介绍时，宜先考虑两国的邦交。

② 如果需要介绍两位地位相近的经理或是两位经理夫人相识，则在介绍时，不能按“把职位低者介绍给职位高者”的惯例行事，因为他们的职位高低难分伯仲。对后者，也不能按照“把晚辈介绍给长辈”的规矩去做，因为女士的年龄属于个人秘密。商界人士如遇到这种情况可采取“先温后火”或“先亲后疏”的办法进行介绍，即把脾气好的一方介绍给脾气欠佳的一方，或是把与自己关系密切的一方介绍给与自己较为生疏的一方。

③ 商界人士如果需要把一个人介绍给其他众多的在场者，则最好能够按照一定的顺序进行。若没有地位非常高的人在场，就不该破例；否则，挑三拣四地“跳

跃式”进行，很容易伤人。

④ 作为介绍人，陈述的时间宜短不宜长，内容宜简不宜繁。通常的做法是连姓带名加上尊称、敬语。较为正式的话，可以说：“尊敬的吴××先生/女士，请允许我把王××先生介绍给您。”比较随便一些的话，可以略去敬语和被介绍人的名字，如“吴小姐，让我来给你介绍一下，这位是王先生”；或以手势辅助介绍，先指向一方，说“刘先生”，再指向另一方，说“王先生”。不论采取怎样的方式，都不宜略去其姓而直称其名。

⑤ 商界人士在为他人作介绍时，要避免给任何一方厚此薄彼的感觉。不可以对一方介绍得面面俱到，而对另一方介绍得简略至极；也不可以对被介绍的一方冠以“这是我的好朋友”等类似的话语，因为这似乎暗示另外一方不是你的朋友，显得不友善。

⑥ 作为介绍人，在为他们作介绍时，态度要热情友好、认真，不要给人以敷衍了事或油腔滑调的感觉。

作介绍时，介绍人应起立，行至被介绍人之间。在介绍一方时，应微笑着用自己的视线把另一方的注意力引导过来。手的正确姿态应是手指并拢，掌心向上，胳膊向外延伸，指向被介绍者；但绝对不要用手指去对被介绍人指指点点。

（二）接受介绍

商界人士在社交场合更多的还是以被介绍者的身份出现的。这并不意味着你的角色不重要；相反，你的言行举止都暴露在众人的注意力下。在作为被介绍者的身份出现时，商界人士应该注意以下的态度和行为：

① 站立。作为被介绍者，应当站立着，并面对对方，表现出彬彬有礼、乐于结识对方的诚意。介绍完毕，应与对方握手致意，并说“您好”“幸会”“很高兴认识你”等谦敬语。如果在被介绍时不方便站起，则应尽可能作起立状。

② 愉悦的神情。当自己被介绍时，应该放弃当时的私事，微笑着目视对方，在被介绍完后伸出手，与对方热情、友好地握手；不要表现出冷冰冰的样子，那样会让人感到你趾高气扬、傲慢无礼，会伤害介绍人和另一方的感情。

③ 双方交换名片或联系方式。

④ 礼貌结束短暂的介绍与交谈。在相互介绍完之后双方一般会进行简短的寒暄或交谈，结束交谈或寒暄时要注意使用礼貌语言，表达不舍的心情。道别时，可以说“再见”“见到您真是太高兴了，以后有问题我多多向您请教”“希望有机会还能与您见面”“有幸能认识您真是太好了，以后保持联系”等。

第五节　名　片

对于商界人士来说，名片是最重要的书面介绍材料，它承载着个人信息，可以说是第二张身份证，因为它可以告诉别人自己是谁、是何职务及如何联络等。名片不仅可以被看作个人的广告，而且是让新结识的朋友记住你的姓名、地址及电话号码的一种有效方法，为拓展人际关系、保持日后联系提供了方便。

一、名片的用途

名片除了具有介绍自己和保持联络的作用，还包括以下用途：

1.业务宣传

在进行业务往来时，名片是公司的招牌，具有类似广告的作用，可使对方了解你所从事的业务。

2.通报和留言

拜访他人时，可在名片的姓名下写上“求见”“拜谒”字样，然后交由有关人员转呈。若被访者不在，拜访者也可留下一张名片，以便让其知道来访者是谁。

3.替代礼单

向朋友或同事寄送或托送礼物或鲜花时，可以在礼品或花束中附上名片并写上祝贺短语，这样既方便又礼貌。

4.替代便函

名片可以用来向友人表示祝贺、感谢、介绍慰问及馈赠等多种礼节。为了表示不同的礼节，可以在名片左下角用小行字母写上国际通用的法文缩写，如P.F.（敬贺）、P.R.（谨谢）、P.P.（介绍）、P.P.C.（辞行）、P.C.（谨唁）、P.F.N.A.（恭贺新年），也可以写上祝贺或问候短语给对方。例如，当您收到友人的赔礼后，可在名片的姓名下写上“领”字，另起一行顶格写上“谢”字，然后把名片装进信封寄给友人；当你赠人鲜花时可附上一张名片，对方看了名片，便明白是你的心意。随着社会的进步和科技的发展，名片的功能越来越多，而名片的制作也越来越讲究。

二、名片的制作

名片的制作可以体现出一个人的审美情趣、品位和个性，隽秀、俊逸、脱俗、活泼、平和、张扬等个性特征，都能透过方寸之间的字体、布局、颜色、材料和内容等展现出来。你的名片不仅旨在向未来的客户介绍你本人和你的公司，名片还代表着你的职位及职称，更代表你的形象。

（一）名片制作的注意事项

1.规格

国内最通用的名片规格是长9厘米、宽5.5厘米。这是名片最规范、最通用的规格。对一般商务场合来说，没有必要把名片制作过大，甚至搞折叠式，免得给人以虚张声势、有意摆谱的感觉。

2.材质

只适合纸质的，金属、塑料、木质名片不适合使用在商务场合。

3.色彩

最好不要印制杂色名片，令人看得眼花缭乱；也不要用黑色、红色、粉色、紫色、绿色作为名片底色印制名片，它们会给人不庄重的感觉。商界人士的名片不宜印人像、漫画、花卉、宠物等图案；否则，会给人以华而不实的印象。

4.字体

在国内使用的名片，应该用汉语简体字。在国内少数民族聚居区、外资企业以及境外使用的名片，可以酌情使用少数民族文字、汉语繁体或外文。最好在名片的两面，分别以简体汉字和另外一种文字印制相同的内容，而不要将两种文字交错印在同一面。为了方便别人阅读，尽量不要采用行书、草书、篆书或花体字印制名片，更不要手写，除非你是从事和书法、艺术有关的工作。

5.印刷

通常有两种版式可以选择：一是横式，行序由上而下，字序由左而右。二是竖式，行序由右而左，字序由上而下。如果是两种文字印制同一张名片，要避免一面横式、一面竖式。有必要的话，公司路线图可以印在名片背面。

（二）名片的内容

一张形象、效果俱佳的名片应包括：

① 公司标志、商标或公司的徽记。

② 姓名、职务、公司全称。

③ 公司地址、电话号码、传真号码。

④ 若有必要，可印上其他办事处的地址。

⑤ 背面印上经营范围、项目等。

⑥ 家庭电话号码可有可无。在出示名片时，为了显得更加亲近，可用钢笔加上家庭电话号码。

⑦ 在涉外交往中一定要用两种语言印制名片，一面用中文，一面用当地语言。

三、名片的交换

（一）发送名片

1.发送名片的时机

① 希望认识对方。

② 被介绍给对方。

③ 对方向自己索要名片。

④ 对方提议交换名片。

⑤ 打算获得对方的名片。

⑥ 初次登门拜访对方。

2.发送名片的方法

①递名片时应起身站立，走上前去，使用双手或者右手，将名片正面对着对方，递给对方（如图3-1所示）。

图3-1 递名片的方法

②若对方是外宾，最好将名片上印有英文的那一面对着对方。

③将名片递给他人时，可说“多多关照”“常联系”等话语，或是先作一下自我介绍。

④与多人交换名片时，应讲究先后次序，或由近而远，或由尊而卑进行。位卑者应当首先把名片递给位尊者。

（二）接受名片

① 他人递名片给自己时，应起身站立，面含微笑，目视对方。

② 接受名片时，双手捧接，或以右手接过，不要只用左手接过。

③ 接过名片后，要从头至尾把名片认真默读一遍，意在表示重视对方。

④ 接受他人名片时，应使用谦辞或敬语，如“请您多关照”。

（三）索要名片

不赞成强索名片。如果索取别人名片，可以借鉴下面几种委婉的方法：

① 向对方提议交换名片。

② 主动递上自己的名片。

③ 向尊长索取名片，不妨询问：“以后怎么向您请教？”

④ 向平辈或晚辈索要名片，可以说：“以后怎么和你联系？”

如果别人向你索要名片，而不想给对方的时候要用委婉的方法表达，则可以说

"我忘了带名片""实在抱歉，我的名片用完了"。不过，如果手里正拿着自己的名片，又被对方看见了，这样讲则显得太不尊重对方了。

如果自己没有名片，而又不想直接说没有，则可以用上面方法委婉表达。

（四）存放名片

1.名片的置放

① 在参加商务活动时，要随时准备好名片。名片要经过精心的设计，能够艺术地表现自己的身份、品位和公司形象。

② 随身所带的名片，最好放在专用的名片包、名片夹里。公文包以及办公桌抽屉里也应经常备有名片，以便随时使用。

③ 接过他人的名片看过之后，应将其精心放入自己的名片包、名片夹或上衣口袋里，不能随手一丢。

2.名片的管理

及时把所收到的名片加以分类整理收藏，以便今后使用方便。不要将它们随意夹在书刊、文件中，更不能把它们随便地扔在抽屉里面。存放名片要讲究方式、方法，做到有条不紊。推荐的方法有：

① 按姓名拼音字母分类。

② 按姓名笔画分类管理。

③ 按部门、专业分类管理。

④ 按国别、地区分类管理。

⑤ 输入智能手机、电脑等电子设备中，使用其内置的分类方法。

四、使用名片时的忌讳

交换名片是一门学问，若想适时地发送名片，使对方接受并收到最好的效果，就需要注意：

1.不要胡乱散发名片

喜欢散发名片的人，会给人一种极不爱惜自己名誉的感觉，所以商界人士切忌发放传单般发放自己的名片。

2.不要过早发放名片

对于陌生人或巧遇的人，不要在谈话中过早发送名片，因为这种热情一方面会打扰别人，另一方面有推销自己之嫌。

3.不要逢人便要名片

其实过分热衷于名片的交换是有失礼仪的，这种做法会使人对你敬而远之，甚至会使你遭人鄙视，所以商界人士千万不能像在收集名片似的逢人便要。

4.不要玩耍名片

在交谈时不要拿着对方的名片玩耍，也不要当着对方的面在上面作谈话记录。

5.不要在用餐时间发送名片

无论是参加私人宴会还是商业餐宴，名片皆不可于用餐时发送，因为此时只适宜从事社交而非商业性的活动。

6.不要发送破损或脏污的名片

商界人士递交给对方的名片应该是完整、干净的，与其把一张破损的名片给对方，还不如不给。为此，商界人士应将名片收好，整齐地放在名片夹、名片盒或专门的口袋中，以免名片毁损。名片一旦破损或脏污，就不应该再用。

拓展阅读三

关键术语

握手的主动权　拱手礼　鞠躬礼　亲吻礼　拥抱礼　合十礼　吻手礼

复习与思考

1.同志的称呼适用于哪些场合？
2.为什么要有握手的主动权？
3.一般情况下谁拥有握手的主动权？
4.握手时应该注意的问题有哪些？
5.介绍他人时有哪些注意事项？
6.使用名片时的禁忌有哪些？

第四章 商务交往礼仪

商务接待、商务拜访与馈赠礼品工作是商界人士的经常性工作。商界人士在接待、拜访与礼品馈赠中的礼仪表现，不仅关系到本人的形象，而且涉及所代表的企业形象。令人满意的、健康的接访与馈赠礼仪，对于建立联系、发展友情、促进合作有着重要的意义。

第一节　商务接待

商务接待是商界人士的一项重要工作内容。如果想以主人的有利身份对商务往来起到更好的促进作用，就必须熟知商务接待礼仪。

商务接待有两种情况：

① 常规接待，即不需在人力、物力上作特殊准备的接待工作，这种接待随时都有。

② 隆重接待，需要在物质上作准备、在人员上作调配，如要有交通工具迎送、专门的接待人员等。

不管哪一种商务接待，都应该让来者乘兴而来、满意而归。

一、商务接待的原则

在商务活动中，为了以礼接待商界同仁，必须遵循两大原则：

（一）注意身份对等

这是商务礼仪的基本原则之一。身份对等是指己方作为主人，在接待客人时，要根据对方的身份，兼顾对方来访的性质以及双方之间的关系，安排接待的规格，以便使来宾得到与其身份相称的礼遇，从而促进双方关系的稳定、融洽与发展。这要求在接待工作中，应把对方的身份置于首要的位置，一切具体的接待事务均应依此来确定。

根据身份对等的原则，己方出面迎送来宾的主要人员应与来宾的身份大体相当。若己方与来宾身份对等的人员身体不适或忙于他事难以脱身或不在本地，因而不能亲自出面迎送来宾，应委派副手或与其身份相近的人员出面接待，并在适当的时刻向来宾作出令人信服的说明和解释，以表示自己的诚意。

同样，己方人员在与来宾进行礼节性会晤或举行正式谈判时，也必须使己方到场的人数与来宾的人数基本上相等。另外，己方在为来宾安排宴请活动或为其准备食宿时，亦应尽量使之在档次、规格等各方面与来宾的身份相称，并符合客人们的生活习惯，体现东道主对客人的关心与照顾。在接待外商时，更应注意这一点。

在商务往来中贯彻身份对等原则，是为了更好地确定宾主双方都能够接受、都能够感到满意的接待标准，也是为了充分地表达东道主对来宾的尊重与敬意。在某些特殊的情况下，有的企业为强调自己对宾主双方特殊关系的重视和对来宾的敬重，特意打破常规，提高对来宾的接待规格，也是可行的，但不宜多用。

（二）讲究礼宾秩序

礼宾秩序所要解决的是多边商务活动中的位次和顺序的排列问题。在正式的商务活动中，礼宾秩序可参考下列方法：

1.按身份与职务的高低顺序排列

例如，接待几个来自不同方面的代表团时，确定礼宾秩序的主要依据是各代表团团长职务的高低。

2.按姓氏笔画排列

在国内的商务活动中，如果双方或多方关系是对等的，则可按参与者的姓名或所在单位名称的汉字笔画多少排列。其具体排法：先按个人姓名或组织名称的第一个字的笔画数量，依次按由少到多的次序排列。当两者第一个字的笔画数相等时，则按第一笔的笔顺横、竖、撇、点、折的先后次序排列。当第一笔笔顺相同时，可依第二笔，以此类推。当两者的第一个字完全相同时，则用第二个字进行排列，以此类推。

3.按国家或企业名称的英文字母顺序排列

在涉外活动中，则一般应将参加的组织或个人按英文或其他语言的字母顺序进行排列。具体方法如下：先按第一个字母进行排列。当第一个字母相同时，则依第二个字母的先后顺序排列。当第二个字母相同时，则依第三个字母的先后顺序，以此类推。每次只能选一种语种的字母顺序排列。

4.其他排列方式

其他排列方式包括：按照有关各方正式通知东道主自己决定参加此项活动的先后顺序；按照正式抵达活动地点的先后顺序。

二、商务接待的准备

从接到来客通知后，接待工作就开始进入准备工作阶段。这是整个接待工作的重要环节，一般应从以下几个方面来准备：

1.挑选接待人员

接待人员是展现企业形象的第一人，其接待来访客商时的形象和态度对客商形成企业整体印象起着非常重要的作用。因此，企业在选用接待人员时，在仪容、举止、能力方面都应进行严格的筛选。

2.了解客人基本情况

首先，要了解客人的单位、姓名、性别、民族、职业、级别、人数等。

其次，要掌握客人的意图，了解客人的目的、要求以及在住宿和日程安排上的打算。

最后，要了解客人到达的日期、所乘车次、航班和到达时间，然后将上述情况及时向主管人员汇报，并通知有关部门和人员做好接待。

3.确定迎送规格

按照身份对等的原则安排接待人员。对较重要的客人，应安排身份相当、专业对口的人士出面迎送；亦可根据特殊需要或关系程度，安排比客人身份高的人士破格接待。对于一般客人，可由公关部门派遣有礼貌、言谈流利的人员接待。

4.布置接待环境

良好的环境是对来宾的敬重与礼貌的表示。接待室的环境应该明亮、安静、整洁、幽雅；应配置沙发、茶几、衣架、电话，以备接待客人进行谈话和通信联络之用；室内应适当点缀一些花卉盆景、字画，增加雅致的气氛；还可放置几份报刊和有关本单位或公司的宣传材料，供客人翻阅。

5.做好迎客安排

与行政或公关部门联系，按时安排迎客车辆；预先为客人准备好客房及膳食；若对所迎接的客人不熟悉，需准备一块迎客牌，写上“欢迎××先生（女士）”以及本单位的名称；若有需要，还可准备鲜花等。

三、商务接待的程序

商务接待工作非常复杂、烦琐，又十分具体，事无巨细都关系到接待的质量和企业的形象，稍有疏忽就可能给企业造成不可估量的损失。因此，从事接待工作的人员，应当积累经验，把接待工作程序化，以避免临时忙乱、疏漏，做到周密细致、有条不紊。接待工作的基本程序一般是：

1.食宿安排

在客人到达前就安排好食宿。根据客人的民族习俗、身份及要求，本着交通便利、吃住方便的原则，制订具体安排计划。注意住宿环境的整洁、安静，房间设备是否齐备，服务质量是否满意等。

2.迎接客人

事先根据来宾的身份、地位、规格及本企业的个体情况制定接待规格，一般客人可由业务部门或办公室人员去车站（机场、码头）迎接，重要客人应安排有关领导前往迎接；迎接时应率先向来宾握手致意，表示欢迎。

3. 安顿宾客

客人抵达后，应先安置客人休息。如果是所在地来宾，则可在单位会议室或接待室稍作休息，并提供茶水、饮料等；若是远道而来的客人，则先把客人引进事先安排好的客房休息。

4. 协调日程

客人食宿安排就绪后，对一般客人可由接待人员出面协调活动日程；对重要客人应由领导出面进一步了解客人的意图和要求，协商活动的具体日程；最后根据确定的活动内容、方式等印发活动日程，并分发至每一个客人手中。

5. 组织活动

按照日程安排精心做好各项工作，对客人提出的意见要及时向领导反馈，客人提出的要求要尽可能满足。

6. 安排返程

了解客人返程时间后，及早预订车（船）票、机票，安排送行人员和车辆。根据车次、航班的时间，及时与负责行李的部门、人员约定提取行李的时间，并通知客人；到达车站（机场、码头）后，要妥善安排客人等候休息，等客人登车（机、船）后方可离开。

四、商务接待中的礼仪要求

来访接待主要是指业务往来接待及未经预约的商业往来拜访。接待时应注意以下礼节问题：

1. 热情接待

来访者无论身份如何、目的为何，都应热情接待。这不仅涉及企业形象问题，同时对工作能否顺利开展有很大影响；切不可让客人坐“冷板凳”，或以貌取人、言语不周。来访者到来时，接待者要起立、主动握手，表示欢迎。

2. 善于倾听

在接待过程中，要善于倾听客人的谈话，在客人讲话过程中，正视对方，适时地以点头表示尊重，且一举一动都要表示出在认真听对方的陈述，切忌做与交谈无关的动作，如翻看报纸、写东西等，以免让客人有被怠慢的感觉。

3. 尽可能不接电话

接待客人时，不停地接听电话、打断对方的讲话都是一种不礼貌的行为；当客人到来时，应告诉秘书尽量不要让电话打扰。如果有重要电话，则应先向客人说“对不起”，在得到客人谅解后再接听，且要长话短说。

4.尊重与沟通

交谈过程中，不要随意打断、驳斥对方，也不要轻易许诺。不同意对方的观点，要克制情绪，委婉地表达自己的意见；意见一致时也不要喜形于色。同时，能马上答复或解决的事不要故意拖延时间；暂时不能解决的，应告诉对方一个解决方案，约定一下时间再联系。

5.难题的处理

如果交谈中出现某些使自己为难的场面，则可以直截了当地拒绝某一要求，也可以含蓄地暗示自己无法做到，请求对方理解。但要注意方式和态度，尽量不要让对方误以为是瞧不起他或有能力而不愿帮忙。如果想结束会见而对方又未察觉，则可以婉言告之，如“对不起，我还有一个十分重要的会议”等，也可以用身体语言提示对方，如间隔性地抬腕看看表等。

第二节　商务拜访

拜访是指亲自或派人到朋友或有商务往来的客户或相应的场所去访问某人或某单位的活动。它是组织的日常商业交往活动。拜访有事务性拜访、礼节性拜访和私人拜访三种，事务性拜访又分商务洽谈性拜访和专题交涉性拜访。拜访需要注意一些礼仪规范。

一、商务拜访前的准备

为了做个有礼且受欢迎的客人，必须做好拜访需要的准备工作。

（一）知己

1.预先约定

一般来说，拜访客户必须事先约定，因为只有事先约定，才能让对方有所准备并顺利成行。心血来潮的拜访是非常突兀的、失礼的行为。假如双方没有约好，自己就贸然前往，恐怕很难将生意谈成。事先的告知是对对方的一种礼貌和尊重，也能约定双方都方便的时间。要尽量配合对方的时间，不要约在对方午休或用餐的时间等前去拜访；否则也是很不当的。如果在不得已的情况下不告而访，则一定要诚心地道歉并说明理由，但还是尽量避免这种情况。

2.带齐文件

最好在前一天就准备妥当，以免当天匆匆忙忙，造成到了客户公司才发现漏带了，那样显得诚意不够；若是为了返回家中拿而让客户等待，更是不礼貌的。

3.准备小礼物

无论小礼物昂贵与否，总是一片诚意，且容易让人感觉到你的用心。只要善加包装，价格不高的一份精美的礼品，加上诚恳的态度，一定能够让对方马上产生好感，接下来的谈话就可轻松地展开了。

4.服装与仪表

在快到达目的地的时候，先把自己的服装仪容整理好，不要第一印象就被对方打了负分。仪表的整洁亦是礼节的一环，不能掉以轻心。

另外，应稍微思考一下与对方见面时的开场白、重要事项的顺序等，准备得充分而完备是拜访成功的要素之一。

（二）知彼

“知彼”就是拜访之前要先了解对方的情况，如经营状况等基本资料，这有助于编排谈话内容的顺序。因为一旦你有了充分的准备，在拜访的时候就会驾轻就熟，成功地达到预期的拜访目的。另外，适当的称谓亦是商业礼节中重要的一点。欲达到目的，就须将“正确无误的称谓”一项也列入事前对对方背景资料的搜集之中。如果你要与商业客户会面，却不知道他正确的联系称呼，便可先打电话请教其秘书，对方会很乐意告诉你。当你们见面时，合适的称呼将为你赢得良好的第一印象。

二、商务拜访中的礼仪要求

1.如期而至

宾主双方约定了会面的具体时间，作为访问者应守时如期而至；既不能随意变动时间，打乱主人的安排，也不能迟到、早到，准时到达才最为得体。如果因故迟到，则应向主人道歉；如果因故更改，则应在事先诚恳而婉转地说明。在对外交往中，更应严格遵守时间。有的国外企业安排拜访时间常以分为计算单位，如拜访迟到10分钟，对方就会谢绝拜会。准时赴约是国际交往的基本要求。

2.注意物品摆放

进入主人的房间时，应在主人告知你衣帽、资料袋和手袋放在何处时再放，不要贸然行事。有的人没有经过主人的示意就自作主张将背包等放在主人的桌子上，这是不礼貌的。客人应把公文包或手袋放在地上，不可放在桌子上，那是主人的领地。同样，不要去碰或表现出想看桌子上任何文件的企图。

3.听从安排

无论是办公室还是寓所拜访，一定要坚持“客听主安排”的原则。如果是到主人寓所拜访，客人进入主人寓所之前，则应轻轻地叩门或按门铃，待有回音或有人开门相让，方可进入。若是主人亲自开门相迎，则见面后应热情地向其问好；若是主人夫妇同时起身相迎，则应先问候女主人好。若不认识出来开门的人，则应问：“请问，这是×××先生的家吗？”得到肯定回答方可进门。见到主人的长辈应恭敬地请安，并问候家中其他成员。当主人请客人入座时，应道“谢谢”，并按主人指点的座位入座。主人上茶时，要起身双手接迎，并热情道谢；对后来的客人应起身相迎，必要时应主动告辞。

4.衣冠整洁

为了对主人表示敬重之意，拜访做客要仪表端庄、衣着整洁。入室之前要在踏垫上擦净鞋底，不要把污物带到主人家里。夏天进屋后再热也不应脱掉衬衫、长裤；冬天进屋再冷也应摘下帽子，有时还应脱下大衣和围巾，并切忌说“冷”，以免引起主人的误会。

5.注意特殊天气

若碰到下雨或特别的天气，你可能会撑伞或穿雨衣去拜访客户，记住在进入对方的办公室前，要先问前台人员是否有衣帽间可以放置你的伞或雨衣，最好不要随身带雨具去见你所要拜访的客户。在碰到天气不佳时，更要提早到达约定地点，以防交通堵塞。提早到达可有充分的时间整理仪容，尤其是淋雨后的头发要重新整理。

6.将手机调成静音状态

在双方谈话的时候，最好将手机调至静音状态，以免来电打扰到会谈的进行，因为谈话中频接电话往往使人感到你没有诚意。

7.尽量不抽烟

最好不要抽烟，尤其是在商业场合。如果非抽不可，则应征求主人的意见。边抽烟边洽谈公事时，请务必注意礼貌，千万不可朝他人脸部吐烟，这是非常不雅且不尊重他人生命权的行为。

8.携带名片

拜访别人时，很重要的一点是携带名片。名片的使用方法也要得当。拜访他人公司通常面临的第一关就是前台，所以请先给前台小姐一张名片，并告诉她：“我是×××，跟贵公司×××有约，麻烦你！”对方接到名片后会马上用电话内线直接转达。当你见到所要见的人时，如果是初次见面，应马上拿出名片给对方，这是证明你身份的方法，所以在拜访时请务必携带充足的名片。

9.适时告辞

访谈时间要控制好，重点事项要全部交代清楚，此次拜访的目的也要说明并尽力达成；但不要冗长沉闷，让对方受不了，效果也不佳。若不能在预定时间内完成任务，可再约另外的时间拜访。假如主人留客心诚，执意挽留用餐，则饭后应停留一会儿再走，不要抹嘴便走。辞行要果断，不要“走了”说过几次，却口动身不移。辞行时要向其他客人道别，并感谢主人的热情款待。出门后应请主人就此留步。如果有意邀主人回访，则可在同主人握别时提出邀请。从对方公司或家里出来后，切勿在回程的电梯及走廊中窃窃私语，以免被人误解。

10.过后感谢

让客户感受到你的在乎与真诚，对方会感到被重视而增加心中的好感，一张感谢函会代表你的用心，在客户心中留下好印象将带来许多好处。日后若再有合作的机会，能够成功的概率是非常大的。

第三节　馈赠礼品

一、馈赠礼品的礼仪

商务送礼的目的无非是和商务伙伴更好地交往，它是维持、拉近和商务伙伴之间关系的方法和形式，是对商务伙伴合作的感谢，让其感到你的关心和尊重。它具体包括以交往为目的，以酬谢为目的，以沟通感情、巩固和维系人际关系为目的等。不要以为送礼可以取得马到成功的效果，送礼的作用更多的是取得“润物细无声”的效果。

（一）馈赠礼品的原则

商务送礼是一门艺术，自有其约定俗成的规矩，送给谁、送什么、怎么送都很有奥妙，绝不能瞎送、胡送、滥送。根据一些成功的送礼经验和挫败的教训，我们应该注意以下一些原则：

1.轻重原则

通常情况下，礼品的贵贱厚薄往往是衡量所交往的人的诚意和情感浓烈程度的重要标志。然而，礼品的贵贱厚薄与其物质的价值含量并不总成正比。礼品既有其物质的价值含量，也有其精神的价值含量。“千里送鹅毛，礼轻情意重。”

但是，当商界人士因种种原因陷入“人情债务链”时，则不妨既要注意以轻礼寓重情，又要入乡随俗地根据馈赠目的和自己的经济实力，择定不同轻重的礼物。一般来讲，礼太轻又意义不大，很容易让人误解为瞧不起人，尤其是对关系不算亲密的人。但是，礼物太贵重，又会使接受礼物的人有受贿之嫌，特别是对上级、同事更应注意；除了少数爱占便宜的人之外，一般人就很可能婉言谢绝，或即使收下，也会付钱。对于礼品轻重的把握尺度，目前国内常以个人收入的1/3为最上限，下限则视情况而定。

总之，除非是有特殊目的的馈赠，其他馈赠礼物的贵贱厚薄都应以对方能够愉快地接受为尺度。

2.效用原则

一般说来，在物质生活较为贫寒时，人们多倾向于选择实用性的礼品，如水果、衣服、其他食品等；在生活水平较高时，人们则倾向于选择艺术欣赏价值较高、趣味性较强、具有思想性和纪念性的礼品。因此，商界人士在馈赠礼品时要视受礼者的物质生活水平，有针对性地选择礼品。

另外，礼物作为感情的载体，它代表着送礼人的一份特有的心意，或酬谢，或求人，或联络感情等。所以，你选择的礼品必须与你的心意相符，并使受礼者觉得你的礼物非同寻常、倍感珍贵，这样才能更好地达到其实用性。因此，选择礼物时要考虑它的思想性、艺术性、趣味性、纪念性等多方面的因素，力求别出心裁、不落俗套。

3.禁忌原则

就礼品本身所引发的直接后果而言，由于民族、生活习惯、生活经历、宗教信仰以及性格和爱好的不同，不同的人对同一礼品的态度是不同的，或喜爱，或忌讳，或厌恶等，因此，我们要把握住投其所好、避其禁忌的原则。

商界人士尤其要注意避其禁忌。例如，有个人带一袋苹果去医院看望病人，正巧那位病人是上海人，上海话里“苹果”与“病故”二字发音相同，结果弄得不欢而散。

鉴于此，在馈赠礼品时，一定要考虑周全，以免节外生枝。中国人普遍有“好事成双”的说法，因而凡是大贺大喜之事，所送之礼均好双忌单；但大部分中国人都忌讳“4”，因为它听起来就像“死”，是不吉利的。再如，白色虽有纯洁之意，但中国人比较忌讳，因为在中国，此乃白丧之色；红色则是喜庆、祥和、欢庆的象征，受到人们的普遍喜爱。另外，我国还常常讲究给老年人不能送“钟”，给亲朋好友不能送“梨”，因为“送钟”与“送终”谐音，“梨”与“离”谐音，都是不吉利的。还有，如果对方是文化素养很高的知识分子，你送去一幅很蹩脚的书画就很没趣。

除以上禁忌，还有许多禁忌需要商界人士馈赠礼品时避讳，这里就不一一列举了。

（二）馈赠礼品的时机

贸然地送礼是会被人拒绝的，送礼需要讲究一个时机。

交往一开始就送礼，可能会给对方留下好的印象，方便工作的开展，但有时候对方可能会考虑到不知道和你的关系会发展得怎样而觉得太突然，不方便接受。所以，很多商界人士在见面之初往往送的是小纪念品。

交往中送礼，能让商务伙伴对你的好感度进一步提升，尤其在大家处于僵局时，这时候适当的礼物可以带来良好的、调节气氛的效果，这也是商界人士用得比较多的手法。

商务工作完成之后送礼，会让商务伙伴对你的印象更深，是一种加深友谊、期待合作延续的方法。

根据调查，对大多数公司来说，选择在元旦、春节、端午、中秋、圣诞节赠送礼品仍然是最流行的做法；也可以选择新公司的成立日、公司成立纪念日、大客户的生日，感谢商务伙伴在合作上给予你协助、帮助；还有对方结婚、生小孩、重病初愈等时候，这时送礼既不显得虚套，受礼者也收得心安理得，被拒绝的可能性很小。特别是对我国香港、澳门、台湾同胞和海外华人、华侨，在中国的传统佳节里送礼，往往有意想不到的效果。

送礼的时间间隔也很有讲究，过频或间隔过长都不合适。即使你手头宽裕，也不能经常大包小包地给商务伙伴送礼。频繁送礼会让对方觉得你肯定有所图，而且你自己也比较浪费，有时反而会让对方对你的好感度下降，起到适得其反的效果。

（三）馈赠礼品的种类

1.鲜花

鲜花是一种高雅的礼品，通过赠花可以表达自己微妙的感情和心愿，确是别有一番意境。通常，送他人鲜花代表着问候、祝贺、慰问和感谢等含义。因此，赠花也是一门艺术，它是商界人士以花为礼、联系情感、增进友谊的有效途径。

什么人喜欢什么花、什么场合选什么花、什么时候送什么花，都根据具体的情况而有所不同，这就要求商界人士因时、因地、因对象而精心设计；否则，因考虑不周而闹出误解，反而失去馈赠花卉的目的。

按照我国民间流传的说法，凡花色为红、橙、黄、紫的暖色花和花名中含有喜庆吉祥意义的花，可用于喜庆事宜；白、黑、蓝等颜色偏冷的花，大多用于伤感事宜；致哀、悼念时应挑选淡雅肃穆的。

① 节日期间，看望亲朋，宜送吉祥草、百合、郁金香，象征“幸福吉祥”。朋友远行，宜送剑兰、红掌，寓意一路顺风、前程似锦。

② 祝福长辈寿辰时，可依老人的爱好选送不同类型的祝寿花。一般人可送长寿花、百合、万年青、龟背竹、报春花、吉祥草等；若举办寿辰庆典，则可选送生机勃勃、寓意深情、瑰丽色艳的花，如玫瑰花篮，以示隆重、喜庆。

③ 拜访德高望重的老者，宜送兰花，因为兰花品质高洁，有“花中君子”之美称。

④ 庆贺新店开张、公司开业或乔迁之喜，应选择鲜艳夺目、花期较长的花篮、花束或盆花，如大丽花、月季、唐菖蒲、红掌、君子兰、山茶花、四季橘等，寓意事业飞黄腾达、万事如意。

⑤ 给病人送花，有很多禁忌。探望病人时不要送盆栽的花，以免病人误会为久病成根；香味很浓的花对手术病人不利，易引发咳嗽；颜色过于鲜艳的花，会刺激病人的神经，激发烦躁情绪。看望病人宜送水仙、兰花、马蹄莲、剑兰等，或选用病人平时喜欢的品种，有利于病人怡情养性、早日康复。

⑥ 丧事用花，适合用白玫瑰、白菊花或素花，象征惋惜怀念之情。

2.食品

商界人士在馈赠礼品时，食品也是一种很好的礼物，受礼者可以与家人或同事一起分享。

（1）健康保健类

健康保健类食品，如虫草、西洋参、燕窝等这些滋补品往往是商界人士送礼的选择之一。但商界人士应该清楚，现在的商家往往都把一些保健品吹得太神。保健食品是指具有特定保健功能的食品，而并非什么“补药”，它只适宜于特定的人群食用。

（2）洋酒类

洋酒的外包装通常都很漂亮，里面的“酒伴”“酒架”等小赠品也非常精致，瓶子还可以摆在室内做装饰品。但买洋酒时，不要一味注重包装，还要认清中文标志，看准保质期。

（3）茶叶类

我国的茶文化有着悠久的历史，蕴藏着深厚的文化底蕴。茶的附加值更多地体现在它的文化修养上，“品茶高雅”这一观念已深入人心，将茶叶当作礼品受人青睐、不落俗套。因此，商界人士常常以茶作为馈赠的礼品，同时能彰显个人的文化修养。

（4）其他食品类

其他食品类，如糖果、巧克力、蛋糕、面包、甜饼、进口咖啡、新鲜的水果、冷冻食物、坚果和果酱等也是送礼选择的对象。

3. 实用品

实用品的选择可以以体现对象的爱好和兴趣为准则，选择适合私人使用的礼品，也可以以有益于对方职业的实用品为选择准则。

办公用的礼品也可以作为实用品来馈赠，如袖珍日历、相框、套笔、名片盒、办公文具盒（内装纸夹、橡皮筋、胶带等）、商业杂志或商务书籍等。

（四）馈赠礼品的注意事项

1. 包装要精美

包装精美的礼品，给人赏心悦目的感觉，不仅使礼品的外观更具艺术性和高雅的情调，而且显示出送礼人的文化和艺术品位。如果包装粗制滥造，则别人会对礼品的价值产生怀疑，不仅会使礼品逊色，而且易使受礼人轻视礼品的内在价值，而无谓地折损了礼品所寄托的情谊。在有些国家，礼品的包装几乎与礼物本身同样重要。需要注意的是，在包装之前，一定要除去礼物上的价格标签。包装的颜色、图案要遵循不同国家和民族的习惯与禁忌。

2. 态度应自然

赠送礼品时，神态要自然，举止要大方，态度热情但不谄媚。平和友善的态度及落落大方的动作，才是赠受礼双方所能共同接受的。那种做贼似的悄悄将礼品置于桌下或房中某个角落的做法，不仅达不到馈赠的目的，甚至会适得其反。

如果在公共场合把礼品送给他人，则应郑重其事地起身站立，双手将礼品递给对方。如果礼品过大，则可请他人帮助递交。如果私下送礼，应见面时就递上礼品，就不会出现因为对方客套而拒收礼品的尴尬情形。如果错过了在进门时送礼的时机，则不妨在坐定后主人倒茶的时候送上；此时，不仅不会打断原来谈话的兴头，还可以增加一个话题。

二、接受、拒收礼品的礼仪

对商界人士来说，赠礼往往是一种双向行为，即不单自己时常需要向他人赠送礼品，而且自己时常需要接受或拒绝别人所赠送的礼品。知道如何优雅地接受或拒绝别人的礼品也是礼仪的一部分。我们往往在给别人送礼的时候煞费心机，可是在接受或拒绝礼物时没有想过或注意那么多的礼仪。但是，接受或拒绝礼物的方式不当也会让我们和送礼者处境尴尬。因此，我们应该了解一些接受或拒绝礼物的基本方式和礼仪。

（一）接受礼品

1. 双手捧接

当他人宣布有礼品赠送时，应当立即中止自己所做的事情并起身站立，适当地迎向对方，以便有所准备。在送礼者递上礼品时，要尽可能地用双手前去迎接。切记不要只用一只手去随随便便地接受礼品，特别是不要只用左手去接受礼品。实在不方便时，应当先向对方说明具体原因，并且诚恳地表示自己的歉意。在接受礼品时，一定要面带微笑、充满喜悦。接过来的若是对方所提供的礼品单，则应立即从头至尾细读一遍。

应当特别注意的是，在对方取出礼品预备赠送之时，千万不要急不可耐地伸手抢礼品，也不要开口相询对方“所送何物”，或者双眼盯住礼品不放，但求先睹为快。此时此刻切记要保持风度。双手接过相赠的礼品之后，倘若需要与对方继续应酬，不方便一直拿着礼品时，可以暂时将礼品放在一个安全的位置或者收起来，不要随手乱扔，也不要把礼品放在地面上；否则，这是对送礼人的不尊重。

2. 表示感谢

我们在接受礼品的时候千万别忘记说声“谢谢”，这是送礼人最期待的一个回答。送礼人听到你的道谢就会觉得挑选礼物、费心包装、拿来赠送……这一切的辛苦都是值得的。此外，在接受礼品的时候就道谢还表明你谢的不是礼物本身，而是对方送给你礼物的这一举动。

应当特别注意的是，中国人总以谦虚谨慎为美德，在接受礼品时可能会反复推辞，谦让一番，但这一举动往往会使送礼人不知所措。在此建议大家在接受礼品时不要对对方诚恳相赠的礼品反复推辞，好似不愿接受，可最后“不得不”在对方诚恳的请求之下将礼品接受下来。当送礼人真心实意地赠送礼品时，可以大大方方地接受，这样既避免了送礼人的尴尬，又显示出自己的真诚。

3.当面拆封

在接受他人礼品之后，如果当时的现场条件允许，时间充裕，人数不多，并且礼品的包装考究，那么受礼人应当尽可能地当着对方的面，将礼品包装拆封，以便欣赏一下里面的礼品。这种做法是国际上的一种常规。它不仅表示受礼人看重对方，而且表示受礼人很看重获赠的礼品。在启封时，动作要井然有序、舒缓文明，不要乱扯、乱撕、乱丢包装用品。

应当注意的是，在我们中国，很多人习惯收下礼品后不当着对方的面打开，而是等对方走后再拿出来仔细观赏。客观地说，当面拆封的做法确实比送礼人走后再拆封的做法要好得多，因为送礼人会很期待看到你拆开包装、见到礼品时的惊喜表情，这会让他有一种成就感和满足感，而那种等送礼人走后再拆封的做法就达不到此种效果。商界人士在接受礼品时最好采用国际上的通行做法。

4.让对方感受到你的愉快

礼品拆封后，不管你喜欢与否、满意与否，都应该流露出高兴的神情，因为这是对对方的尊重。

5.不问价格

在接受礼物时，千万不要询问礼物的价格，因为这会让送礼人难堪。不管礼物的价值是大还是小，都是对方的一片心意，你都应该感激。有时候，送礼人可能因为疏忽大意而忘了把礼品上的价格标签拿掉，也可能是故意不把价格标签拿掉。不论是哪种情况，你看到礼品的价格后都应该泰然处之，然后向送礼人表示感谢，说句“以后请不要这么破费了”。这样的举动既不失你的风度，又会让送礼人感到欣慰。很多时候，这些细微的地方更能显示出受礼者的礼仪风范。

6.回礼或写感谢信

“来而不往非礼也。”受礼人在收到礼物后，一般情况下应在对方送礼离开时回上一份自己的礼物，或者在类似的场合向对方送上一份礼物。在回礼时，礼物的分量应相等或略高一些。

如果受礼人不能相应回礼，那么起码也应对送礼人表示感谢。这是我们尚欠缺的一课：一定要以书面形式表示感谢。如果不能亲笔写短笺，则用电脑打也可以，但不能随便一通电话或在街上巧遇时说声“谢谢”，这是基本礼貌。感谢信要在收到礼物后两个星期之内寄出，这样会让人感觉到你很重视对方的友谊。

（二）拒收礼品

在商业交往中，对于他人所赠之物，商界人士并非均来者不拒。倘有必要，商界人士也可以对他人所赠送的礼品加以拒绝。当然，拒绝他人所赠送的礼品，必须依礼而行，并且讲究方式、方法。

对一些不想收的礼物，最好是当场就请送礼人带回，因为如果受礼人保留该礼物几天，送礼人就会认为该礼物被收下了。如果送礼人不肯将礼物带回去，则受礼人可以事后24小时之内将礼物退回并附上字条或感谢信。如果送礼人是善意的，则可以向他解释一下将礼物退回的原因，并再次表示感谢。如果送礼人是恶意的，如贿赂，则不需要向他解释退回该礼物的原因，只需告诉他礼物不合适就可以了。在这种情况下，最好把退还礼物时写的信复印一份，并注明退还礼物的日期以及退还方式，然后保存起来。若是当场退回，要记得附上一张便笺，上面写上退回的日期和方式，同样复印一下，保存起来。这是自我保护的需要，同时避免了以后的麻烦。

退礼要讲究策略，在语言上应当依旧以礼待人，既不要指责对方，也不要流露出自己的不屑之意；在神态上应当不卑不亢，真诚自然，既不要故作严肃，也不要表现出极不耐烦的神情。此外，退礼时还要找一些让对方能接受的理由，千万不要因退礼而伤害送礼者的感情；否则，会有损双方的关系。

拓展阅读四

学思践悟

茶文化的内涵

中国茶文化中，饮茶不只是一种生活行为，也是一种礼仪之道，由茶礼上升的“茶道”，便是最强调以礼相待、互相尊重的明伦之道。中国各民族多姿多彩的茶礼、茶俗甚至可以说是人类文明史的实证。

“和敬怡真”乃中国的茶道追求。“和敬”既是孔子思想的核心，也是中国茶文化的核心价值观。“和”之意大处来说是整个宇宙、自然界呈现统一的状态，小处来说是任何事情都要和谐、协调。“至中和”“和为贵”，追求人与人、人与社会以及人与自然各种关系的均衡、和谐、有序、稳定。茶的质朴、简约、温和、淡定是“中和”“包容”的最佳内涵体现。和为贵，内和则众志成城；外和则良友诸多；气和能财源广进；人和可所向披靡。追求“和而不同”“和谐相生”之道，以中华茶文化之“和”诠释人类文明的兼容，充满了东方智慧的人生哲学和世界观。

正是在中华“儒、道、释”传统文化的影响下，中国茶文化极具深刻的内涵，并随茶文化的广泛传播，在不同时代、不同国家和民族中产生了深远影响。在人与社会“和而不同”“求同存异”的交融影响下，在各民族人民都共同热爱的亲和温情的一杯茶中，在“和谐相处”“和平与共”“共同发展”的认同中，大家共同构建人类命运共同体。

资料来源 任维东，李曾骙. 茶文化，蕴藏着哪些内涵？[N]. 光明日报，2021-10-15.

商务交往礼仪中要注意党的纪律建设

党的纪律是党的各级组织和全体党员必须遵守的行为规则。党的纪律主要包括政治纪律、组织纪律、廉洁纪律、群众纪律、工作纪律、生活纪律。严明党的政治纪律，维护党的团结和集中统一。严明党的组织纪律，增强全党组织纪律性。严明党的廉洁纪律，遏制腐败蔓延势头。严明党的群众纪律，保持党同人民群众的血肉联系。严明党的工作纪律，压实管党治党政治责任。严明党的生活纪律，自觉培养高尚道德情操。六大纪律相互联系、相互统一。

深入推进党风廉政建设和反腐败斗争，以零容忍态度惩治腐败，构建不敢腐、不能腐、不想腐的有效机制。

资料来源 《国家教材委员会关于印发〈“党的领导”相关内容进大中小学课程教材指南〉的通知》(国教材〔2021〕5号)。

关键术语

身份对等　接待　拜访　馈赠

复习与思考

1. 接待前应做好哪些准备工作？
2. 接待时应注意哪些礼节性问题？
3. 拜访前应做好哪些准备工作？
4. 拜访中的礼仪要求有哪些？
5. 馈赠礼品时应注意什么原则？
6. 应选择什么时机赠送礼品？
7. 赠送礼品时的注意事项是什么？
8. 接受礼品的礼仪有哪些？

第五章

商务交谈礼仪

在商务交往中，交谈是必不可少的，当别人为你介绍了新朋友，或是当你在宴会、舞会、会议上向邻座作了自我介绍后，接下来的就是交谈。熟人相见也常常需要通过交谈去互相沟通，并进一步加深已有的友谊。交谈是建立良好人际关系的重要途径。你的交谈是否出色，将直接影响你的交往能否成功。

第一节　交谈的基本礼仪

一、恰当的态度

与人交谈时的态度与谈话的内容一样重要。善于交谈的人，总是会在与人交谈时保持一种恰当的态度，通过自己恰当的态度来正确传递信息，同时增加自己的人际吸引力。谈话的态度包括声调、姿态、眼神、笑容等。

（一）声调

谈话时的声调是否具有吸引力会直接影响谈话的效果。柔和、悦耳的声调会给谈话增添魅力。柔和、悦耳的声调应该是轻重适宜、高低有度、快慢有节的。与人面对面交谈，声音一般不宜过大，以对方能听清楚为准。轻柔的声音最受耳朵的欢迎，因此，说话既轻又柔是态度友好的表示，而重又粗、尖又细的声音会让人觉得不够友好。

（二）姿态

无论是站着聊天还是坐着谈话，都应保持良好的姿态；同时，要注意在交谈双方之间保持恰当的距离。每个人在人际交往时都会下意识地为自己划定一个私人的空间，这是对个人安全需求的满足。如果他人有意或无意地闯进这个私人空间，对方就会紧张不安，甚至感到受冒犯。因此，双方在交谈时应保持恰当的距离，使双方都处于这个私人空间以外。

人们在交往时所需要的私人空间并不是固定不变的，它往往随着双方之间关系密切程度的不同而不同。双方关系越密切，个人所需要的私人空间就越小；双方关系越疏远，个人所需要的私人空间就越大。一般来说，双方之间的距离在50~100厘米为宜；只有双方关系特别密切，才可以在50厘米以内，而恋人之间的距离可以是零。另外，如果对方社会地位特别高，而且特别在意自己的地位，就会需要超出一般标准的私人空间（通常双方之间的距离在100厘米以上）。

（三）眼神

眼神是对人的眼睛总体活动的一种统称。眼睛是人类的心灵之窗，它能够最明显、最自然、最准确地展示出每个人自身的心理活动。对他人而言，与其交往所得信息的87%都来自视觉，来自听觉的信息则仅占10%左右。

人们在日常生活中借助眼神所传递出的信息，可被称为眼语。在人类的5种感觉器官——眼、耳、鼻、舌、身中，眼睛最为敏感，它通常占人类总体感觉的70%左右。

眼语的构成一般具体涉及时间、角度、部位、方式等方面。

1.时间

在人际交往中，尤其是与熟人相处时，注视对方时间的长短往往显得十分重要。在交谈中，聆听的一方通常应当多注视讲话的一方。

若对交往对象表示友好，则注视对方的时间应占双方全部相处时间的1/3左右；若对交往对象表示关注或感兴趣，则注视对方的时间应占双方全部相处时间的2/3左右。若注视交往对象的时间不到双方全部相处时间的1/3，则往往意味着对其瞧不起，或对对方没有兴趣；若注视交往对象的时间超过了双方全部相处时间的2/3，则往往表示可能对对方抱有敌意，或为了寻衅滋事；若注视交往对象的时间大大长于双方全部相处时间的2/3，有时则意味着对对方本人产生了兴趣。

2.角度

注视他人时，目光的角度，即其发出的方向，是事关与交往对象亲疏远近的一大问题。注视他人的常规视角大致有4种：

① 平视，即视线呈水平状态，也叫正视，一般适用于在普通场合与身份、地位平等的人进行交往。

② 侧视，是平视的一种特殊情况，即位居交往对象一侧，面向对方，平视对方。侧视的关键在于必须面向对方；否则，即为斜视对方，那是很失礼的。

③ 仰视，即主动居于低处，抬眼向上注视他人。这表示尊重、敬畏之意，适用于面对尊长之时。

④ 俯视，即抬眼向下注视他人，一般用于身居高处之时。这可以对晚辈表示宽容、怜爱，也可对他人表示轻慢或者歧视。

3.部位

在人际交往中，目光所及之处就是注视的部位。注视他人的部位不同，不仅说明自己的态度不同，而且说明双方关系有所不同。在一般情况下，在与他人相处时，不宜“目中无人”或注视其头顶、大腿、脚部与手部。对异性而言，通常不应注视其肩部以下，尤其是不应注视其胸部、裆部和腿部。允许注视的常规部位有：

① 注视对方双眼，表示自己聚精会神、一心一意，并重视对方，但时间不宜过久。这亦被称为关注型注视。

② 注视对方额头，表示严肃、认真、公事公办。此种注视被叫作公务型注视，适用于极为正规的公务活动。

③ 注视眼部至唇部这一区域，是交际场合面对交往对象时采用的常规方法，因此也叫交际型注视。

④ 注视眼部至胸部这一区域，表示亲近、友善，多用于关系密切的男女之间，故称近亲密型注视。

⑤ 注视眼部至裆部，适用于注视相距较远的熟人，亦表示亲近、友善，故称远亲密型注视，但不适用于关系普通的异性。

⑥ 对他人身上某一部位随意一瞥，可表示注意，也可表示敌意，这叫作随意型注视。其多用于在公共场合注视陌生人，但最好慎用。通常它也叫瞥视。

4. 方式

注视他人，在商务交往中往往有多种选择方式，其中最常见的有：

① 直视，即直接注视交往对象。它表示认真、尊重，适用于各种情况。直视他人双眼，被称为对视。对视可以表明自己大方、坦诚或关注对方。

② 凝视，是直视的一种特殊情况，即全神贯注地进行注视。它多用于表示专注、恭敬。

③ 盯视，即目不转睛、长时间地凝视某人的某一部位。因其表示出神或挑衅，故不宜多用。

④ 虚视，是相对于凝视而言的一种直视，其特点是目光不聚焦于某处，眼神不集中。它多表示胆怯、走神、疲乏或者失意和无聊。

⑤ 扫视，即视线移来移去，注视时上下左右反复打量。它表示好奇、吃惊，不可多用、滥用，对异性则尤其应该禁用。

⑥ 睨视，又叫睥视，即斜着眼睛注视。它多表示怀疑、轻视，在一般性的人际交往中均应忌用，与初识之人交往时，尤其应当忌用。

⑦ 眯视，即眯着眼睛注视。它表示惊奇、看不清楚，其模样不大好看，故也不宜采用。

⑧ 环视，即有节奏地注视身边不同的人员或事物。它表示认真、重视，适用于同时与多人打交道，表示自己“一视同仁”。

⑨ 他视，即与某人交往时不注视对方，而是望着别处。它表示胆怯、害羞、心虚、反感、心不在焉，是不宜采用的一种眼神。

⑩ 无视，即在人际交往中闭上双眼不看对方。它又叫闭视，表示疲惫、反感、生气、无聊或没有兴趣。它给人的感觉往往是不友好、不热情，甚至会被理解为厌

烦、拒绝。

（四）笑容

笑容是人际交往中的润滑剂。通过笑容，人与人之间可以缩短彼此的心理距离，打破交际障碍，为深入沟通与交往创造和谐、温馨的良好氛围。

1.笑的种类

在日常工作与生活中，笑的种类有很多。它们绝大多数都是善意的，但也有极少数是有失礼仪的。出于实际需要，在此重点讨论的主要是合乎商务礼仪的笑容。此类笑容基本上可以分为下列6种：

（1）含笑

含笑是一种程度最浅的笑。它不出声，不露齿，仅是面含笑意，意在表示接受对方，待人友善，其适用范围较为广泛。

（2）微笑

微笑是一种程度较含笑为深的笑。其特点是面部已有明显变化：唇部向上移动，略呈弧形，但牙齿不会外露。它是一种典型的自得其乐、充实满足、知心会意、表示友好的笑。在商务交往中，其适用范围最广。

（3）轻笑

轻笑在笑的程度上较微笑为深，其主要特点是面容进一步有所变化：嘴巴微张开一些，上齿显露在外，大致会露出6颗牙齿，不过仍然不发出声响。它表示欣喜、愉快，多用于会见亲友、向熟人打招呼或是遇上喜庆之事。

（4）浅笑

浅笑是轻笑的一种特殊情况。与轻笑稍有不同的是，浅笑表现为笑时抿嘴，牙齿大多被含于下唇之中。它多见于年轻女性表示害羞之时，俗称抿嘴而笑。

（5）大笑

大笑是一种在笑的程度上较轻笑为深的笑。其特点是面容变化十分明显：嘴巴大张，呈现弧形；上齿、下齿暴露在外，并且张开；口中发出“哈哈哈哈”的笑声，但肢体动作不多。它多见于欣逢开心时刻，表示尽情欢乐或高兴万分。

（6）狂笑

狂笑是一种在程度上最高、最深的笑。其特点是面容变化甚大：嘴巴张开，牙齿全部露出，上下齿分开；笑声连续不断，肢体动作很大，往往笑得前仰后合，手舞足蹈，泪水直流，上气不接下气。它出现在极度快乐、纵情大笑之时，一般不多见。

2.笑的本质

在上述所有的笑容里，要数微笑最为自然、大方，并最为真诚友善。实际上，微笑早已为世界各民族的人们所认同。如果说笑的本质在于自信、热情和友好，那么它在微笑中便得到了充分而全面的体现。

在工作岗位上，微笑是礼貌待人的基本要求。在社交场合，微笑可以使人自然放松、如沐春风。正因为如此，微笑才被一致视为“参与人际交往的通行证”，又被称为基本笑容或常规表情。

进而言之，微笑至少能够发挥以下几个方面的作用：

（1）表现心境良好

只有心态平和、心情愉快、心理正常、善待人生、乐观向上的人，才会拥有真诚的微笑。

（2）表现充满自信

只有不卑不亢、充满信心的人，才会在商务交往中为他人所真正接受。面带微笑者往往说明其对个人能力和魅力确信无疑。

（3）表现真诚友善

以微笑示人，可以反映出自己心地善良、坦坦荡荡、待人友善，而非虚情假意、敷衍了事。

（4）表现乐业、敬业

商界人士在其工作岗位上微笑，说明其热爱本职工作，并乐于恪尽职守。

3.笑的方法

不同的笑容有着不同的笑法。笑的共性在于面露喜悦之色，表情轻松愉快。笑的个性则在于具体的眉部、唇部、牙部、声音彼此之间的动作、配合不尽相同。

总而言之，笑的时候应注意下列3个方面：

（1）声情并茂

笑的时候，应当做到表里如一，令笑容与自己的举止、谈吐相辅相成，并锦上添花。切勿脸上挂笑，出言不逊，举止粗鲁，或语言高雅，却面无笑意。如此两种表现，都会使自己的态度受到怀疑。

（2）气质优雅

会笑的人不仅讲究笑得适时、尽兴，更讲究笑时要精神饱满、气质典雅。真正的笑应发自内心，所以它能够非常自然地反映出一个人的文化修养与精神追求。笑的时候粗心大意，表现得粗俗、放肆，实乃自毁个人形象。

（3）表现和谐

从直观上看，笑实际上是人们的眉、眼、鼻、口、齿以及面部肌肉与声音的协调行动。笑的时候，一定要使各个部位运用到位，千万不要顾此失彼，笑得勉强、做作、失真。

4.笑的禁忌

在正式场合，笑的时候应力戒下述几种不适宜的表现：

（1）假笑

假笑，即笑得虚假，皮笑肉不笑。此种笑容有悖于笑的真实性原则，毫无价值可言。

（2）冷笑

冷笑是含有怒意、讽刺、不满、无可奈何、不屑于、不以为然等意味的笑。此种笑容非常容易使人产生敌意。

（3）怪笑

怪笑，即笑得怪里怪气，令人心里发麻。它多含有恐吓、嘲讽之意，让人非常反感。

（4）媚笑

媚笑，即有意讨好别人的笑。它亦非发自内心，而是带有一定的功利性目的。

（5）怯笑

怯笑，即害羞或怯场的笑。例如，笑的时候以手掌遮掩口部，不敢与他人交流视线，甚至会面红耳赤、语无伦次。此种笑容通常难登大雅之堂。

（6）窃笑

窃笑，即偷偷地笑，多表示洋洋自得、幸灾乐祸。

（7）狞笑

狞笑，即笑时面容凶恶，多表示愤怒、惊恐、吓唬他人。此种笑容没有丝毫的美感可言。

二、对象的区分

一般来说，不同性别、年龄、性格、民族、地域、学历、职业、志趣的人对待闲谈的态度往往大相径庭，难以一概而论。

就拿国内的大学生为例，他们多数求知欲强，待人接物没有城府，关心新事物，喜欢与人交际，爱好交谈，不过就内容而论，男生和女生、老生和新生、文科大学生与理工科大学生在交谈时所关心的重点有很多不同。

根据交谈对象与商界人士相互之间关系的亲疏，可将其分为关系亲密型、关系普通型、关系疏远型、关系抵触型、关系敌对型等。对不同类型的交谈对象，商界人士在实践中务必因人而异，具体情况具体对待。

（一）关系亲密型

关系亲密型的交谈对象大体包括商界人士的家人、亲属、知己、挚友等。商界人士与他们之间大都相处甚久、相知甚深，而且彼此关心、支持，甚至可以说是肝胆相照、荣辱与共。

在这种相互之间理解与信任的基础上，大家所进行的交谈往往更少拘束，更容易推心置腹。小到夜里自己的一个噩梦，大到自己工作中的艰难处境，都可以不加掩饰地拿出来当作谈资。如果不这样的话，则反倒会让对方感到“见外”，因为大家都是自己人，理当“有福同享，有难同当”。

（二）关系普通型

关系普通型的交谈对象主要包括关系一般的同乡、同学、同事、同行、客户、邻居等。与几乎可以在其面前无话不说、不需掩饰个人喜怒好恶的亲密型交谈对象有所不同的是，普通型的交谈对象仅仅是商界人士的熟人而已。

因为缺乏了解和沟通，在与商界人士交谈时，应当适当地对其保持恭敬之心，顾全其爱好与兴趣，尽可能多选择一些“中性”的话题。既不宜一开口就向对方披露个人生活中或感情上的“核心机密”，也不宜态度过于冷漠。前者有刻意讨好对方、“套近乎”之嫌，后者则会给人以拒人千里的感觉。就算自己打算与对方加深了解，深交下去，也要循序渐进。俗话说，“路遥知马力，日久见人心”，这句话用在这里恰如其分。

（三）关系疏远型

关系疏远型的交谈对象通常是指那些跟商界人士仅有一面之缘的人，包括萍水相逢之人、才认识的同行或客户、刚被第三者引见者、在社交场合方才见到的人等。

一言以蔽之，他们均属于商界人士才见到、才认识不久的“生人”，对他们的种种基本状况商界人士可以说是知之甚少或者一无所知。因此，商界人士在与之交谈时，不要忘了此种交谈主要是为了打破“僵局”、排遣寂寞、缩短人际关系方面的心理距离，绝不可以过分“深刻”，切勿轻易拿“生人”当“熟人”。例如，一位先生在火车上同一位小姐坐在一起，前者主动向后者打招呼，做自我介绍，问对方“此行何去”，谈一下沿途的人文地理，一般都会被后者所接受。但他要是一上来就向对方“查户口”，甚至对后者顶礼膜拜、无限度地恭维，则必定会让对方感觉其居心叵测，从而三缄其口。

（四）关系抵触型

关系抵触型的交谈对象在此指那些因与商界人士在某种程度上存在一定利益冲突或是分歧、误解，从而导致双方关系恶化的人。此种类型交谈对象的构成比较复杂，既可能是亲友、同事、同行，也可能是客户、陌生人。

有人产生抵触心理，是因为的确跟他人存在实际的利益冲突，但也有一些人根本说不上是为什么，就是不喜欢对方，跟对方谈不拢。

其实，只要这一类型的人对商界人士不是恶意中伤、出言不逊、胡搅蛮缠、没事找事，商界人士都不妨心平气和地同他们坦诚相见、以德报怨，借以消除误会、相互了解。说到底，争取使“潜在的敌人”变成“潜在的朋友”始终都是商界人士的一大目标。

（五）关系敌对型

关系敌对型的交谈对象主要是指那些因为公事或私事而直接处于商界人士对立面的人士。“商场如战场”“两国交兵，各为其主”，因而得罪一些人实在是在所难免。

依照常理，既然双方“道不同，不相为谋”，那么约会、互访、交际、交谈的机会自然也就罕见，但也不能完全排除在某些公共场合或社交场合，双方狭路相逢。遇到此种情况，切勿怒发冲冠、拍案而起、拂袖而去，不妨主动上去问候对方，避重就轻地聊上几句。

如上所述，在交谈中关注“对象化”的问题是极其必要的。在具体操作中，商界人士还需要考虑得再细致周全一些。例如，跟老年人交谈，要以对方为中心，以尊敬为先，多听他们谈，顺着他们谈，不要与之唱“对台戏”，不要介意他们因为忘性大而将某些内容再三重复；跟年轻人交谈，不要多讲“教条”，不要好为人师，要处在平等的地位，与之交朋友，多谈谈令人开心的事情。

跟职位高者交谈，既要对其给予应有的尊重，又不要表现得过于谦恭，更不必对其曲意逢迎，但要记住：不要出难题“考”对方。跟职位低者交谈，勿忘谦虚、诚恳、心存仁厚；不要咬文嚼字，卖弄学问或教训对方。跟同行交谈，应尽量多聊几句“题外话”，让对方放松放松，把业务问题带到交谈中，在多数情况下都会“曲高和寡”。跟异性交谈，必须保持应有的“疆界”，不要热情过度让人非议。

三、话题的选择

交谈时，选题内容是否恰当，是关系沟通成败的决定性因素。恰当的谈话内容给人以启迪和教育，不当的话题则会使人感到无聊或反感。故而在选择谈话内容时一定要根据谈话对象的不同，考虑大家共同关心和感兴趣的话题。而对一些不易产生共鸣甚至会使人反感、忌讳的话题，应加以回避。

人们经常将“酒逢知己千杯少，话不投机半句多”这句话挂在嘴边。站在交谈的角度上来看，不论是“酒逢知己”还是“话不投机”，都同人们在交谈时所选的“题材”有关。

人们在交谈时所选的“题材”，俗称谈资，比较规范的话，则可称为话题。所谓话题，就是人们在谈天说地的时候为了引起交谈对象的兴趣而有目的地选择的主题。在相当大的程度上，交谈的话题不仅是交谈得以进行的线索，制约着交谈的内容，而且关系着交谈质量和交谈结果。例如，在交谈时，爱谈论文学艺术的人与爱谈论家长里短的人比起来，其品位自是不可同日而语的。

交谈的话题其实并无大小之分、长短之别，大到中国的国际地位，小到西洋参这种补品的用法和疗效，只要“棋逢对手”，就都可以展开来；相反，如果知音难觅，那么就是有再好的话题也可能会难以继续。

除要考虑对象外，交谈还需考虑时间、地点、人数与形式。在节假日的社交聚会上，大家时间都比较充裕，话题自然是多多益善。但要是正在开会、用餐或休息，就不便多谈了。在室外行走或站立时，交谈应简单些。若坐在室内或乘车长途旅行，只要不妨碍旁人，则往往可以多谈、深谈、长谈。

两个人之间的交谈，大都比较容易，只要都愿意，交谈即可进行下去。但如果交谈是在多人之间进行，则应在各方面都避免有亲疏之分，不要理一个人，不理另一个人；对一个人捧场，对另一个人不闻不问，应遵循交际中“等距离交际”的原则，同每位在场的人都寒暄一下。

交谈虽然以闲为主要特点，但也存在有组织的与即兴式的区分。前者如沙龙、聚会，相对而言正规一些、讲究一些；后者则较为随便。

（一）选择恰当的交谈话题

1.既定的话题

既定的话题，即交谈双方已经约定、事前有所准备的话题，如征求意见、传递信息、讨论问题、研究工作等。这类话题多属于正式场合的交谈，要求严肃、正规，不可言语轻薄、调侃。

2.高雅的话题

高雅的话题主要是指内容文明、优雅，格调高尚、脱俗的话题，如文学、艺术、哲学、历史、地理、建筑等。其适用于各类交谈，但要求面对“知音”；否则，话不投机，产生“对牛弹琴”之感。

3.轻松的话题

轻松的话题，即令人轻松愉快、身心放松、饶有情趣、不觉劳累厌烦的话题，如文艺演出、流行时装、美容与美发、体育比赛、电影与电视、旅游观光、名胜古迹、风土人情、名人轶事、风味小吃、天气状况等。这类话题适合休闲、闲谈等非正式场合的交谈，但同样要因人、因事选题，这样才能产生言逢知己、相见恨晚的默契。

4.时尚的话题

时尚的话题，即以当时正在流行的事物、事件、现象等作为谈论的话题，如国际与国内形势、天文地理现象等。这类主题适合各种场合的交谈，是一种时髦的话题，但要注意把握时事的变迁，以免过时。

5.共同感兴趣的话题

现代传播学中有一种被称为“相同的经验范围”的理论，其主要观点是：人与人之间的交往，可以被比作两个椭圆在寻求重叠。在实际生活中，要想人们泯灭个性、完全相同，即设法使那两个椭圆丝毫不差地完全重叠是根本没有可能的。最现实的做法是，人们在交际中要互谅互让，相互“投其所好”。也就是说，不仅要使那两个椭圆发生交叉，而且要想办法使交叉的部分逐渐扩大。长此以往，人与人之间的“共性”便会增多，“共识”也会日渐扩大。此处所谓的“共识”也就是“相同的经验”。依据此种理论，人与人之间愈接近，愈会密切交往；愈密切交往，则会愈接近。

这一理论对商界人士具有一定的指导意义：在选择话题时，不能够自以为是，而应当优先考虑那些交谈对象感兴趣的内容，这样对方才会积极合作，并会对商界人士的友善给予反馈。因为“英雄所见略同”，彼此也就更好相处。例如，有一次一位企业家想找一个不求上进的青年员工谈谈心。刚一开始，双方你严肃、我“怯场”，都拿不准该讲些什么才好。这时，那个企业家突然想起这个员工和自己是同乡，并且刚刚从家乡探亲归来，于是便热情地询问对方“君自故乡来，应知故乡事”。没想到这个话题一经“启用”，对方便马上予以合作，仔仔细细地谈开了。到后来，他们还发现自己居然是毕业于同一所中学的校友。有了这一“相同的经验范围”，两个人之间的话就好讲多了。

永远不要忘记：只有使交谈对象真正感兴趣的话题，才能使交谈得以继续。

6.交谈对象擅长的问题

心理学认为：每个人都有自我表现的潜在欲望，不论什么时候，人们都会为自己的“拿手好戏”而感到骄傲与自豪。“闻道有先后，术业有专攻。”人们拥有的一技之长不仅是其立身之本，而且是自己做人的精神支柱。所以人们一般不会拒绝虚心向自己请教问题的人。

在交谈之际甘当小学生，以向人请教来做开场白，通常都会使双方皆大欢喜。例如，有一位公司老总，曾对人讲过一则他“曲线救国”，请一位发誓“两耳不闻窗外事”的老专家再度“出山”的故事：经人介绍，他在友人家中与老专家见了面，可是不管多么殷勤，人家总不买他的账。后来，这位老总见到那位老专家掏出一本古钱币图谱目不转睛地看了起来，便灵机一动找了一个机会凑上去讨教：“人家送给了我几枚银圆，请教您一下，怎么才能辨别它们的真假呢?”这么一来，老专家立刻就来了精神，认真地给这位老总上了一课。聪明的老总在老专家“授课”期间还不时就一两个细节再度讨教……于是乎两人相见恨晚，成了莫逆之交，所以也就水到渠成，老专家自愿帮忙。

（二）不能选择的话题

1.涉及个人隐私的话题

个人隐私是那些纯属个人私生活，不希望被他人所知晓、所议论、所干涉的问题。在人与人的交往中，它属于每个人都有权不对外开放的一块私人领地。对此予以尊重，是尊重人、理解人的前提。虽然在工作与生活上商界人士可以“关心他人比关心自己为重”，但是对他人的个人隐私绝对不容许“窥视”，绝对不可以“关心”。对商界人士而言，在交谈时不可以涉及的个人隐私问题共有如下7个：

（1）个人隐私

一个人收入、资产的多少，甚至其服饰的品牌、化妆品的价格、轿车的规格、住房面积的大小，均与其能力和成就相关。对涉及个人“实力”的问题，应当免谈。

（2）年龄

商界人士都希望自己永远年轻、精力充沛。上了年纪的人和大部分女士对年龄都讳莫如深。

（3）结婚与否

向相交甚浅的异性打探这个问题，难免会让对方心存防范之意，故此不宜谈论。

（4）往昔经历

个人忆苦思甜的经历是每个人的底牌。因其饱含血泪与辛酸，轻易是不会与人分享的，所以切记“英雄莫问出处”。

（5）现今住址

除非关系亲密无间，否则商界人士绝不会把自己的住处告知于人。这样做是为了免受不必要的打扰。

（6）工作进展

“现在忙什么”“忙得怎么样”“有什么难题”等问题都因事关重大而不应谈论。

（7）人际关系

商界人士与他人的亲疏远近与其个性及实力有关，而且涉及其业务，因此不应谈论。

2.他人无法参与的话题

人们在交谈时，很容易犯这样的错误：在有外行人在场的时候，谈论只有内行人才懂的新闻或趣事。如果要选择某一项运动、某一个行业、某一个学术问题或某一特殊的事件作为谈话的主题，则应注意考虑在座的所有人是否都对这个话题感兴趣。

3.令人反感的话题

大多数人都喜欢轻松、愉快、积极的话题，而不喜欢沉闷、悲观和消极的话题。例如违背社会伦理道德、生活堕落、思想反动、政治错误、违法乱纪之类的话题，荒诞离奇、耸人听闻和黄色淫秽等让人觉得不可信并会降低自己的人格、有失身份的话题，以及个人的疾病、痛苦等，都不宜作为商务交谈的话题。

4.非议旁人的话题

有人喜欢在交谈之中制造是非、无中生有、造谣生事、非议其他不在场的人士。这类非议他人的言谈是非常失礼的行为，这样做非但不能说明自己待人体己，反倒证明自己是拨弄是非之人，因为人们都知道“来说是非者，必是是非人”。

5.容易引起争论的话题

人们交往的目的是建立友谊，因此任何可能破坏友谊的言行都应极力避免。假如双方在交谈中引发了争论，往往很容易失去原有的冷静和理性，从而使谈话因情绪化而变得偏激，最后很可能伤及双方的和气。

6.对方的禁忌

凡属闲谈对象个人的禁忌，亦应在选择话题时注意主动予以回避。每个人都有所长、有所短、有所禁忌。常言说得好："打人不打脸，揭人不揭短。"若是在交谈中"哪壶不开提哪壶"，则极易"恶语伤人"。请牢记：别与他人直言其所短。跟一位大龄女青年交谈，总不能一见面就问："有对象了没有？"也不能奢谈自己家庭的甜蜜生活。同一名刚受"重创"的"股迷"交谈，一上来就说："又赔了不少吧？"实在不能不让人感到晦气。问一对尚未生养的中年夫妇"怎么还不生孩子"，会让人尴尬。与病人、残障人士聊天，自己不能表现得太"青春"、太有活力，免得触及其缺陷、伤害其自尊心。

7.低俗的问题

对那些格调不高的事情，交谈时少提为好。所谓格调不高的事情，在此是指那些有关他人的是非、家长里短、人际纠葛、绯闻与丑闻等。言为心声，做人讲究"听其言而观其行"。一天到晚以关心、传播以上格调不高之事为"己任"的人，其内心世界是否极度空虚无聊，其品位、档次如何，明眼人当不问自明。

8.商业秘密

商业秘密包括资产、营业收入、资金周转状况、原材料来源、商品销售现状、市场开发、应用技术与专利等，这些是商家的立足之本。在商而言，生意场上与生意场外的事情应当分得一清二楚，自然不可将对方的商机秘密做谈资。若在原本轻松融洽的交谈中忽然聊起了商业秘密，往往就会使气氛骤变，因为在这一大是大非的问题上商界人士都十分敏感。

在交谈中别忘了察言观色，一旦所选取的话题"触礁"，就应当马上适可而止，万万不可"一如既往"。

第二节 听者礼仪

我们总是认为，一个善于交谈的人首先必须能讲，事实上善于倾听比善于交谈更重要。

一、聆听的好处

聆听别人讲话是出于礼貌的需要。它有以下好处：

1.能更好地了解人和事

人与人之间的交流只有少部分是通过书面进行的。当我们需要修理办公设备、订餐、向老板汇报情况或对某个工程的进展下达指标时，多数情况下还是以口头方式表达的。我们期待对方能注意听我们的讲话，这样对方才会明白其需要做什么。

2. 能学到更多的东西

我们进行交谈不光是为了表达我们的要求，还为了探讨新问题。我们对某件事情进行研究或探讨，通常会征询别人的意见，倾听别人讲话可以获得大量所需信息。

3. 能改善工作关系，提高工作效率

因为交流失误而导致返工会影响双方之间的商务关系。一般来说，公关公司衡量一个员工有没有工作能力，往往看他是否善于倾听并很快领会客户的想法和要求。有的时候，聆听能大大提高领会对方意图的效率。经常有客户抱怨某个公关人员不明白他们的意图，这恐怕与当时公关人员的倾听状态和认真程度有关。

4. 能使紧张的关系得到缓和

倾听可以增进人们之间的相互理解，能使公司避免不必要的纠纷，从而节约时间和费用。我们常常被人误解，这时如果公司的领导或误解你的人能够倾听你的真正想法，一般说来误解会消除的。

5. 把握好聆听的技巧能密切和别人的关系，建立良好的人际关系

一个善于倾听的人必然会有很好的涵养和耐性，也有善待别人的心境，所以才能坐下来静静地听别人心灵的诉说，而不会冷淡别人或不耐烦，这才是尊重别人的表现。反过来，你的善解人意也会得到别人对你的理解和认可，获得一份尊重和爱戴。所以，一般来说，爱说话的人的好朋友往往是比较爱听别人说话的人，如果两个愿意抢着说话的人在一起，则往往会感到谈话的不愉快和不被尊重。善于倾听的人往往身边总是拥有许多好朋友，且能得到别人的尊重。

二、聆听的礼仪

聆听的礼仪是一位好听众所应具备的基本条件，其主要体现在以下方面：

1. 注意力集中

一位好的听众在倾听对方谈话时，总是能调动自己全部的知觉、情感、态度投入地听，用心去体验对方所体现的情景和思想。倾听时注意力集中是基本的聆听礼貌。谈话时兼做其他事情，或是东张西望、做小动作（如摆弄手中物品、剪指甲、搔痒痒、抓头皮等）都是注意力不集中、心不在焉的表现，而打哈欠、伸懒腰、看手表往往是不耐烦和厌倦的表示。因此，这些都是应该避免的不礼貌行为。另外，一个好的听众应把主要精力集中在对对方谈话内容的理解上，而不应过多地注意对方的谈话技巧和语言表达水平。

2. 积极反应

一位好的听众在倾听别人谈话时，一定会做出相应的反应（包括表情、眼神和语言）作为对对方谈话的反馈。譬如：当对方讲到兴奋之处，用“太有意思了”

“真有趣”等语言作为响应；当对方讲到伤心之处，用同情的言语加以响应，如“真是太难为你了”等。最为积极的反应是对对方的谈话表示肯定和赞同（点头或是表示赞同的语言，如“是”“对”“你说得没错”“我也有同感”“英雄所见略同”等）。因为赞同的反应意味着双方的谈话引起了共鸣，这会使谈话更投机、融洽，还会给对方以遇上知音的感觉。所以，当对方的观点与你的看法基本一致时，应及时作出赞同的反应。如果你确定不赞同对方的观点，则不应随意附和，因为这会让对方觉得你虚伪。这时，你可以保持沉默，也可以以委婉的方式表示自己的不同看法（如“你也许是对的”“我不完全赞同你的观点”“对于这个问题我们以后再交换看法”），但不能直截了当地否定对方的意见。有些爱争论的听众喜欢反驳对方的观点，然而在反驳中你可能赢得争论，但绝不会赢得对方的好感。

倾听时提一些小问题（如“为什么会这样”“现在怎么样”“后来怎么样”等），引导对方作更深入的交谈，这也是一种较为积极的反应。

假如无法作出上述积极的反应，至少也应作一些基本的反应（如“噢”“嗯”“唔”“是吗”），表示你在听。如果你倾听时一声不吭，则对方会怀疑你是否在听，是否对谈话内容感兴趣，或是怀疑你是否听明白他所讲的内容。自始至终保持沉默，不能算是好听众。

3.不轻易打断对方谈话

在倾听谈话时，如果遇到未听明白或是想进一步了解的情况，则应等对方把一个意思讲完后再插话，而且应用礼貌的语言征得对方的同意，如“请允许我打断一下”“请让我提个问题，好吗”等。但随意或是经常打断对方的谈话是不礼貌的，即使是用上述非常礼貌的语言去打断。

4.不轻易下断言

当你还没有听完或听明白对方谈话的意思时，不要轻易对对方的谈话作归纳、下结论。前一种情况意味着对方的讲话你早就明白，这表明对方讲的话题没有多大意思或是显示你比对方高明。而后者很可能会出现这样的情况：你的结论与对方所讲的原意相悖。这只能说明，要么你听得不够认真，要么对方没有把意思表达清楚，无论怎样都会给对方“话不投机”的感觉。

总之，一个好的听众光是呆呆地听是不够的，还需要作一些恰当的反应，表现你对谈话的兴趣和理解，而且要知道什么时候该接腔，什么时候只要对视沉默一下就可以了。一个人在倾听他人谈话时，巴望着对方快点讲完，眼睛东张西望，显得心不在焉或不断地打岔，或自始至终保持沉默，或盘算着怎样反驳对方的观点，都不是一个好听众。

第三节　交谈技巧

在商务交往中，对商界人士的口才有着很高的要求。商界人士不一定需要伶牙俐齿、妙语连珠，但必须具备良好的逻辑思维能力、清晰的语言表达能力，必须在克己敬人、“寸土必争”的前提下，在谈话中保持自己应有的风度，始终以礼待人。有道是“有理走遍天下”，在谈话中同样如此。

交谈的技巧需要根据不同的人与事来加以灵活运用。例如，当一位朋友不邀而至，贸然闯进自己的写字间，而自己又实在难用很长的时间与之周旋时，如直接告知对方“来得不是时候”，或对其爱答不理，都很可能得罪对方。其实，只要使用委婉的语言一样可以暗示对方应尽早离去，而且不至于使其难堪。比方说，可在见面之初一面真诚地对其表示欢迎，一面婉言相告：“我本来要去参加公司的例会，可你这位稀客驾到，我岂敢怠慢。所以专门告假5分钟，特来跟你叙一叙。”这句话的“画外音”，就是在暗示对方“只能谈5分钟”，但因表达得不失敬意，在对方的耳中就要中听多了。

下面，就来介绍商界人士皆应运用自如的基本的交谈技巧。

一、称赞与感谢

懂得赞美别人的人，最是令人喜欢。得到他人帮助后，善于及时表示感谢的人最有礼貌。称赞与感谢都有一定的技巧可言。如果对其不加遵守而自行其是，则不但可能显得虚伪，而且可能因词不达意而招致误解。

（一）称赞

赞美别人，应有感而发，诚挚中肯。一方面要懂得向他人表示欣赏与肯定十分重要，另一方面要明确它与拍马屁、阿谀奉承终究是有所区别的。

1.实事求是

赞美别人时，一定要力戒虚情假意，切勿乱给别人戴高帽。夸奖一位不到40岁的女士“显得真年轻”还算说得过去，但要用它去恭维一位气色不佳的80岁老太太就实在是过于做作了。离开“真诚”二字，赞美将毫无意义。

2.因人而异

男士喜欢别人称道他幽默、风趣、有风度；女士渴望别人注意自己年轻、漂亮；老年人乐于别人欣赏自己知识丰富、身体保养好；孩子则爱听别人表扬自己聪明、懂事。适当地道出他人内心中所渴望获得的赞赏，善莫大焉。此种“理解”必然最受欢迎。

3.自然而然

要力求赞美不露痕迹，不要听起来过于生硬，更不能“一视同仁”，千篇一律。当着一位先生及其夫人之面，突然对后者来上一句“您很有教养”，必然令人摸不着头脑。但若知道这位先生的领带是其夫人“钦定”的，此时夸上一句：“××先生，您这条领带真棒！”那就会产生截然不同的“收益”。个别人乐于赞美异性，面对同性时却金口难开，此种人难有至交。

4.适宜对外

应当指出的是：在人际交往中，不要“王婆卖瓜，自卖自夸”；应当少夸奖自己，多赞美别人。除必须进行的自我评价之外，猛夸自己，认定自己一贯正确、举世无双，实际上是极不理智的做法。

（二）感谢

“谢谢”这句话虽然只有两个字，但若运用得当，会让人觉得意境深远、魅力无穷。在必要时，对他人所给予自己的关心、照顾、支持、鼓励、帮助表示感谢，不仅是一位商界人士所应具备的教养，而且是对对方为自己而“付出”的最直接的肯定。此种做法绝不是虚情假意、可有可无的，而是必需的。“讷于言而敏于行”，弄不好就会导致交往对象的伤感、失望和深深的抱怨。

受到他人夸奖时，应说“谢谢”。这既是礼貌，也是一种自信。旁人称道自己的衣服很漂亮、英语讲得很流利时，说声“谢谢”最是得体；反之，要是答以“瞎说”“不怎么样”“哪里，哪里”“谁说的”“少来这一套”，便相形见绌了。获赠礼品与受到款待时，别忘了郑重其事地道谢。这句短语既是肯定，也是对对方最高的评价；得到领导、同事、朋友、邻居们明里暗里的关照后，一定要去当面对对方说声“谢谢”；在公共场合得到了陌生人的帮助，亦应当即致以谢意。

在具体操作中，感谢他人也有一些常规可以遵循，在方式、方法上，有口头道谢、书面道谢、托人道谢、打电话道谢等。一般地讲，当面口头道谢的效果最佳。若在获赠礼品、赴宴后专门写信道谢，也有很好的效果。打电话道谢，时效性较强，而且不易受到干扰。托人道谢，除非名家出面，否则效果差一些。

感谢他人还有对场合方面的考虑。有些应酬性的感谢可以当众表达，不过要是想显示认真而庄重的话，最好还是“专程而来”，并应于他人不在场之际表达此意。

在表示感谢时，通常应加上被感谢者的称呼，如“王先生，我专门来跟您说一声‘谢谢’”“董事长，多谢了”，越是这样，越是显得正式。

在表示感谢时，有时还有必要顺便提及致谢的理由，如“欧阳小姐，谢谢上次您在我们来访时的帮助”，免得对方感到空洞或茫然不知所措。

在表示感谢时，最重要的莫过于真心实意。为使被感谢者体验到此点，务必表现得认真、诚恳、大方。话要说清楚、直截了当，不要连一个“谢”字都讲得含混不清。表情需要与之进行配合，应正视对方双目并面带微笑；必要时，还须专门与对方握手致意。

在表示感谢时，所谢的是一个人，自然感谢个人即可；所谢的若是多人，则可统而言之“谢谢大家”，也可逐个言谢。

二、祝贺与慰问

祝贺与慰问多见于关系密切者之间。

（一）祝贺

祝贺，简言之就是向他人道喜。当亲朋好友在工作与生活上取得了进展，或恰逢节日喜庆之时，对其致以热烈且富有感情色彩的吉言佳话，必然会使对方的心情更为舒畅、双方的关系更为密切。

1.祝贺的方式

祝贺的方式往往多种多样，如口头祝贺、电话祝贺、书信祝贺、电邮祝贺、传真祝贺、贺卡祝贺、贺电祝贺、点播祝贺、赠礼祝贺、设宴祝贺等，但它们通常都有其特定的适用范围。在多数情况下，几种方式可并用。

通常，口头上的祝贺都以一些约定俗成的表达方式进行。例如，“恭喜，恭喜”“我真为您高兴”是我国人常用的道贺之语；“事业成功”“学习进步”“工作顺利”“一帆风顺”“身体健康”“心情愉快”“生活幸福”“合家平安”“心想事成”“恭喜发财”之类的吉祥话，则人人耳熟能详，百听不厌。

2.祝贺的时机

祝贺的时机需要审慎地选择。对商界人士而言，适逢亲朋好友结婚、生育、乔迁、获奖、晋职、晋级、过生日、出国深造、事业上取得突出成就之时，应及时向其表示自己为对方而高兴；否则，就有疏远双方关系、心存不满或嫉妒之嫌。碰上节日时，出于礼貌向亲朋好友道贺，一般也是必要的。

对关系单位的开业、扩店、周年纪念、业务佳绩予以祝贺，亦是“义不容辞”的。其要求是：简洁、热情、友善，饱含感情色彩，区分对象，并回避对方之所忌。

3.祝贺语的选择

对不同的对象，在不同的时刻，道贺之语的选择应有所不同。

祝贺同行开业时，“事业兴旺”“大展宏图”“日新月异”“生意兴隆”“财源茂盛”等肯定是对方最爱听的话。

祝贺生日时，“生日快乐”可广泛使用，但“寿比南山，福如东海”这种老寿星爱听的祝词就不宜对年轻人尤其是对孩子们讲。

对一对新婚夫妇，使用“天长地久”“比翼齐飞”“白头偕老”“百年好合”“互敬互爱”“早生贵子”之类的祝贺语，能使对方更加陶醉在幸福与憧憬之中，多多益善。

有些话本意不错，但可能会触犯一些人的忌讳，故宜加以回避。例如，我国香港人不爱听别人祝他“快乐”——爱讨“口彩”的他们往往把“快乐”听成了与之发音一样的“快落”，岂不是太不吉利了。

（二）慰问

如果说合适的祝贺可以密切感情、促进友谊，那么一句恰当的慰问可以把关心、体贴和爱护及时传达给自己的交往对象，像“雪中送炭”一样温暖对方孤寂和伤感的心灵。

慰问是在他人遭遇重大变故，如患病、负伤、失恋、丧子、丧偶、离婚、破产、关厂、失业、休学、研究受阻、市场开拓失败之时，对其进行慰问与问候，意在使其稳定情绪，并宽心放眼，去除或减轻哀伤。

1.患难与共

慰问他人时，不论表情、神态还是动作、语言，都应当真诚地显示出慰问者的“同舟共济”之心、体贴关心之意。例如，在慰问逝者的亲属、探视伤病员、安慰失恋者时，应表情凝重，语调深沉舒缓，语言饱含关心和同情之意；若嘻嘻哈哈、喜眉笑眼，语调尖锐、油滑，语言随意、放肆、轻浮，则会给人以幸灾乐祸之感。

当然，也不宜矫枉过正、表现过分。若一见面就表现得“人未语，泪先流”，使被慰问者伤心落泪、情绪恶化，则属不当之举。

2.疏导体贴

进行慰问时，对生活困难者可询问其遇到的具体难题，并给予力所能及的援助。

对工作受挫折者，应鼓励其“前途是光明的，道路是曲折的”“自古英雄多磨难，从来纨绔少伟男”，支持其再接再厉、奋起直追。

对失恋者，可“顾左右而言他”，免谈此事，尤其不应评论对方的前任，但可劝慰其“天涯何处无芳草”。

对颓废之人，则可多给一些激励，告知其“牢骚太盛防肠断，风物长宜放眼量”“人总是要有点精神的”。

3.言辞得当

在慰问中，不要嘲讽、指责对方，切勿说什么“当初我也碰上过这事，但我可不这样”。

若一位小姐对某位先生的“暗恋”前程渺茫，就不应在对前者慰问之际，为之出谋划策，并鼓励其“成功就在于最后的坚持之中”。

慰问时，与被慰问者进行一些交流是必要的，但没有必要对对方的“伤心往事”刨根问底。对方若不愿深谈，就不该再三询问，非要逼其“一吐为快”。

三、争执与论辩

在商务交往中，特别是在某些场合，为捍卫国家利益或单位利益，免不了要同交往对象针锋相对、寸土必争，争论某些问题，辨别谁是谁非，此即争执与论辩，通常也被称为争辩。即使势在必行，义不容辞，在进行必要的争辩时亦须先礼后兵、礼让三分。

（一）争辩的必要性

在进行争辩时，应考虑的头等大事是它有没有实际意义。

一般来说，为公事而进行争辩是必要的，为私事进行争辩则意义不大。为大事应当进行争辩，并且据理力争；对小事则宜求同存异，不必非“争”不可。此外，还须静思如下细节性问题：

第一，“两利相权取其重，两害相权取其轻”，先自我评估一番，谋定而后动。

第二，争辩的欲望是出自理智抑或情感？若为情感而冲冠一怒，则毫无必要。

第三，对争辩对手有无敌意或成见？如果有，则务必克制、冷静，不要意气用事、不能自已。

（二）争辩的基本点

在进行争辩时应始终坚持的基本点是：勿忘常存敬人之心。

“两国交兵，各为其主。”有道是“商场无父子”，在利益问题上发生争辩实属自然。因此，切勿“一不做，二不休”，翻脸不认人，“你对我不仁，休怪我不义”，一上场就揭对方老底，算总账，口出恶言，只想置人于死地。

争辩不是争吵，更不是泼妇骂街，所以在争辩的过程中依旧要讲文明礼貌，始终如一地尊重交往对象，维护其自尊心，晓之以“礼”，动之以情。

在商界与他人交锋之际，勿忘“台上是对手，台下是朋友”。明白了这一道理，在争辩时就会对对方口下留情，常存理解与同情之心，常常设身处地地替对方想一想。依靠揭发隐私而不是真才实学而在争辩中暂居上风者，绝非英雄好汉。

（三）争辩的技巧

在争辩中，需要注意有备而来，慎重应战。简言之，就是要掌握一定的技巧，并做好充分的准备。

在争辩时可以先声夺人，也可以后发制人，但不论“出场”在先、在后，都应在阐述自己的观点时注意如下几点：

1.语气自然果断

这是维护自尊与自信的需要。有理不在声高，“发言”快慢相间、舒缓有致，便不怒自威。哪怕一时讲错了话，也不要马上急于改口；过一会儿再重复一遍正确的表述，也就等于“自我更正”了。

2.说理简单明了

争辩时没有必要东拉西扯、高谈阔论，那样往往会显得自己怯场。有一说一，有二说二，能用最简单的话语讲清楚最复杂的道理，才算高人；反之，把最简单的事讲得特别复杂，不是有意捣乱就是没真才实学。

3.善于以“例”服人

在争辩中，“摆事实，讲道理”常被联系到一起，实在是大有道理的。当对方指责我方商品一再涨价，表示不能接受的时候，捍卫自己切身利益的最好方法莫过于跟对方来一个“亲兄弟，明算账”，把原材料涨价、成本增加等使自己不堪重负的“账单”一一当面开列出来，让事实来支持自己的合理要求。

在具体争辩的过程中，处于上风的人通常都是那些善于抓住对方要害、一招制敌的人。要想在争辩中从对方的陈述里抓住“要害”、以静制动、后发制人，大体上可以采用以下争辩方法：

一是证明对方的论据不真实、不准确，不能够支持其论点。

二是证明对方的思路，即论证的过程失之偏颇，存在漏洞。

三是证明对方的观点有百害而无一利，或至少害大于利。

四是通过对比，以事实说服对方。

四、规劝与批评

规劝一般是指在交谈中对他人郑重其事地加以劝告，主要是为了劝说其改变立场、改正错误。批评实际上则是对他人的缺点提出意见。由此可见，规劝与批评在本质上具有许多共同点。

一般来说，它们都是至交与诤友之所为。对“多一事不如少一事”“不愿得罪人”的人来说，则绝不会如此。善解人意的人都清楚：“人非圣贤，孰能无过？”遇事而进言，实乃友人之本分，都是对“过失者”的一种关心与督促。指出他人的缺点与错误，找出其薄弱环节，意在使其今后扬长避短，更好地为人处世。此乃对“过失者”最大的关心、爱护，也是对其负责任的表现。

注重谈话技巧的商界人士在规劝与批评他人时应具体注意以下几点：

1.温言细语

有人笃信“良药苦口利于病，忠言逆耳利于行”之说，在批评规劝时，什么话难听就非跟对方说这些话不可。例如，他们在批评别人时总爱摆出一副无师自通、恨铁不成钢的模样，张口闭口就是“瞧你这德行”“叫我说你什么好”“真不想再理你”之类的套话，经常是一开头就让被批评者心不服、气不顺，产生逆反心理，到后来还有可能使被批评者反唇相讥，结果双方势同水火、反目成仇。

人需要尊重，在规劝与批评他人时不能忘了这点，应该把同一种意思表达得中听些。别忘记，良药未必都要苦口，忠言也不一定非得逆耳不成。把规劝与批评别人的话讲得动听一些，利己又利人，何乐而不为呢？

2.内外有别

一般而言，尽可能不要当众规劝或批评别人。俗话说：人有脸，树有皮。当众规劝或批评别人，尤其是以那些有地位、有身份的人士为对象，难免让其自尊心备受伤害。当着下属的面规劝一名部门经理，当着孩子的面批评他的父亲，都会让后者长时间地“抬不起头来”，或许还会使其因此对批评者心存怨恨。除非绝对有必要，否则不要在会场、办公室当众规劝或批评他人。如果有条件，则可以找对方单独交谈；那样的话，哪怕规劝或批评的话说得重一些也易于被对方所接受。

还必须说明的是，在外人面前规劝同事，批评下属，有时还会有“借题发挥”“指桑骂槐”之嫌。

3.一分为二

规劝与批评需要一分为二，具体而言就是要求商界人士不能将规劝或批评对象“一棍子打死”。规劝或批评别人时要先肯定后否定，即在肯定的基础上局部地否定。这样既顾全了被批评者的自尊心，又使之有台阶下。

擅长此道者，在规劝或批评他人之前，往往还进行一番自我批评。在批评下属前，自己先承担一定责任；在规劝年轻人时表示自己当初也曾“年轻过”。凡此种种，比起标榜自己“一贯正确”来通常更容易被人所接受。

五、拒绝与道歉

（一）拒绝

拒绝既可能是不接受他人的批评、建议或意见，也可能是不接受他人的恩惠或赠与。从本质上讲，拒绝即对他人意愿或行为的间接否定。

在商务交往中，尽管拒绝他人会使双方一时有些尴尬、难堪，但“长痛不如短痛”“当断不断，反受其乱”，需要拒绝时就应将此意以适当的形式表达出来。例如，他人邀请自己赴宴，能去可以答应下来，不能去就不要勉强；不要当面做“欢欣鼓舞”状地接受，届时又不能出席。在拒绝他人时，不要把话说绝，别让别人感到难为情。

从语言技巧上说，拒绝可以分为：

1.直接拒绝

直接拒绝，即将拒绝之意当场明讲。采取此法时需要注意的一点是：应避免态度生硬，说话难听。在一般情况下，直接拒绝别人，需要把拒绝的原因讲明白；可能的话，还可向对方表达自己的谢意，表示自己对其好意心领神会，借以表明自己通情达理；有时，还可以为拒绝向对方道歉。

有人对拒绝的借口不屑一顾，未免有些不够理智。若外商在商务交往中送了现金，按规定不能接受，但总不能不近人情地质问对方“用心安在”；此时，不妨采用婉转的语气来拒绝馈赠，如可以说：“×××先生，非常感谢您的美意，但我公司规定，在商务活动中不能接受他人赠送的礼金。对不起了，您的钱我不能收。”

2. 婉言拒绝

婉言拒绝，即运用温和而委婉的语言来拒绝。与直接拒绝相比，它更容易被接受，因为它在更大程度上顾全了被拒绝者的尊严。例如，一位男士送内衣给一位关系一般的女士，这自然会有些非同寻常，但若女士对其反唇相讥："这是给你太太买的吧!"便会令自己好似泼妇了。此时，女士不如婉言相拒，说："它很漂亮，只不过这种式样的内衣我男朋友给我买过好几件了，留着它送你女朋友吧。"这样说，既暗示了自己已经"名花有主"，又提醒对方注意分寸，同时还不算难听。

3. 沉默拒绝

沉默拒绝，即在面对难以回答的问题时暂时终止"发言"，一言不发。当他人的问题非常棘手，甚至具有挑衅、侮辱的意味时，"拔剑而起，挺身而斗"未必勇也；此时，不妨以静制动，一言不发，静观其变。此种不说"不"字的拒绝所表达出的无可奉告之意，常常会产生极强的心理上的威慑力，令对方不得不在这一问题上让步。

沉默拒绝法虽然效果明显，但是若运用不当也难免"伤人"。因此，商界人士还可以尝试避而不答、"顾左右而言他"的方法，即用回避法来拒绝他人。

4. 回避拒绝

回避拒绝，即避实就虚，对对方不说"是"，也不说"否"，只是搁置此事，转而议论其他事情。遇上他人过分的要求或难答的问题时，均可相机一试此法。

（二）道歉

有道是"知错就改"。人不怕犯错误，却怕不承认过失，明知故犯。在人际交往中，倘若自己的言行有失礼、不当之处，或打扰、麻烦、妨碍了别人，最聪明的方法就是要及时向对方道歉。例如，因不了解实际情况而当众错怪了下属，就应胸襟坦荡，在确定自己错了之后绝不能文过饰非、将错就错、一错再错，而应马上以适当的方式向下属真心实意地道歉，这样才会被原谅，才称得上是智者。

道歉的好处在于，既可以冰释前嫌，消除他人对自己的恶意，也可以防患于未然，为自己留住知己、赢得朋友。

在商务交往中，需要掌握的道歉技巧主要有下述几种：

1. 用语规范

有愧对他人之处，宜说"深感愧疚""非常惭愧"；渴望见谅时，需说"多多包涵""请您见谅"；有劳别人时，可说"打扰了""麻烦了"；在一般场合，则可以讲"对不起""很抱歉""失礼了"。

2. 及时道歉

知道自己错了，就要及时说"对不起"；否则，拖得越久就会让对方越生气，越容易使人误解。道歉及时，还有助于当事人"退一步海阔天空"，避免因小失大。

3. 落落大方

道歉绝非耻辱，故应该大大方方、堂堂正正、完全彻底，不要遮遮掩掩；也不要过分贬低自己，说什么“我真笨”“我真不是个东西”，那么做很可能会让人看不起，并有可能使人得寸进尺。

4.巧借“物语”

有些道歉的话当面难以启齿，则写在信上寄过去也可。对西方女士而言，令其转怒为喜、既往不咎的最佳道歉方式莫过于送上一束鲜花，婉言示错。此类借物表意的道歉“物语”，往往会有极好的效果。

5.言行一致

不该向别人道歉的时候，就千万不要道歉；否则，对方肯定不会领我方的情，搞不好还会因此而得寸进尺，为难我方。即使有必要向他人道歉，也要切记，更重要的是要使自己此后的所作所为有所改进；不要言行不一、依然故我，让道歉仅仅流于形式。

拓展阅读五

关键术语

交谈的态度　交谈的对象　交谈的话题　聆听的礼仪　交谈的技巧

复习与思考

1.交谈中的基本语言要求是什么？

2.交谈中的基本礼仪包括哪些？

3.如何理解交谈中恰当地区分交谈对象？

4.如何做一个好的交谈听众？

5.怎样把握交谈技巧？

6.如何选择正确的交谈话题？

7.哪些话题不能作为交谈主题？

第六章

商务宴请礼仪

宴请本身是一种礼仪形式。宴请可以增进对商务对象的了解和信任，是联络感情的有效手段。宴请活动的整个组织安排以及宴会的出席者都应该合乎礼仪规范的要求。

第一节　宴请的类型

以宴请的方式来款待宾客，是商界人士在对外交往中的一项经常性的活动。它不是一般的吃吃喝喝，而是人际交往的一种重要形式。商业单位应根据活动目的、邀请对象以及经费开支等因素，举办不同形式的宴会。

一、宴会

宴会通常指的是以用餐为形式的商务聚会。按隆重程度、出席规格，宴会可分为正式宴会和非正式宴会。

（一）正式宴会

正式宴会是一种隆重而正规的宴请，往往是为宴请专人而精心安排的、在比较高档的饭店或其他特定的地点举行的、讲究排场及气氛的大型聚餐活动。正式宴会对于到场人数、穿着打扮、席位排列、菜肴数目、音乐演奏、宾主致辞等，往往都有十分严谨的要求和讲究。

（二）非正式宴会

非正式宴会中常见的有便宴和家宴两种形式。

1.便宴

便宴，即非正式宴会，常见的有午宴、晚宴，有时也举行早宴。便宴的安排比较简单，通常不预先排座位，对来宾的服饰也没有严格的要求，不作正式讲话，菜肴的道数和酒水可以根据主人的实力和客人的喜好而定。便宴气氛较轻松、亲切，便于交往和交谈。

2.家宴

家宴，即在家中举行的便宴。特点是主人亲自下厨烹饪，并由主人自己担任招待员。用家宴方式招待客人是中国人最为常见的宴请方式。西方人也用这种方式招待客人，以表示对客人的亲切友好。

用家宴招待客人，要特别注意厨房做菜和客厅招待客人之间的矛盾，主人不能因在厨房里忙碌而影响了在客厅招待客人。解决这一矛盾的最好办法是多选一些可预先炖或是蒸的菜，少选一些现炒的菜。

二、招待会

招待会通常是指不备正餐的较为灵活的宴请方式，一般备有食品、酒水及饮料；不排座位，客人可以自由走动。与宴会相比，招待会的宾客人数多而不容易确定。与宴会的依次上菜不同，招待会上的食品、酒水、饮料都是预先准备好的。

招待会的主要特点是比较轻松自由，宾主都不用受太多的拘束。客人不用固定于餐桌旁的某个座位，面对很多人谈论同一话题。他们可以自由走动，找自己喜欢的人聊自己喜欢的话题。主人也不用花太多的精力去招待客人，包括不停地为客人们敬酒、组织客人们愉快交谈等。客人一般自己会找食物招待自己，也会自己去找朋友聊天，主人只需确定食品和饮料足够就可以了。

常见的招待会包括以下形式：

（一）自助餐会

自助餐会也可称为冷餐会，通常是在大型庆典活动后用来招待众多宾客的。它是目前国际上通行的一种非正式的西式宴会，在大型的商务活动中尤为多见。它的具体做法是：不预备正餐，而由用餐者在用餐时自行选择食物、饮料，然后或立或坐，自由地与他人在一起用餐，或是独自一人用餐。

一般而言，自助餐具有如下明显的优点：

第一，免排座次。正规的自助餐往往不固定用餐者的座次，甚至不为其提供座椅。这样既可免除座次排列之劳，又可以便于用餐者自由交际。

第二，节省费用。因为自助餐多以冷食为主，不是正餐，不上高档的菜肴、酒水，所以可以大大地节约主办者的开支，并避免浪费。

第三，各取所需。参加自助餐时，用餐者在碰上自己偏爱的菜肴时，尽管自行取用就是了，完全不必担心他人会为此而嘲笑自己。

第四，招待多人。每逢需要为众多的人士提供饮食时，自助餐不失为一种首选。它不仅可被用来款待数量较多的来宾，而且可以较好地处理众口难调的问题。

（二）酒会

酒会又称鸡尾酒会。尽管我国历史上也曾有过以酒会友的习俗，但这并没有成为一种普遍的生活方式。中国人普遍习惯在宴会上请人喝酒，较正规的宴会都被人们称为酒席。因此，现代意义上的酒会可以说是一种西方文化。它在我国的流行与我国的对外开放和国际交往的增加密切相关。

1.酒会的特点

这种招待会形式较为活泼，便于参加者广泛接触交谈。招待品以酒水为主，略备小吃、菜点。酒会提供的酒一般比较丰富，食品一般是可用牙签和手抓起来吃的小吃，如三明治、炸春卷、小香肠、面包等。在酒会上，一般有招待员专门为客人调酒和斟酒，而食品可以让客人自己取或是由服务员一趟一趟送到各位客人面前供他们选用。酒会上不设座椅，仅摆小桌或茶几，以便出席者随意走动。

酒会举行的时间比较灵活，中午、下午、晚上均可。请柬上通常注明酒会的起止时间，客人可在此期间任何时候入席、退席，来去自由，不受约束。

近些年来国际上举办大型活动采用酒会形式招待渐趋普遍。自1980年起，我国国庆招待会也改用酒会形式。

2.酒会的礼仪

主人在酒会开始之初应站在离门较近的地方，便于迎接客人。主人有义务为不认识的客人做介绍，作为主人应保证不让任何一位客人孤独地待在某个角落里；如果人太多，无法为客人一一作介绍，可以拜托几个好朋友做这件事。另外，主人还应尽量同每一位客人交谈几句。

在酒会进行过程中，主人要随时注意观察烟灰缸是否太满了，酒和食物是否充足。当酒会快结束时，主人也应站在离门较近的地方，便于与客人作别。客人在酒会上应大胆地自我介绍，去跟尽量多的客人交谈，去结识尽量多的新朋友。自始至终地一个人坐着喝酒或是只跟一个人交谈，都是不合时宜的，醉酒当然就更不应该了。

（三）茶会

茶会是一种更为简单的招待形式，以招待客人喝茶为主，辅以一些水果、糕点。茶具和茶叶通常是比较考究的。茶会一般只邀请三五个朋友参加，其风格比酒会更为清新淡雅。茶会的时间可以在上午，也可以在下午，一般持续一到两个小时。

茶会通常设在客厅里，厅内设茶几、座椅，不排座位。每位客人应有一个茶杯（配有茶杯托和茶匙）以及一个小碟。客厅内除了茶几，还应有一张用来放茶壶、茶叶缸、热水壶、牛奶壶、糖罐以及食品的桌子。

客人到了，主人招呼客人入座后就可以起身去泡茶了。不同的地方泡茶的习俗有很大差异。泡好茶后，主人应将茶杯连同茶托端给客人（其实总是放在客人旁边的茶几上，只有当客人主动伸手相接时才直接递给客人，为此，必须保证每位客人有放茶杯的地方）。客人喝茶时，应一手持茶杯托，一手拿茶杯；吃点心时也一样，一手拿碟子，一手取食物。大家一边喝茶，一边聊天。主人在茶会进行过程中，应随时注意客人茶杯里茶水的高度，并及时给客人添茶水。

（四）烧烤聚会

烧烤聚会是一种以野餐的形式招待朋友的非正式宴请方式，一般在野外举行。这种烧烤通常以烤肉为主。主人大多亲自动手为客人烤肉，然后把烤好的肉分给大家。吃烧烤时，通常也喝一些葡萄酒、啤酒和汽水之类的饮料。餐具大都是一次性的简易餐具。这种招待客人的方式比其他方式更有情趣。

三、工作餐

工作餐在商界有时亦称商务聚会餐或餐会。它是指在商务交往中，拥有业务关系的合作伙伴为了进行接触、保持联系、交换信息或洽谈生意，而借用餐的形式所进行的一种商务聚会。站在商务礼仪的角度来看，正规的工作餐既不同于正式的宴会，也不同于亲友们的会餐。在一般情况下，工作餐通常具有下述显著特点：

1.重在创造一种氛围

同正式的宴会相比，工作餐所强调的不是形式与档次，而是意在以餐会友，创造出一种有利于商界人士进一步接触的轻松、愉快、和睦、融洽、友好的氛围。

2.具有某种实际目的

商界人士讲究的是务实，工作餐自然也不例外。同亲友之间的会餐相比，工作餐并非无所事事，单纯为了让大家碰碰头、谈谈心、联络联络感情，实际上，它是以另外一种形式继续进行的商务活动。换言之，它只不过是一种以餐桌充当会议桌或谈判桌进行的非正式的商务会谈。

3.往往要求较小规模

就参加者的人数而言，工作餐通常与声势浩大的宴会或会餐难以相比。因其重在处理实际问题，为了防止众口难调，故工作餐的实际参加人数往往较少。一般来说，工作餐大都不是多边性的聚会，而是以双边性聚会为主。它既可以是两个人之间的单独约会，也可以是有关双方各派几名代表参加。但是，参加工作餐的总人数应以不超过10人为佳。与事无关者、配偶、子女等，均不宜到场。

4.通常是在午间举行

宴会大都选定在晚上举行，并且往往喜欢在节假日或周末举行，主要是为了使参加者在时间上感到方便，同时是一种社交惯例。为了合理地利用时间，不影响参加者的工作，工作餐通常都被安排在工作日的午间，利用工作间歇举行。因此，工作餐在欧美往往被叫作工作午餐或午餐会。

5. 可以随时随地举行

在举行工作餐之前，主人不必向客人发出正式的请柬，客人也不必为此而提前向主人正式进行答复。一般而言，只要宾主双方感到有必要坐在一起交换一下彼此之间的看法，或是就某些问题进行磋商，大家就可以随时随地举行一次工作餐。它的具体时间不必早早商定，地点也可以临时选择。它可以由一方提议，也可以由双方共同决定；可以提前若干天约好，也可以当天临时决定。总之，只要有关各方同意参加，工作餐即可举行。

6. 由提议者出面做东

工作餐多在外面营业性餐厅举行，所以其做东者自有特殊之处。根据惯例，哪一方首先提议举行工作餐，就应由哪一方出面做东。而东道主出席工作餐时的行政职务最高者，通常就是理所当然的主人。从名义上说，为工作餐所进行的一切准备性工作均应由主人负责。但在实践中，由于名义上的主人位高、事繁，无暇顾及，着手张罗工作餐的多半是其秘书或公关人员。

第二节 正式宴请

宴请宾客绝不是一件轻松容易的事情。宴请活动的整个组织安排自始至终都应该严格、细致，合乎宴请礼仪规范。主人在准备宴请宾客时，既要考虑宾客的人数和主要宾客的社会地位，宴请的时间、地点、桌次，又要考虑其民族习惯、文化传统等因素的影响。只有如此，宴请才能取得成功，才能达到预期的目的。

一、宴请的准备工作

一项正式的商务宴请，从宴请设计到宴请的组织实施，每个环节、每个步骤都要考虑周到，以确保宴请的顺利进行。因此，一次宴请成功与否、能否达到主人预期的目的与宴请前的准备工作密切相关。

（一）明确宴请的目的、名义、对象和形式

1. 宴请的目的和名义

商业宴请的目的和名义有很多，有以公司部门等单位名义，也有以经理等个人名义；有的宴请有明确的为解决某个或某些问题而举行的直接目的，也有的是保持关系、联络感情、沟通信息、结识朋友等无直接实质内容和目的的宴请。

2. 宴请的对象

宴请对象要斟酌，范围过大会造成费用压力，而且不符合节省成本的商务原则；范围太小则可能影响今后的交往。宴请范围的确定应在照顾各方面关系的前提

下，控制范围，减少人数。同时，主人应考虑被邀请人之间的关系，防止互有敌意的双方出席同一宴会，以免彼此尴尬，影响宴会氛围。

3.宴请的形式

宴请采取何种形式，在很大程度上取决于宴请的目的和对象，也取决于习惯做法。一般来说，比较正式的、隆重的、人数不多的宴请以宴会的形式较为适宜；不太正式的、人数较多的，以冷餐会较为适合；比较简单的但较注重情趣的可以选茶会或烧烤聚会；具有某种庆祝意义的可以选择酒会。

（二）确定宴请的时间和地点

1.宴请的时间

宴请时间的确定，有的可按主人需要安排，如企业开张、友人聚会等；有的由客人因素决定，如接风送行等；有的考虑主客的共同方便时间，如商业聚会等。

中餐宴请的具体时间应主要统筹兼顾下述具体问题：

（1）民俗惯例

中餐特别是中餐宴会具体时间的安排，根据人们的用餐习惯，依照用餐时间的不同，分为早餐、午餐、晚餐。至于在宴请他人时，究竟应当选择早餐、午餐或晚餐，不好一概而论。不过，在绝大多数情况下，确定正式宴请的具体时间，主要遵从民俗惯例。

（2）主随客便

在决定商务聚餐的具体时间时，主人不仅要从自己的客观能力出发，更要讲究主随客便，优先考虑被邀请者特别是主宾的实际情况，不要对这一点不闻不问。如果可能，则应该先和主宾协商一下，力求双方都方便；至少也要尽可能提供几种时间上的选择，以显示自己的诚意。

（3）时间控制

对于用餐时间，有必要加以适当的控制。适当控制用餐时间，应注意以下两个问题：

一是尽量避开主宾双方不方便的时间，如重要的活动日、纪念日、节假日，某一方面不方便的日子或忌日等。

二是要对用餐时间的具体长度进行必要的控制，既不能匆匆忙忙走过场，也不能拖拖拉拉地耗时间。一般认为，正式宴会的用餐时间应为1.5个小时，非正式宴会与家宴的用餐时间应为1个小时左右。

对西方人而言，宴请活动安排在圣诞之夜是不受欢迎的。对日本人，宴请日期含“4”和“9”则会令他们大皱眉头，因为日语中“4”字发音同“死”，“9”字发音同“苦”。世界上一些国家的人把“13”，特别既是“13”日又是星期五的日子称为黑色之日，应该特别注意避开。假如宾客中有伊斯兰教徒，又正遇到他们的斋日，那么宴请最好能够安排在日落后进行。

2.宴请的地点

宴请地点恰当与否，体现着主人对宴请的重视程度。宴请地点可依据宴请目的、规格、形式和经费能力来确定。通常应选择环境幽雅、卫生方便、服务优良、管理规范、菜肴精美的饭店或宾馆，其中环境幽雅是选择宴请地点时必须考虑的最重要的因素。一般比较隆重的宴会最好选择比较熟悉的地点，便于了解它的环境、供应、服务和特点。

（三）及时、准确地发出请柬

主人举办宴请活动必须向客人发出邀请。邀请的形式有很多种，主人可以通过请柬、邀请信、电话、网络邀请客人，但是正式宴请必须用请柬发出邀请，有的还附有回柬（以便客人表示接受或婉谢之用）。这样做一方面是请客人备忘，另一方面是出于礼节。此外，请柬还可以作为客人赴宴的通行证。

请柬一般应提前一至两周发出，以便被邀请者能及早作出安排。当然，公关活动的特点决定了有时不允许有那么多的时间，但也必须以尽早为原则。有时为了周到起见，在宴请活动的前夕，不妨再用电话联系，对被邀请者是否收到请柬和是否能出席宴请予以确认。如果发现主客不能接受邀请，则可以及早考虑候补之宾。

请柬应精心设计，使人一看请柬就感到这个宴会别具一格、非同一般，非常有必要参加。

（四）慎重地选择宴会菜单

1.总的原则

宴会菜单的确定，应根据宴会的规格“看客下菜”。总的原则是主人应考虑客人的身份以及宴请的目的，使菜单做到丰俭得当。整桌菜单应该有冷有热、荤素搭配、有主有次、主次分明，即一桌菜要有主菜，以显示菜的规格，也要有一般菜，以调剂客人的口味。具体菜肴的确定还应以适合多数客人的口味为前提，尤其要特别照顾主宾的饮食习惯。在确定好菜谱的同时，还要准备好酒水、香烟、瓜子、糖果等来招待宾客。

2.饮食禁忌

主人在确定宴会菜单时一定要考虑周全，切不可冒犯对方的饮食禁忌。一般而言，常人基本的饮食禁忌主要有三类：

（1）个人的饮食禁忌

有一些人，由于种种因素的制约，在饮食上往往会有一些与众不同的特殊要求。比方说，有的人不吃肉，有的人不吃鱼，有的人不吃蛋等，对于这类个人饮食禁忌，亦应充分予以照顾；不要明知故犯，或是对此说三道四。

（2）民族的饮食禁忌

在不同的地区，人们的饮食偏好往往多有不同。对于这一点，在安排菜单时也应予以兼顾。比如，英美人通常不吃宠物、稀有动物、动物内脏、动物的头部和脚爪。

（3）宗教的饮食禁忌

对于宗教方面的饮食禁忌，一定要认真对待，一点也不能疏忽大意。例如，穆斯林不食猪肉，并且不饮酒。国内的佛教徒在饮食上禁食荤腥之物，这不仅指肉食，而且包括葱、蒜、韭菜、芥末之类吃起来气味刺鼻的食物。对这些禁忌饮食要是不求甚解或贸然犯禁，都会带来很大的麻烦。

3.体现特色与文化

主人在确定菜单时除了要照顾客人的口味，避免冒犯客人的饮食禁忌之外，还要体现特色与文化，即食文化、食特色。因此，主人在确定菜单时可以优先考虑具有民族特色的菜肴和具有本地风味的菜肴。

在隆重而正式的宴会上，主人所选定的菜单还可在精心书写后发给用餐者每人一份，使用餐者餐前心中有数，餐后留作纪念。

（五）安排宴席桌次

宴请活动中的桌次及每一桌的席次安排有严格的礼仪规范，特别是宴会，有中式和西式两种截然不同的排法。有关人员对桌次的礼仪应了如指掌，以便随时调整。

宴会的桌次安排最为讲究。举行宴会，视参加的人数多少可设一桌或多桌。一桌时可使用圆桌、长桌；数桌时可使用圆桌，并分为主桌和辅桌。

两桌或两桌以上的桌次安排，可根据餐厅的形状来确定，如长方形餐厅采用花排（如品字、梅花形等）则更加美观。图6-1至图6-5是几种不同桌次的常规排次方法。

图6-1　两圆桌的排法

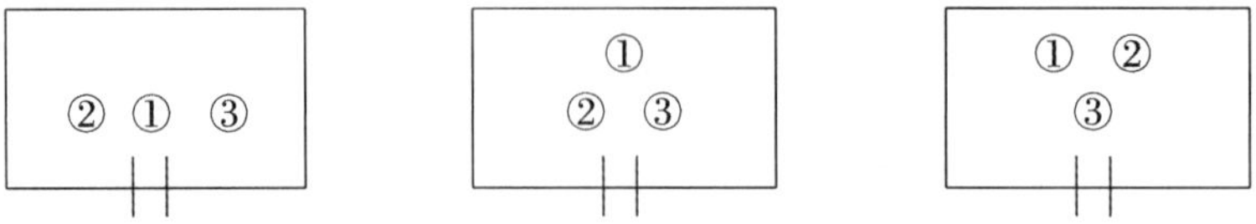

图6-2　三圆桌的排法

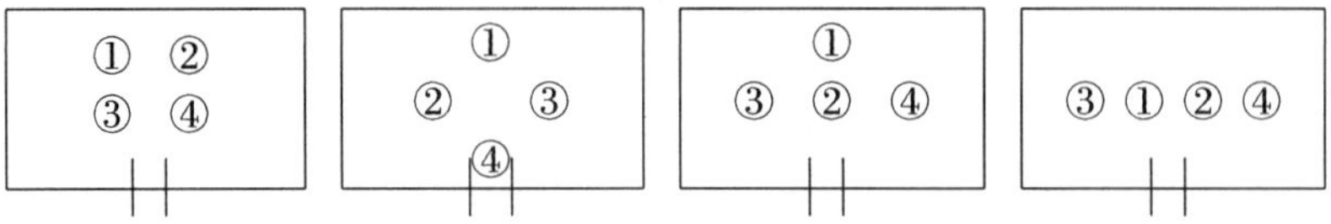

图6-3　四圆桌的排法

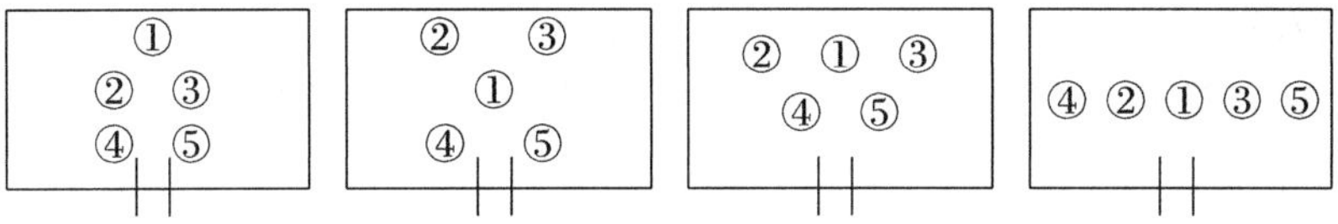

图6-4 五圆桌的排法

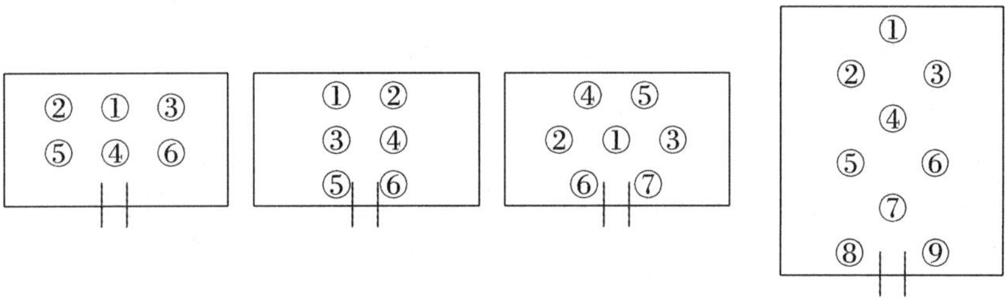

图6-5 六圆桌及以上的排法

总之，不论是两桌还是十桌、百桌，桌次排定的大致原则都基本相同：主桌排定以后，其余桌次的高低以离主桌位的远近而定，离主桌越近的桌次越高，离主桌越远的桌次越低；平行桌以右桌为高，以左桌为低。桌数较多时，要摆桌次牌。

（六）安排宴席座位

正式宴会一般事先安排好席位，并且要在入席前通知每一位出席者。在安排席位时应注意以下几点：

1.以主人为中心，以右为上

若有女主人出席，则以主人和女主人为中心，以靠近主人位置远近来体现主次。以右为上，即主人的右手位置是最主要位置。

2.把主宾安排在显要位置

按国际惯例，男主宾常常被安排在女主人右边，女主宾被安排在男主人右边。

3.夫妇一般不相邻而坐

西方国家习惯上把女主人安排在男主人对面，男女穿插安排。女主人通常面向上菜的门，是宴会的中心位置。我国和其他一些国家一般都以男主人为中心，将主宾夫妇分别安排在男主人的右边和左边，女主人则被安排在女主宾的左边。

4.主宾双方人员应穿插安排

如遇特殊情况，如某人本该出席因故未出席，而座次已事先安排好，此时应灵活调整。

二、正式宴请的程序

宴请当日，组织宴请的工作人员应提前到现场做相关的准备和检查工作。

一是把座位卡和菜单摆放在每张餐桌上。通常座位卡放在餐具的上方，菜单放在餐具的右侧。

二是检查餐桌上的餐具是否齐全：与人数是否一致，每份餐具有没有缺损。

宴请的程序一般包括以下几个方面：

1.迎接宾客

如果是正式宴请，则主人一般需在门口迎接宾客的到来。如果是私人宴请，则由男女主人在门口迎接；如果是公事宴请，则除了主人外，还需有其他相关的主要负责人一起在门口排起迎宾线。迎宾线的成员依身份高低依次排列，身份最高的站在最前面。

客人到达后，与迎宾线成员一一握手问候，再由工作人员引进休息厅。在休息厅里应有相应身份的人照应客人，并有招待员为客人递送饮料。如果没有休息厅，客人则可直接进入宴会厅，但不入席。

主宾到达后，迎宾线上的主人就从迎宾线上撤下来，陪同主宾一同进休息室与其他客人见面。如果其他客人还未全部到齐，则迎宾线上的其他迎接人员应继续留在迎宾线上迎接客人的到来。

2.引宾入席

等客人到齐后，主人或礼宾人员就可以邀请众宾客入席进餐。接待人员指引来宾到事先指定的位置坐好。一般是先引主宾，后引一般来宾，依次入座。如果有女宾，则先引女宾后引男宾入座。如果宴会规模较大，则也可先将一般客人引入座位，然后引主宾入座。接待人员应将椅子从桌子下面拉出，扶好后请客人落座。

3.上菜适时

主宾及大部分客人落座后便可上菜。上菜是从女主宾开始的，如果没有女主宾，则从男主宾开始。上菜一般从主宾的左边上，饮料从右边上。新上的菜要先放在主宾面前，并介绍名称。如果上全鸡、全鱼菜，则应将其头部对准主宾或主人。宴会行将开始时，为所有的来宾斟酒。

4.祝酒致辞

主持人宣布宴会正式开始后，东道主代表致祝酒词，接着是全体干杯，然后由主宾致答谢词（一般宴会也可省略）。

5.送客

水果送上来，往往是宴会接近尾声的标志。吃完水果后，通常由主宾先起身离席，宴会即告结束。主宾告辞时，主人送至门口，原迎宾线的成员又排成送宾线，与客人一一作别。

三、出席正式宴请的程序

商界人士常常需要出席一些宴请。收到宴请请柬并决定赴宴时，一定要做好充分的准备工作。出席宴会者在席间应注意礼仪规范，如举止行为文雅、退席时向主人打招呼并表示感谢等。这些都是赴宴宾客必须掌握的礼仪要求。

（一）出席

1.应邀

接到请柬后，受邀者应于指定时限或当日答复，使主人早日得知宾客来与不来，以作是否另邀他客之决定。接受邀请时，回柬须写明请客日期、时间及地点，以免主客之间发生误解。回答请柬时应致谢意，并清楚表明赴宴与否，千万不可模棱两可。如果答应赴宴，则非万不得已，不得爽约。遇临时发生特殊事故而不能践约，须立即通知主人。如果已回柬不能赴宴，则不可再改变主意，临时又请求赴宴，增加主人的困扰。请柬如果不能按时回复，须将理由通过信件、网络或电话方式通知主人，同时约定于一定时间内作肯定答复，绝不可借故延迟回答。当夫妇被邀，仅有一个人能参加时，须先询问主人是否方便；如果事先探悉，或根据主人口气获知有所不便，则应立即辞谢。

2.适度修饰仪容

在出席比较正式的宴会前都应该特别注意修饰自己的仪容，使其合乎宴请场合的礼仪要求。在国外出席宴会对来宾的着装有比较严格的要求，有时主人甚至将对客人着装的具体要求在请柬上专门注明。一般认为，穿T恤衫和牛仔裤、背心和西式短裤、宽松式上衣配健美裤等赴宴都是不妥当的。

3.准时出席

出席宴会最好能按请柬上规定的时间准时出席，抵达时间过早或过迟都是失礼的。如果过早到达，则主人的准备工作可能还没有做好；过迟则可能会打乱整个宴请的计划。一般来说，比规定时间早到或迟到5~10分钟，不算失礼。如果迟到时间估计要超过15分钟，就应事先打电话给主人，请他不必等候，按时开宴。根据中国人的习惯，客人宁可提前，也不应迟到；西方人的习惯是宁可迟到几分钟，也不要提前到达。

根据中国人的习惯，主宾通常比一般客人要迟到一步。但在西方的正式宴请活动中，主宾通常要比其他客人早到，以便在门口与主人一起迎接和认识客人。

如果你到达时宴会已经开始了，则应赶紧悄悄入席，不要惊动其他客人，免得干扰宴会的进行。

4.到达

到达宴会地点后，应首先向在门口迎候来客的主人表示问候和感谢。按西方人的习惯，宾客应先向女主人打招呼，再问候男主人，问候时可向女主人赠送花束，然后向其他客人问好；在此之后，应进入客厅或休息厅稍事休息，而不宜在主人身旁停留太久，以免妨碍主人与其他来宾打招呼。

（二）入席

宴会开始前，主人要对所有的客人表示热烈欢迎，不能冷落任何一位客人。如果客人相互间有不熟悉的，则主人要逐一介绍，使彼此有所了解，以增进宴会的友好气氛；然后按预先排好的座位，依次引客人入座。如果客人有坐错座位的，则一般应“将错就错”，或很巧妙地加以换座，以不伤害客人的自尊心为宜。所谓按位就座，指的是按宴会所请客人的身份和地位，长幼有序地分别按主人预先的安排准确地落座。一般客人到达赴宴场所时，不要急于找座位坐下，应等主人引座。如果其他客人已相继坐下，而一时无人给自己引座，则可选择较下位先行坐下，待主人发现时，再正式引你入座。

（三）席间

1.举止有礼

① 入席后在众目睽睽之下补妆或梳理头发，尤其是在进餐过程中宽衣解带、挽袖口、松领带是不礼貌的。

② 用餐中主人与客人、客人与主人、客人与客人之间为了表示各自的热情和关爱，通常会彼此劝酒让菜，但停留在口头上即可，或用公筷，千万不要动不动就用自己的筷子为别人夹菜，这会让被敬者为难。

③ 用餐的速度应与他人保持一致，过快或过慢都不太合适。速度太快难免显得狼吞虎咽，而太慢就有可能让其他客人等待。

④ 吃食物时，注意不要发出很响的咀嚼声。为了避免发出声音，最好闭着嘴巴轻轻地嚼食物。喝汤时，也尽量不要作响。如果是吃西餐，则注意不要让金属餐具发出很响的碰撞声。

⑤ 吃食物时，如果有骨头、鱼刺和核之类的残渣，则应先吐在自己的手中或勺中，再放在自己的碟子或盘子里，不能把残渣放在餐桌上（如果餐桌上铺的是一次性台布，就可以把残渣放在桌子上），也不能把残渣直接吐在盘子里。

2.姿态优雅

在餐桌上保持舒适而优雅的姿态，既是为了用餐愉快，也是为了对其他客人表示尊重。餐桌上的正确姿态应是轻松而不懒散。具体地讲，腰背挺直，尽量不靠椅背；身子与餐桌保持一拳（10~15厘米）距离；两手臂尽量贴近自己的身子（以免妨碍别人就餐），也不要把手肘撑在餐桌上；不吃东西时，可以将手放在大腿上，或是将手搁在桌沿上（如果大腿上没有餐巾，则双手在清洁后最好是搁在桌沿上）。

3.牙签与调味品的使用

正式宴会中，不宜当众使用牙签，更不可用指甲剔牙缝中的食物。如果感觉疼痛且有必要，则可以直接到洗手间去处理；否则，可以等到餐后向服务员要牙签。必须用牙签时，最好用手捂住嘴轻轻剔，且要速战速决，边说话边剔牙或边走路边剔牙都不雅观。用过的牙签应放在盘内，勿置于桌面上。

如果借用同桌客人面前的调味品，则应请旁边客人帮忙传递，不可探手横过他们面前去取。另外，如果帮别人传递，那么先用餐巾揩一下手，递时最好用右手。

4. 抽烟

中餐宴请时，不宜抽烟；如果需抽烟，则必须先征得邻座的同意。在西餐正式宴请时，是不允许抽烟的。不管是主人还是客人，都不可以边进餐边抽烟，在两道菜之间的间隙也不能抽烟。只有等到宴会结束，主人请客人到客厅喝咖啡或餐后酒时，才可以抽烟。在非正式的便宴上，如果餐桌上放着烟和烟灰缸，则表明在吃完主菜后可以点烟；但如果桌上没有烟和烟灰缸，则即使是便宴也只能等到餐后再吸。

5. 谈话

任何宴会都是为了借用餐的名义沟通信息和交流情感。因此，在宴会上，吃是第二位的，而交谈是第一位的。每个参加宴会的人都需要准备几个话题。无论是主人还是宾客，都有义务与同桌的人进行交谈，使宴会的气氛轻松愉快。在餐桌上交谈除了要遵循交谈礼仪外，还应注意：

① 不能在讲话时挥舞手中的餐具；

② 讲话时应先咽下嘴里的食物；

③ 不要选择可能会影响食欲和心情的话题。

6. 意外情况的处理

在餐桌上总会发生一些意外的事情，如打翻盘子、跌落餐具等。遇到任何意外，应对的原则都是不要惊动别人、惹人注意。发生意外时，不要大声嚷嚷，不要不知所措，应冷静而不露声色地把意外之事处理好。

① 如果你不小心把水或饮料洒到了桌子上，则应立即告诉服务生，他会用布或者海绵吸干液体，并拿来一块干净的桌布将污渍盖住。

② 如果只是几滴菜汁或调味酱稍稍弄脏了你面前的桌面，则你可以轻轻地用纸巾或餐巾的几个小角加以擦拭。擦完要把餐巾放回大腿上，小心加以折叠，使上面的污渍不至于弄脏你的衣服。

③ 如果你发现菜肴里面有异物，则切勿告知邻座的人，以免影响他人的食欲。这时你应该保持镇定，赶紧把它挑出来并丢弃。

④ 如果你放进嘴里才发现自己夹的食物实在难吃，则千万不要直接吐在桌子上或碟子上，并大叫“真难吃”，否则会让主人感到难堪；应该背着其他宾客偷偷地把它吐在纸巾上，然后找机会丢掉。

⑤ 如果你吃下了太辣或者太烫的食物，则应该赶快喝下冰水。只有当身边没凉饮料而你的嘴巴快要被烫伤时才可以把食物吐出来，而且应该吐在勺子或手上，并快速放在盘子边上，这时你的行动一定要尽可能地快并且不动声色。

⑥ 如果你在用餐时忽然想打喷嚏，那么你应该尽量离旁人远一点，并用手绢、

餐巾捂住鼻子，转过头来以避免溅到他人身上。如果你打喷嚏的声音连续不断，就要去洗手间。

⑦ 如果你在餐桌上打了个饱嗝，则可以喝口水压一压。倘若这样做并不起什么作用，则你可以找个借口离开餐桌一会儿，别忘了起身的时候说声“对不起”。

⑧ 如果他人打饱嗝，那么你最好装作没有听见，并继续与人交谈或吃东西。当然，你也可以找一个有趣的话题引开大家的注意力，那位宾客一定会对你感激不尽。

⑨ 如果发现餐具不够清洁，则不要大惊小怪，也不要自己动手擦拭，只要让服务员替你换一副就可以了。如果是在别人家里做客，就只好将就了。

⑩ 如果菜汁弄脏了衣服，则不要过于在意（特别是当别人弄脏你的衣服时），只要稍微擦拭一下便可；如果弄脏别人的衣服，则应向对方道歉。

（四）退席

1. 中途道别

客人在席间或在主人没有表示宴请结束前离席是不礼貌的，一旦赴宴就应尽量避免中途退场；如果实在因事需要中途离席，则要特别注意相关礼仪。

（1）说明情况

如果席前就已准备中途告别，最好在宴请开始之前就向主人说明理由，届时向主人打个招呼便可悄悄离去。临时因事需要提早道别，同样应向主人说明理由。无论宴会前或宴会开始后向主人提出中途离席，都不要忘记向主人表示歉意，更不要让主人感到难堪或不悦。

（2）选好时机

中途道别离席的时机忌讳选择在席间有人讲话时或讲完话之后，这容易让人误以为告辞者对讲话不耐烦；最好是在宴会告一段落时，如宾主之间相互敬了一轮酒或客人均已用餐后。

（3）减少影响

中途道别只需和主人打招呼或向左右宾客点头示意即可，不要大张旗鼓地与宾客一一握手道别，主人也不必离席远送，尤其是在宴请宾客人数较多时更不应该如此；否则，会影响他人用餐，甚至影响整个宴请气氛。

2. 宴会结束

只有主人才有权利表示结束宴席，只有主人首先从座位上站起，宾客们才能随之起立。在主人和主宾离开座席后，其他宾客才能离开。如果是家宴，则至少要在饭后停留一刻钟再告辞，吃完饭马上离去是不礼貌的。

主人应在门口为宾客送行。如果是家宴，则主人应把宾客送到楼下握手道别。一般情况下，道别的顺序是男宾先向男主人道别，女宾先向女主人道别，然后交叉道别。

客人应向主人致谢，感谢主人的盛情款待，称赞主人的周到安排和精美菜肴。

无论参加的宴请多么乏味，道别时都不要向主人流露出厌倦和不悦；否则是失礼的。

西方国家通常习惯在出席私人宴请后的1~2天内给主人写一封感谢信或寄一张感谢卡，以感谢主人的款待（日本也有这个习惯）。

四、中餐礼仪

中华饮食文化源远流长。在礼仪之邦、讲究民以食为天的中国，饮食礼仪自然成为饮食文化的一个重要组成部分。

（一）安排菜序的礼仪

一顿标准的中餐大菜，不管什么风味，上菜的次序都大致相同。通常，中餐一般讲究：先凉后热，先炒后烧；咸鲜清淡的先上，甜的、味道浓郁的后上；最后是主食。有规格的宴席，热菜中的主菜如燕窝、海参、鱼翅，应该先上，即最贵的热菜先上，再辅以溜炒烧扒。

中餐宴席的大致顺序是：

① 茶：在酒店里，因为要等待，所以先来清口茶，但不是必需的。

② 凉菜：分冷拼、花拼。

③ 热炒：视规模选用滑炒、软炒、干炸、爆、烩、烧、蒸、扒等组合。

④ 大菜：指整只、整块、整条的高贵菜肴，如整头乳猪、全羊、大块鹿肉等。这不是必需的。

⑤ 甜菜：包括甜汤，如冰糖莲子、银耳甜汤等。

⑥ 点心：一般大宴不供米饭，而代之以糕、饼、团、粉，各种面条、包子、饺子等。

⑦ 饭：如果客人需要米饭，则可以上一些米饭。

⑧ 水果：要求爽口、消腻。

以上顺序并非一成不变，如水果有时可以算在冷盘里，点心可以算在热菜里。较浓的汤菜应该按热菜上，贵重的汤菜如燕窝等为热菜中的头道。

至于季节的考虑，则冬宜红焖、红烧、红扒、砂锅、火锅等，夏宜清蒸、清炒、白汁、凉拌等。此外，颜色搭配、原材料的多样化也应被考虑。

（二）中餐餐具及使用注意事项

中餐餐具即用中餐时所使用的工具。在一般情况下，其又分为主餐具与辅餐具两类。中餐的主餐具是指进餐时主要使用的、必不可少的餐具，通常包括筷、勺、碗、盘等。中餐的辅餐具是指进餐时可有可无、时有时无的餐具，它们主要在用餐时发挥辅助作用，如水杯、湿巾、水盂、牙签等。

1.筷

中国人使用筷子用餐是从远古流传下来的，古时又称其为“箸”。商界人士在用餐过程中对筷子的运用是非常讲究的。

一般来说，筷子的正确使用方法是用右手执筷，大拇指和食指捏住筷子的上端，另外三个手指自然弯曲扶住筷子，并且筷子的两端一定要对齐。在使用过程当中，用餐前筷子一定要整齐码放在饭碗的右侧，用餐后则一定要整齐地竖向码放在饭碗的正中。但要绝对禁忌以下筷子的使用方法：

① 忌仙人指路，即不要在拿筷子时用大拇指和中指、无名指、小指捏住筷子，而食指伸出。另外，在吃饭时同别人交谈并用筷子指人，也有此方面的意思。

② 忌颠倒乾坤，即用餐时不要将筷子颠倒使用。这种做法是非常被人看不起的，正所谓饥不择食，以至于都不顾脸面了。

③ 忌三长两短，即在用餐前或用餐过程当中，不要将筷子长短不齐地放在桌子上。这种做法是大不吉利的。在过去，中国人认为这代表着“死亡”。

④ 忌交叉十字，即不要在用餐时将筷子随便交叉放在桌上。因为这看起来像画叉，过去吃官司画供时才画叉。

⑤ 忌品箸留声，即不要将筷子的一端含在嘴里，用嘴来回嘬，并发出咝咝声。因为在吃饭时用嘴嘬筷子，本身就是一种无礼的行为，再配以声音，更是令人生厌。所以这种做法一般都会被认为缺少教养。

⑥ 忌泪箸遗珠，即不要在用筷子往自己盘子里夹菜时，手里不利落，将菜汤落到其他菜里或桌子上。这种做法往往被认为是严重失礼的。

⑦ 忌落地惊神，即不要失手将筷子掉落在地上。这是严重失礼的一种表现，也是不被允许的。

⑧ 忌寻觅刨物，即不要用筷子来回在菜盘里寻找，或是用筷子在菜盘里不住地扒拉。此种行为是典型的缺乏修养的表现，极其令人反感。

2.勺

在一般情况下，尽量用筷子而不用勺子去取菜。以勺子取食时，不宜过满，免得溢出来弄脏餐桌或自己的衣服。必要时，可在舀取食物后，在其原处“暂停”片刻，待其汤汁不再流出时，再移向自己。

使用勺子时，有以下注意事项：

① 用勺子取用食物后，应当食用，而不要把它再次倒回原处。

② 用勺子进食时，尽量不要把勺子塞入口中或反复吮吸它。

③ 若取用的食物过烫，不可用勺子将其折来折去，也不要用嘴对它吹来吹去。

④ 暂且不用勺子时，应置之于自己的食碟上。不要把它直接放在餐桌上，或是让它在食物之中“立正”。

3.碗

在中餐里，碗的主要用途是盛放主食、羹汤等。商界人士在正式场合用餐时，用碗的注意事项主要有以下几点：

①食用碗内盛放的食物时，一般不要端起碗来进食，尤其是不要用双手端起碗来进食。正确的做法是以筷、勺加以辅助。

②碗内若有食物剩余，不可将其直接倒入口中，也不能用舌头伸进去乱舔。

③暂且不用的碗内不宜乱扔东西；不能把碗倒扣过来放在餐桌上。

4.盘

盘子在中餐中的主要作用是盛放食物，其使用方面的讲究与碗略同。盘子在餐桌上一般应保持原位，不能被搬动，而且不宜多个摞放在一起。

需要着重加以介绍的，是一种用途比较特殊的被称为食碟的盘子。食碟的主要作用是用来暂放从公用的菜盘里取来食用的菜肴。使用食碟时，要注意以下几个问题：

① 不要一次从菜盘里夹取过多的菜肴，这样使食碟看起来既烦乱不堪，又不雅观。

② 一般不取多种菜肴堆放在一个食碟里，也许它们会相互“串味”，而且不好看。

③ 不宜入口的残渣、骨、刺不要吐在地上或桌上，而应将其轻轻放在食碟的前端，必要时再由侍者取走、换新碟。切不要让其与菜肴交错，搞得杯盘狼藉。

5.辅餐具

辅餐具的具体使用方法介绍如下：

（1）水杯

其主要是供盛放清水、汽水、果汁、可乐等软饮料时使用。需要注意的是，不要用其去盛酒，盛酒应有专用的酒杯。

（2）湿巾

如今，在中餐用餐前，通常会为每位用餐者上一块湿毛巾。它只能用来擦手，绝对不可用以擦脸、擦嘴、擦汗。擦手之后，应将其放回盘中，由侍者取回。有时，在正式宴会结束前，会再上一块湿毛巾。与前者不同的是，它只能用来擦嘴，却不能擦脸、擦汗。

（3）水盂

有时品尝中餐者需要手持食物进食。此刻，往往会在餐桌上摆上一个水盂，专门用来洗手。在水盂里洗手时，不要乱甩、乱抖。得体的做法是两手轮流沾湿指尖，然后轻轻浸入水中涮洗。洗毕，应将手置于餐桌之下，用纸巾擦干。

（4）牙签

用餐时，尽量不要当众剔牙；非剔不可时，应以另一只手掩住口部进行。剔出来的东西，切勿当众观赏或再次入口，也不要随手乱弹、随口乱吐。剔牙之后，不要长时间叼着牙签。

（三）典型的中餐菜肴的食用礼仪

餐会上的各道菜式在具体的品尝方法上均有所不同。若不了解各种菜肴的具体品尝方法，则会有失礼节。下面列举几种典型的中餐菜肴的食用礼仪。

1.喝汤的礼仪

在喝汤时有些礼仪应特别注意：

（1）喝汤不能发出响声

喝汤十分容易发出声响。有的人对此不大注意，嘴里发出呼噜呼噜的声音，这是十分粗鲁的。喝汤时应该把姿势端正，把汤送到嘴边慢慢咽下，这样便不会发出异响。

（2）不可以口对着热汤吹气

有时端上桌的汤很烫，这时应先少舀些汤尝一尝。如果太热，则可将汤倒入碗里用汤匙慢慢地舀一舀，等汤稍许降温时再一口一口地喝；切不要用口对着汤碗猛吹，这样既不卫生，也不雅观。

（3）不要将汤碗直接就口

当汤碗里的汤将喝尽时，有的人干脆将汤碗端起来一饮而尽。这样做，状似豪迈，而实为粗俗，与礼仪上的要求更是格格不入。正确的做法应是用左手端碗，将汤碗稍为侧转，再以右手持汤匙舀汤。如果盛汤用的是汤杯，那么完全可以手持杯耳而喝，这是合乎礼仪的。

2.吃面食的礼仪

中餐里面食往往是少不了的。吃面条状的面食，最方便的方式是用筷子，但动作要轻，防止面带着汤乱溅。吃细长的面条时，假如你是坚持“正统”吃法的人，就会用筷子卷绕面条，不宜太多，约只卷四五根。卷绕时要慢，让所有的面条结实地卷绕在筷子上，然后将其送入口中。

3.取食带骨食物的礼仪

（1）鸟类

吃如鹌鹑等小鸟肉时，尽量使用筷子，然后只用单手来吃，直到小鸟身上没有任何细嫩美味的肉丝留下为止。但要注意的是，用手拿的部分应是小鸟的翅膀和腿，不能拿身体部分。

（2）鸡肉

吃鸡肉、火鸡肉或任何一种家禽肉时，要注意的事项都是一样的。应该使用筷子来吃，是否可以动手将剩余的部分拿起来吃个干净，应视情况而定。当然，这样做并不是很雅观。

（3）鱼类

吃鱼要当心鱼刺。剔鱼刺的正确方法是：先将鱼骨剔出，然后将鱼平着分开，取鱼肉食用。如果不慎吃进了鱼刺，则应用拇指和食指捏出。

（四）中餐中酒水的礼仪

“无酒不称宴”，饮酒可谓餐桌上的重要活动，可以和菜肴并重。商界人士要真正做到善用酒水，合乎礼仪，一般需要特别注意：

1.菜肴搭配

酒水的主要功能是在用餐时开胃助兴。然而，欲使酒水正确地发挥这一作用，就必须懂得酒菜搭配之道。唯有如此，二者才会相得益彰；不然，就有可能事倍功半，甚至坏人食欲。

若无特殊规定，正式的中餐宴会通常会上白酒与葡萄酒。因为饮食习惯方面的原因，中餐宴请中上桌的葡萄酒多半是红葡萄酒，而且一般都是甜红葡萄酒。选用红葡萄酒是因为红色充满喜气。而选用甜红葡萄酒，是因为不少人对口感不甜、微酸的干红葡萄酒不太认同。

通常，在每位用餐者面前餐桌桌面的正前方，排列着大小不等的三只杯子，自左而右，它们依次分别是白酒杯、葡萄酒杯、水杯。具体来讲，在搭配菜肴方面，中餐所选的酒水讲究不多，爱喝什么酒就可以喝什么酒，想什么时候喝酒也可完全自便。通常，正规的中餐宴会不上啤酒，啤酒在便餐、大排档中多见。

2.斟酒

通常，酒水应当在用餐前斟入酒杯。有时，主人一方为表示对来宾的敬重、友好，还会亲自为其斟酒。若是服务员来斟酒，则你不必拿起酒杯，但不要忘了向服务员致谢。但如果是主人亲自斟酒，则必须端起酒杯致谢，甚至是起身站立或欠身点头致谢；也可以使用“叩指礼”，即用右手拇指、食指、中指捏在一起，指尖向下，轻叩几下桌面表示谢意。

主人为来宾斟酒时，要注意以下几点：

（1）当场启封

主人为来宾所斟的酒应是本次宴会上最好的酒，并应当场启封。

（2）一视同仁

要面面俱到，一视同仁，切勿有挑有拣，只为个别人斟酒。

（3）注意顺序

可以依顺时针方向，从自己所坐之处开始，也可以先为尊长、嘉宾斟酒。

（4）斟酒适量

白酒和啤酒都可以斟满，其他酒不用斟满。

在正式场合，除主人和服务员外，其他宾客一般不要自行给别人斟酒。

3.敬酒

敬酒也就是祝酒，是指在正式宴会上，由男主人向来宾提议，提出某个事由而饮酒。在饮酒时，通常要讲一些祝愿、祝福类的话，甚至主人和主宾还要发表一篇专门的祝酒词。祝酒词内容通常讲究越短越好，千万不要连篇累牍、长篇大论、喋喋不休，让他人等候良久。

敬酒可以随时在饮酒的过程中进行。若是致正式祝酒词，就应在特定的时间进行，不要影响来宾用餐。通常，致祝酒词最适合在宾主入席后、用餐前开始，有时也可以在吃过主菜之后、上甜品之前进行。

在饮酒特别是祝酒、敬酒时进行干杯，需要有人率先提议，可以是主人、主宾，也可以是在场的其他人。提议干杯时，应起身站立，右手端起酒杯，或者用右手拿起酒杯后，再以左手托扶杯底，面带微笑，目视他人，口诵祝颂之词，如祝对方生活幸福、身体健康、工作顺利、事业成功以及双方合作成功等。

在主人或他人提议干杯后，要手拿酒杯起身站立。即使是滴酒不沾，也要拿起杯子做做样子。将酒杯举到眼睛高度，说完“干杯”后，将酒一饮而尽或喝适量；然后，要手拿酒杯和提议者对视一下，这个过程就算结束。过去，在中餐中喝白酒，干杯必须一饮而尽，杯内不剩残酒，现在则不必非得如此。

在中餐里，干杯前，可以象征性地和对方碰一下酒杯。碰杯的时候，应该让自己的酒杯口低于对方的酒杯口，表示你的尊敬。与对方相距较远时，可以以“过桥”之法作为变通，即以手中酒杯之底轻碰桌面，这样做也等于与对方碰杯了。

一般情况下，敬酒应以年龄大小、职位高低、宾主身份为先后顺序，一定要充分考虑好敬酒的顺序，分明主次。即使和不熟悉的人在一起喝酒，也要先打听一下身份或是留意别人对他的称呼，避免出现尴尬。如果在场有更高身份或年长的人，则要先给尊长者敬酒。

如果因为生活习惯或健康等原因不宜喝酒，则可以委托亲友、下属、晚辈代喝或者以饮料、茶水代替。而不要在他人为自己斟酒时又躲又藏、乱推酒瓶、敲击杯口、倒扣酒杯、偷偷把酒倒掉或把自己的酒倒入别人杯中，尤其是把自己喝了一点的酒倒入别人杯中。作为敬酒人，要充分体谅对方，在对方请人代酒或用饮料代替时，不要非让对方喝酒不可，也不应好奇地“打破砂锅问到底”。祝酒干杯，需要两相情愿，千万不要强行劝酒，不要说什么“感情深，一口闷；感情浅，舔一舔”。

最后，特别强调一点的是，作为商界人士，不管是在哪一种场合饮酒，都要有自知之明，并要好自为之，努力保持风度，做到“饮酒不醉为君子”。在任何时候，都不可争强好胜，故作潇洒，非来个“一醉方休”不可。饮酒过多，不仅易伤身体，而且容易出丑丢人，惹是生非。

五、西餐礼仪

随着我国对外交往的日益频繁，西餐也离我们越来越近。商界人士掌握一些西餐的礼仪，在必要的场合，才不至于“出意外”。

（一）点菜及上菜顺序

西餐菜单上有四或五大分类，分别是开胃菜、汤、沙拉、海鲜、肉类、点心等。应先决定主菜。主菜如果是鱼，开胃菜就选择肉类，在口味上就比较富有变化。除了食量特别大的之外，其实不必从菜单上的单品菜内配出全餐，只要开胃菜和主菜各一道，再加一份甜点就够了。可以不要汤，或者省去开胃菜，这也是很理想的组合。

正式的全套餐点的上菜顺序是：

1.开胃菜

西餐的第一道菜是开胃菜，也称其为头盘。开胃菜的内容一般有冷头盘和热头盘之分，常见的品种有鱼子酱、鹅肝酱、熏鲑鱼、鸡尾杯、奶油鸡酥盒、焗蜗牛等。因为是要开胃，所以开胃菜一般都有特色风味。它多以各种调味汁凉拌而成，色彩悦目，口味宜人。味道以咸和酸为主，而且数量少，质量较高。

2.汤

和中餐不同的是，西餐的第二道菜就是汤。西餐的汤大致可分为蔬菜汤、清汤、奶油汤和冷汤等。品种有各式奶油汤、牛尾清汤、海鲜汤、意式蔬菜汤、俄式罗宋汤、美式蛤蜊汤、法式葱头汤等。冷汤的品种较少，有俄式冷汤、德式冷汤等。

西餐中的汤，大都口感芬芳浓郁，具有很好的开胃作用。按照传统说法，汤是西餐的“开路先锋”。只有开始喝汤时，才算正式开始吃西餐了。

3.副菜

鱼类菜肴一般作为西餐的第三道菜，也称副菜。品种包括各种淡水和海水的鱼类、贝类及软体动物类。通常水产类菜肴与面包类、蛋类、酥盒菜肴都称副菜。因为鱼类等菜肴的肉质鲜嫩，比较容易消化，所以放在肉类菜肴的前面，叫法上也和肉类菜肴主菜有区别。西餐吃鱼类菜肴讲究使用专用的调味汁，品种有荷兰汁、鞑靼汁、酒店汁、大主教汁、白奶油汁和美国汁等。

4.主菜

肉、禽类菜肴是西餐的第四道菜，也称主菜。

肉类菜肴的原料取自牛、羊、猪等各个部位的肉，其中最有代表性的是牛肉或牛排。牛排按其部位又可分为沙朗牛排（也称西冷牛排）、T骨牛排、菲力牛排、牛小排等。其烹调方法常用烤、煎、铁扒等。肉类菜肴配用的调味汁主要有西班牙汁、蘑菇汁、白尼斯汁等。

禽类菜肴的原料取自鸡、鸭、鹅，通常将兔肉和鹿肉等野味也归入禽类菜肴。禽类菜肴品种最多的是鸡，有火鸡、山鸡、竹鸡等，可煮、炸、烤、焖，主要的调味汁有咖喱汁、奶油汁、黄汁等。

5.蔬菜类菜肴

蔬菜类菜肴可以安排在肉类菜肴之后，也可以和肉类菜肴同时上桌，所以可以算为一道菜，或称为一种配菜。蔬菜类菜肴在西餐中称为沙拉。和主菜同时上的沙拉，称为生蔬菜沙拉，一般用生菜、西红柿、黄瓜、芦笋等制作。沙拉的主要调味汁有法国汁、油醋汁、奶酪沙拉汁、千岛汁等。

沙拉除了蔬菜之外，还有一类是用鱼、肉、蛋类制作的。这类沙拉一般不加调味汁，在进餐顺序上可以作为头盘。

还有一些蔬菜是熟的，如炸土豆条、花椰菜、煮菠菜等。熟食的蔬菜通常和主菜的肉食类菜肴一同摆放在餐盘中上桌，称为配菜。

6.甜品

西餐的甜品是主菜后食用的，可以算作第六道菜。从真正意义上讲，它包括所有主菜后的食物，如布丁、冰激凌、奶酪、水果等。

7.果品

接下来，用餐者还可在力所能及的情况下，酌情享用干、鲜果品。常用的干果有核桃、杏仁、榛子、开心果、腰果等。菠萝、草莓、香蕉、苹果、葡萄、橙子等则是在西餐桌上最常见的鲜果。

8.热饮

在用餐结束之前，应当为用餐者提供热饮，以此作为“压轴戏”。最正规的热饮是红茶或黑咖啡。二者只能选择其一，而不同时享用。它们的作用主要是帮助消化。西餐的热饮可以在餐桌上喝，也可以换一个地方，如离开餐桌去客厅或休息厅里喝。

（二）西餐餐具的使用

使用刀叉进餐，是西餐最重要的特征之一。实际上，刀叉的正确使用对不少商界人士而言是想做而又不会做的。除了刀叉之外，西餐的主要餐具还有餐匙、餐巾等。以下将分别对它们进行系统介绍。至于西餐桌上出现的盘、碟、杯、水盂、牙签等餐具，其用法与中餐大同小异，在此不再赘述。

1.刀叉

刀叉是对餐刀、餐叉两种餐具的统称。二者既可以配合使用，也可以单独使用。不过，在更多的情况下，刀叉是同时配合使用的，因此，人们在提到西餐餐具时，喜欢将二者相提并论。

（1）刀叉的区别

西餐用的刀叉各有其用，不能替代或混用。

① 刀。刀是用来切割食物的，不要用刀挑起食物往嘴里送。切记右手拿刀。如果用餐时有三种不同规格的刀同时出现，一般正确的用法是：带小小锯齿的那一把用来切肉制食品；中等大小的用来将大片的蔬菜切成小片；那种小巧的、刀尖是圆头的、顶部有些上翘的小刀，则是用来切开小面包，然后用它挑些果酱、奶油涂在面包上面。

② 叉。要左手拿叉，叉起食物往嘴里送时，动作要轻。同时，牙齿只碰到食物，不要咬叉，也不要让叉在齿上或盘中发出声响。

（2）刀叉的放置

在正规的西餐宴会上，通常都讲究吃一道菜要换一副刀叉，即在吃每道菜时，都要使用专门的刀叉。既不可以胡拿乱用，也不可以从头至尾只用一副刀叉。

一般情况下，享用西餐正餐时，出现在每位用餐者面前的餐桌上的刀叉主要有吃鱼所用的刀叉、吃肉所用的刀叉、抹黄油所用的餐刀、吃甜品所用的刀叉等。它们不但形状各异，更重要的是其摆放的具体位置各不相同。掌握好这一点，对于正确地区分它们尤为重要。

吃鱼所用的刀叉和吃肉所用的刀叉，应当餐刀在右、餐叉在左，分别纵向摆放在用餐者面前的餐盘两侧。餐叉的具体位置应处于抹黄油所用餐刀的正下方。有时，在餐盘左右两侧分别摆放的刀叉会有三副之多。要想不至于把它们拿错，一点儿也不困难，关键是要记住，应当依次分别从两边由外侧向内侧取用。

抹黄油所用的餐刀，没有与之相匹配的餐叉。它的正确位置是横放在用餐者左手的正前方。

吃甜品所用的刀叉应于最后使用。它们一般被横向放置在用餐者正前方。

（3）刀叉的使用

使用刀叉一般有两种常规方法可供借鉴：

① 英国式。它要求在进餐时，始终右手持刀，左手持叉，一边切割，一边叉而食之。通常认为，此种方式较为文雅。

② 美国式。它的具体做法是，先右刀左叉，一口气把餐盘里要吃的东西全部切割好，然后把右手中的餐刀斜放在餐盘前方，将左手中的餐叉换到右手中，再来吃食物。这种方式的好处是比较省事。

需要说明的是，吃饭时，利用叉子的背面舀食物虽然没有违反餐桌的礼仪，不过看起来的确不够雅观。吃米饭时，可以很自然地将叉子转到正面舀起食物，因为叉子正面的凹下部位正是为此用法而设计的。这时也可利用刀子在一旁辅助用餐动作，将餐盘上的食物舀起时，利用刀子挡着以免食物散落到盘子外面，就可以很利落地将盘内食物舀起。

当盘子内的细碎食物聚集时，可利用刀子挡着，再以叉子靠近舀起。利用汤匙代替刀子也是可以的，以叉子将食物聚集到汤匙上，再以汤匙将食物送入口中。

（4）刀叉的暗示

有些人很纳闷，为什么吃西餐时，很多时候只是听见刀叉的声音，却很少见到客人呼叫服务员。的确，在大多数情况下是不需要多费口舌的，因为这时候你作为客人，在桌子上进餐时的一举一动都在告诉服务人员你的意图，受过训练的服务员会按照你的愿望去为你服务，去满足你的要求。也就是说，有声语言在这里已经是多余的了，使用刀叉可以向服务员暗示用餐者是否吃好了某一道菜肴。其具体办法如下：

① 我尚未用完餐：盘子没空，如果你还想继续用餐，则把刀叉分开放，大约呈三角形，那么服务员就不会把你的盘子收走。

② 请再给我添加饭菜：盘子已空，但你还想用餐，把刀叉分开放，大约呈八字形，那么服务员会再给你添加饭菜。注意：只有在准许添加饭菜的宴会上或在食用有可能添加的那道菜时才适用。如果每道菜只有一盘，你就没有必要把餐具放成这个样子。

③ 我已用好餐：如果吃完了，或不想再吃了，则可以刀口向内、叉齿向上，刀右叉左地并排纵放，或者刀上叉下地并排横放在餐盘里。这种做法等于告知服务员，请将刀叉及餐具一块收掉。

2.餐匙

餐匙有时也叫调羹。品尝西餐时，餐匙是一种不可或缺的餐具。商界人士应该掌握其区别、用法两大问题。

（1）餐匙的区别

在西餐的正餐里，一般会至少出现两把餐匙，即汤匙和甜品匙。它们形状不同、用途不一，摆放的位置也有各自的既定之处。

相对而言，个头较大的餐匙为汤匙，通常它与餐刀并列纵放在用餐者右侧的最外端。另一把个头较小的餐匙则为甜品匙，在通常情况下，它应当被横向摆放在吃甜品所用刀叉的正上方，并与其并列。如果不吃甜品，用不上甜品匙，则有时它也会被个头同样大小的茶匙所取代。

汤匙和甜品匙各有各的用途，不可相互替代。商界人士只有了解这一点才不至于闹出笑话来。

（2）餐匙的用法

在使用餐匙时，下列几点必须予以高度重视：

第一，使用餐匙取食时，动作应干净利索，切勿在甜品、汤之中搅来搅去。另外，要适可而止，不要过量，而且一旦入口，就要一次将其用完，不要一餐匙的东西反复品尝好几次。餐匙入口时，应以其前端入口，而不是将它全部塞进嘴去。

第二，使用餐匙时，要尽量保持其周身的干净清洁。

第三，餐匙除可以饮汤、吃甜品之外，绝对不可直接舀取其他任何主食、菜肴等。

第四，使用过的餐匙，切不可再放回原处，也不可将其插入菜肴、主食中，或是令其“直立”于甜品、汤盘或红茶杯之中。

3.餐巾

西餐里所用的餐巾，通常会被叠成一定的形状，如皇冠形、扇形、扇贝形等。餐巾的颜色和造型变幻不定，往往与整个就餐环境相得益彰。它们一般放置于用餐者右前方的水杯里，或是直接被平放于用餐者右侧的桌面上。商界人士在使用时应注意以下几点事项：

（1）取餐巾要看时机

当主人宣布开始用餐时，客人方可取下餐巾；否则，会被误解为有些迫不及待。

（2）铺放位置要准确

从餐桌上拿起餐巾，先对折，再将褶线朝向自己，餐巾应被平铺于自己并拢的大腿上，其主要目的是接住进餐时掉落下来的菜肴、汤汁，以防止弄脏衣服。绝不能把餐巾抖开，如围兜般围在身上或塞在领口；把餐巾的一角塞进扣眼或腰带里也是错误的方法。假如衣服的质地较滑，餐巾容易滑落，那么应该以较不醒目的方法将餐巾的两端塞在大腿下。

（3）欲言之前要擦嘴

用餐期间与人交谈之前，应先用餐巾揩一下满是油渍的嘴巴。擦拭嘴巴时，拿起餐巾的末端顺着嘴唇轻轻压一下即可，弄脏的部分为了不让人看见，可往内侧卷起。

女士进餐前，也可用餐巾轻印一下口部，以除去唇膏，避免留下唇印。以餐巾揩口时，其部位应大体固定，最好只用其内侧。

通常，不应以餐巾擦汗、擦脸，也尽量避免擦手。特别要注意，不可用餐巾来擦餐具。一方面不雅观，另一方面主人会认为你嫌弃其餐具不干净，这样做有失风度。

（4）必要动作要遮掩

在进餐时，尽量不要当众剔牙，非剔不可时，应以左手拿起餐巾挡住口部，然后以右手去剔牙。将鱼骨头或水果的种子吐出时，可利用餐巾遮住嘴后，用手指拿出来后再放在餐盘上；也可以直接吐在餐巾内，再将餐巾向内侧折起，通常服务员会注意到并换上一条新的餐巾。倘若这些过程没有遮掩，是颇为失态的。

（5）弄脏餐巾不失礼

主人提供餐巾就是希望客人来使用，所以作为客人，你可以大大方方地使用，是可以将其弄脏的。如果不用或是不愿将餐巾弄脏，反而拿出自己的手帕或面巾纸等来用，这不仅是违反用餐礼仪的，而且对主人来说也是很尴尬的。

（6）中途离席放置好

宴席中最好避免中途离席。非中途离席不可时，最好不要把餐巾叠放在椅子上，理想的方式应是用盘子或刀子压住餐巾的一角，让它从桌沿垂下；当然，脏的那一面朝向内侧才雅观。

（7）用餐后餐巾无须太整齐

用餐完毕要站起来时，首先将腿上的餐巾拿起，随意叠好，再把餐巾放在餐桌的左侧，然后起身离座。如果站起来后才甩动或折叠餐巾，就不合乎礼节了。餐巾用完后无须折叠得过于整齐，但也不能随便搓成一团。如果有主宾或长辈在座，则一定要等他们拿起餐巾折叠时才能跟着做动作。

（三）西餐菜肴的食用

西餐菜肴的食用方法与中餐相比有更多的礼仪，商界人士对此应有详细的了解。

1.面包和黄油

进餐时，如果有专门放面包的盘子，就理所当然地把面包放在盘里。在食用面包时，可以用手将面包掰开，块的大小应正好能放入口中，切勿用刀去切或者用牙去咬。吃吐司（面包片）时，一般把黄油抹在吐司上食用，也可加上些盐和胡椒等，这时可以用刀子把吐司切成块状来吃。注意不要用面包来蘸盘子里的汤（特别是有身份或讲究的商界女士更应避免此种举动）。如果面包屑掉在桌子上，那么你大可不必用手或刀叉来捡起，服务员过后会用专业的清扫器具来清理。

黄油应与面包一同食用，在一小块面包上抹上少许黄油即可。需注意的是，不可把黄油直接放入口中；要用黄油来抹面包，而不要用面包去蘸黄油。有时，黄油是放在一个公用的黄油盘里，配有公用小刀，每人可用小刀取出少许黄油放入自己的盘内。讲究的餐厅有时把黄油摆在桌上，底下配有冷却的冰块以保其温度，有时也将黄油的造型做得灵巧可爱，不但实用，而且具有一定的欣赏性。

2.沙拉

沙拉的种类繁多，可以是绿颜色的沙拉，也可以是混合青菜沙拉，还可以是配有鱼、肉和蘑菇等的海鲜沙拉或肉类沙拉。西餐中，沙拉往往出现在这样的场合：①作为主菜的配菜，如蔬菜沙拉，这是常见的；②作为间隔菜，如在主菜和甜点之间；③作为第一道菜，如鸡肉沙拉。

如果沙拉是一大盘，就可使用沙拉叉来吃；如果沙拉是和主菜放在一起的，则要使用主菜叉来吃。如果沙拉是间隔菜，通常要和奶酪、炸玉米片等一起食用。如果主菜沙拉配有沙拉酱，则可以先把沙拉酱浇在一部分沙拉上，吃完这部分后再加酱，直到加到碗底的生菜叶部分。需要注意的是，有时仅有一种沙拉酱，有时也会准备多种沙拉酱供客人自己选择。这时，在食用一盘沙拉时一般以放一种汁为宜，不可多种混杂；否则，味道不伦不类。

沙拉习惯的吃法应该是：将大片的生菜叶用刀子切成小块，如果不好切，可以刀叉并用；一次只切一块，吃完再切。

3.鱼

西餐中很大一部分的鱼类餐是鱼片、鱼块或鱼条，因为这样做对于食用者来讲非常省事方便。在西方国家，很多人看到带有鱼刺的鱼时，都下意识地带有敬而远之的心理，因为从嘴里把鱼刺吐出来不是件容易的事，不少人对此都很担心。尽管如此，西餐里还是有许多名菜是整条鱼端上饭桌的，如汤汁鱼、香煎鱼等。

在餐厅进餐时，作为客人，你可以要求服务员为你把整条鱼弄成鱼片，也可以自己整理。这时，作为放鱼皮、鱼鳍和鱼刺等的容器一定要在用餐之前准备就绪。吃鱼具体来讲有以下两个步骤：

① 左手拿叉，用叉按住整条鱼，右手握刀把鱼鳍取下，放入剩物盘。用鱼刀把鱼皮从头部到尾部取下，然后用鱼刀把头部和尾部轻轻切一下，注意不可让头部和尾部脱离整条鱼。取下上面的整片鱼肉，放在盘中；有时放在同一个盘里，有时放在另一个盘里，这要根据需要和当时情况而定。

② 把鱼刺取下，与头部和尾部一同放入剩物盘。用刀把下面的鱼肉向旁边推开，用此方法把鱼皮和鱼肉剥离。鱼皮放入剩物盘，鱼肉放在刚才取下的那片鱼肉旁边，以待享用。

有些人还取下鱼鳃旁边的一小块鱼肉，认为这是最有价值的肉。另外，需要提示的是：与许多东方人不同，西方人通常情况下是不吃鱼皮的。

在这里，顺便把鱼子的食用方法也一并介绍。鱼子在所有的菜肴里属于价格最昂贵的，有红鱼子、黑鱼子两种，黑鱼子要贵于红鱼子。吃鱼子时，必备的餐具除鱼子勺以外，普通刀叉也应预备。食用这道菜应采取“少而精”的原则。通常，一小盘或一小盒的鱼子被放在碎冰上，客人可以用鱼子勺将其取出抹在面包上食用。配餐面包常用一种荞麦面制成的小的面包片，同酸奶油汁一同食用；可加上煮熟的鸡蛋黄或鸡蛋清等切成的小块，分开放入小碗里，作为辅料来食用；还可备些柠檬块、洋葱末、黄油、吐司等。

4.龙虾

龙虾的烹饪方式很多，摆在盘里的一般是整只或半只，有时也事先将壳剥去，仅用虾肉。当然，如果只是虾肉的话，则用刀叉来进餐还是很省事的；但如果是带壳的话，吃起来就费事了，因此，龙虾被称为“好看不易吃”。

如果端上来的龙虾的壳没有被彻底敲裂，餐桌上便会摆上一把胡桃钳或尖核针。胡桃钳可用来夹裂龙虾壳，小叉子则可用来挖取狭窄难取之处的虾肉。用左手握住虾头将龙虾固定在盘中，右手用力拔下龙虾的大螯。用虾钳顺边把壳剪开，可剪开一边，另一边用手掰开即可；把虾肉轻轻取出，如果有虾肉还在里面，则可用叉子取出。龙虾卵是龙虾胃腔内被称作“玉米馅饼”的绿色物质，只在雌虾体内才有，是十分美味的佳肴；用叉子叉起它，分切成数块，再依照个人喜好蘸酱调味。

通常，餐宴主人或餐厅应该提供大碗或大盘子，让客人放置龙虾壳。吃过龙虾，还要给客人送上洗指碗。

5.洋蓟

在食用这道菜时，基本上都是用手来吃的。用左手握住整个洋蓟，右手一片一片取下，底部的肉蘸过汁后，直接放入口中，用嘴把肉挤出后即可食用；剩下的叶子放入废物盘中。用嘴嘬出洋蓟肉时，尽量不要出声音。等叶片吃过后，要清洗一下双手，以便使用刀叉。用刀叉把底部的须子切下之后，用刀叉食用洋蓟即可。这道菜一般配有调味汁，可用奶油类的汁，如蛋黄酱，也可用清汁，如辣酱油。

6.生蚝或生蛤蜊

以左手手指抓紧剩下的那一片壳，以右手持小生蚝叉，将生蚝或生蛤蜊整个挖取出来；如果还有任何部分黏附在壳上，那么利用叉子将其都挖出来。然后，把生蚝或生蛤蜊放到盘子中央的酱碟里蘸一下。有些人则只在生蚝或生蛤蜊上滴几滴柠檬汁，因为他们认为辛辣、刺激性的酱汁会破坏这种海产鲜美的原味。吃完生蚝或生蛤蜊后，你可以拿起空壳来吸吮一番，品尝余留的美味原汁。这么做会发出嘶嘶的声响，而且动作不甚雅观，不过在这种情形下，即使是最讲究礼仪的完美主义者也不在乎举止是否雅观了。如果你喜欢，则也可以把小块面包片放进酱碟里，再用生蚝叉挑出来吃。

7.牡蛎

在餐厅食用牡蛎时，壳是已经打开的，直接用牡蛎叉把肉取出来食用即可。这时必须使劲连汁一起嘬出来，当然这样一来要出些声音，但这道菜属于“特赦”，准许出声。另外，用柠檬、胡椒、辣椒汁作为调味品倒在牡蛎上面，味道会更鲜美。

8.奶酪火锅

这是瑞士一道很著名的民族菜肴。食用奶酪火锅要使用特殊的餐具，也就是奶酪火锅叉。这种专用餐具比一般餐叉长出很多，有三个齿；较常见的是木头叉柄，也有其他金属或烧瓷等叉柄。食用奶酪火锅还要准备一个普通餐叉。火锅叉扎住面包块后在火锅里蘸上奶酪，然后将面包块取出。由于火锅叉不可直接入口，因此要用餐叉把蘸了奶酪的面包块从火锅叉上取下，用餐叉将其送入口中。这是因为从火锅里取出的火锅叉滚烫，放入口中容易烫伤；将火锅叉放入口中，再用它放入火锅中去扎面包块，也很不卫生。

如果面包块在放入火锅之前，在樱桃烧酒里蘸一下，则味道会更加醇香。当然，这要根据各自的不同口味而选择。如果有人不能承受过多的刺激，那么不要作此尝试了。

需要引起注意的是，食用奶酪火锅的面包很有讲究。面包块一定要切成大小合适的正方块，以裹上奶酪后能刚好放入口中为宜。面包块一般用（法式）白面包棍切成。

9.意大利面

意大利面一般是放在深盘子里食用的。欧洲人一般使用调羹和叉，调羹可以帮助叉控制滑溜溜的面条，而美国人通常还要加上刀。意大利人的吃法是，只用叉，右手握叉，用叉尖卷起来吃，每次只卷四五根。吃意大利面时不能直接用嘴吸，不然容易把汁溅得到处都是。

10.水果

饭后或甜点之后食用些水果，既清凉爽口，又有助于消化。但水果的种类繁多，根据有皮和无皮、形状大小、果汁多寡而在食用方法上各有讲究。

（1）苹果和梨

在宴席上，要用手拿取苹果或梨，放在盘里。你可以用螺旋式削皮法。如果你认为这样做很不方便，则可以把水果放在盘上，先将其切成几瓣，再去掉籽，用刀叉切成合适的块状后食用，也可用手拿着食用。带皮的鳄梨需要用勺来吃；如果切成片装在盘子里或拌在色拉里，则要用叉子吃。

（2）葡萄

对于无籽葡萄没什么讲究，一粒粒地吃就行。若葡萄有籽，则应把葡萄放入口中吸食肉汁，然后把籽吐到手中。要想容易地剥去葡萄皮，就要持其茎部放在嘴边，用拇指和食指将肉汁挤入口中，把剩在手中的葡萄皮放在盘里。

（3）草莓

大草莓可以用手拿住柄部，蘸着白砂糖整个吃，然后将草莓柄放入自己的盘里。如果草莓是拌在奶油里的，那么当然要使用勺子来吃。

（4）樱桃

吃樱桃要用手拿，将樱桃核文雅地吐在紧凹的手中，然后放入自己的盘里。

（5）香蕉

在宴席上吃香蕉，要先将其剥皮，然后用刀切成段，用叉子叉着吃。

（6）柚子、橘子和橙子

吃柚子时，要先把它切成两半，然后用茶匙或尖柚子匙挖出食用。由于柚子稍带苦味，很多人喜欢撒些糖来食用。

吃橘子时，要先用手剥去皮及其里面的白色覆盖膜，然后可以直接用手拿着一片一片地吃。

剥橙子皮有两种方法，两者都要使用尖刀：一是螺旋式剥皮；二是先用刀切去两端的皮，再竖直将皮一片片切掉。剥皮后，可以把橙肉掰下来。如果掰下的部分不大，则可一口吃掉。如果太大，则要使用甜食刀叉切开后食用。如果橙子是切好的，那么也可以像吃柚子那样使用茶匙或柚子匙挖着吃。

（7）无花果

鲜无花果作为开胃品与火腿一起吃时，要用刀叉连皮一起吃下。若无花果上面有硬秆，则应用刀切下；否则，会嚼不动。当无花果作为饭后甜食吃时，要先把无花果切成四半，在橙汁或奶油中浸泡后，用刀叉食用。

（8）杧果和木瓜

如果是整个杧果，要先用锋利的水果刀纵向切成两半，再切成1/4块，用叉子将每一块放入盘中，皮面朝上，并剥掉杧果皮。也可以像吃鳄梨那样，把杧果切成两半，用勺挖食果肉，保留果皮。

吃木瓜像吃鳄梨和小西瓜一样，先切成两半，抠出籽，然后用勺挖着吃。

(9) 西瓜和哈密瓜

如果西瓜和哈密瓜体积较小，则可以切成两半，以一半为一份食用。左手扶住瓜皮，右手握勺，从右边开始刮起。这样能避免把瓜弄得七零八落、十分狼藉而有失体面。西瓜籽应用勺从口中取出，放入旁边的盘中，不要随便吐在外边。如果西瓜和哈密瓜已经切成一块一块的，那么应使用刀叉来吃。从果盘里取出一块后，用刀先把果肉同瓜皮分开，再把瓜肉切成大小合适的块状，用叉送入口中。另外，为避免吐瓜子，可以用叉在食用前把瓜子拨掉。

(四) 西餐中酒水的礼仪

1.西餐中酒水的类别

在正式的西餐宴会里，酒水是主角。西餐宴会中所上的酒水可以分为餐前酒、进餐酒、餐后酒，它们各自又拥有许多具体种类。

(1) 餐前酒

餐前酒在法语里叫开胃酒，在英语里叫开胃品，意思都是“增加食欲的东西”。显而易见，它是在开始正式用餐前饮用的，或在吃开胃菜时与之相配的。餐前酒的目的是刺激食欲，喝得太多反而没有食欲，所以不要多喝。

餐前酒因国而异，各国经常喝的分别如下：美国——鸡尾酒、威士忌和啤酒；法国——鸡尾酒、威士忌和葡萄酒；英国和日本——鸡尾酒、威士忌、啤酒和葡萄酒；俄罗斯——伏特加和葡萄酒。

(2) 进餐酒

进餐酒也称佐餐酒，是在正式用餐期间饮用的酒水。西餐里的进餐酒多为葡萄酒。

在正餐或宴会上选择进餐酒，有一条重要的讲究不可不知，即“白酒配白肉，红酒配红肉”。白肉即鱼肉、海鲜、鸡肉等，吃这类肉时须以白葡萄酒搭配；红肉即牛肉、羊肉、猪肉等，吃这类肉时应配以红葡萄酒。鉴于西餐菜肴里的白肉多为鱼肉，故这一说法有时又被表述为：“吃鱼喝白酒，吃肉喝红酒。”其实二者的本意完全相同。

(3) 餐后酒

餐后酒在法语、英语里叫消化酒，是帮助消化的意思。最常见的餐后酒是利久酒，最有名的餐后酒则是有“洋酒之王”美称的白兰地。

上述区分也不是十分严格的，往往一种酒是不太容易区分其是餐前酒、进餐酒或餐后酒的，因为有时候它既有可能是餐前酒，也有可能是进餐酒。

在一般情况下，饮不同的酒水要用不同的专用酒杯。在每位用餐者桌面上右边餐刀的上方，大都会横排放置三四只酒杯，如香槟杯、红葡萄酒杯、白葡萄酒杯以及水杯等。取用它们时，可依次由外侧向内侧进行。

2. 几种常见酒水的特色及饮用

为了便于商界人士掌握西餐中酒水的主要特性，从而正确地、有益无害地饮用，下面就几种常见的酒水加以介绍。

（1）葡萄酒

作为正式宴会中的进餐酒，葡萄酒一直地位至尊。

第一，葡萄酒的特色。葡萄酒的酒精含量不高，味道醇美，富含营养。根据其色彩的不同，葡萄酒有白葡萄酒、红葡萄酒、桃红葡萄酒之分。根据其糖分含量的不同，葡萄酒又分微干、半干、干、微甜、半甜、甜等几种。现在，干葡萄酒最流行。这里所谓的“干”，意即它基本不含糖分。葡萄酒的酒精浓度在12°左右。世界最有名的葡萄酒产于法国的波尔多地区。

第二，葡萄酒的饮用。不同的葡萄酒对温度有不同的要求。白葡萄酒宜在7℃左右喝，故应当加冰块。而红葡萄酒在18℃左右饮用最佳，因此不宜加冰块。喝葡萄酒时，要用专门的高脚玻璃杯。喝白葡萄酒时，要捏住杯脚；喝红葡萄酒时，则讲究握住杯身。切记，喝葡萄酒时兑碳酸饮料的做法是不正确的。桃红葡萄酒又叫玫瑰红葡萄酒，它的口味、喝法与白葡萄酒略同，而且因其色泽柔美，多为商界女士所钟爱。

（2）白兰地

在所有洋酒中，白兰地是最为名贵的。法国科涅克白兰地、英国苏格兰威士忌和中国贵州茅台酒被称为世界三大名酒。

第一，白兰地的特色。白兰地是葡萄酒大家族里的特殊一员，它是用葡萄干发酵之后蒸馏精制而成的，故此又被称为蒸馏葡萄酒。白兰地的浓度约为40°，色泽金黄，香甜醇美。世界上知名的白兰地品牌有人头马、马爹利、轩尼诗等，并以产于法国科涅克地区、贮藏时间较长者为佳。

第二，白兰地的饮用。饮白兰地的最佳温度为18℃，故应将其盛在专用的大肚、收口、矮脚杯内；先以右手托住杯身观其色彩，并以手掌为其加温，待其香味洋溢时，闻过之后慢慢小口品味，不能一饮而尽。

（3）威士忌

如果说白兰地是洋酒之中的“贵族”，相对来说物美价廉的威士忌则是雅俗共赏的。

第一，威士忌的特色。威士忌是一种用谷物发酵酿造而成的烈性蒸馏酒。它的口味浓烈、刺激，酒精浓度约为40°。在世界各国生产的威士忌中，首推英国苏格兰地区生产的威士忌。其知名品牌有威雀、尊尼获加、添宝、老伯威等。

第二，威士忌的饮用。威士忌可以干喝，不过加入冰块、苏打水或姜汁后，味道更好。喝威士忌时，最好采用专门的平底小玻璃杯，耐心细致地慢慢品尝。

（4）香槟

香槟的知名度也比较高，而且实际应用较为广泛。

第一，香槟的特色。香槟也叫发泡葡萄酒。实际上，它是一种以特种工艺制成的、富含二氧化碳的、起泡沫的白葡萄酒，因其以法国香槟地区所产的香槟最为有名，故有此称谓。它的酒精浓度约为10°，口感清凉、酸涩，且有水果香味。

第二，香槟的饮用。香槟以在8℃左右饮用为最佳。香槟开瓶时，可稍事摇晃，然后起去瓶塞；届时，它就会连泡带酒一同奔涌而出，为人平添欢快的气氛。饮用香槟，须用郁金香形的高脚玻璃杯，并以手捏住杯脚。香槟可用来进餐、祝酒，或者商界人士在参加的庆典仪式上以之为人助兴。

（5）鸡尾酒

第一，鸡尾酒的特色。准确地讲，鸡尾酒并非某一种类的酒，而是一种混合型的酒。它是用各种不同的酒，以及果汁、汽水、蛋清、糖浆等其他配料，按照一定的比例，采用专门的技法调配而成的。它的口味有浓有淡，酒精浓度有高有低，但其共同特点是层次分明、异彩纷呈、闪烁不定，好似雄鸡之尾，故此被称为鸡尾酒。鸡尾酒有很多品种，其中大名远扬的有曼哈顿、血腥玛丽、马天尼、亚历山大、天使之吻、红粉佳人、螺丝起子等。

第二，鸡尾酒的饮用。饮用鸡尾酒时，为了便于观赏其独具特色的丰富色泽，最好用高脚广口的玻璃杯去盛鸡尾酒。讲究的人往往不会把数种不同的鸡尾酒混杂在一起喝。

（五）西餐中咖啡的礼仪

在正式的西式宴会中，咖啡往往是“压轴戏”。因为正式的西式宴会一般在晚上举行，所以在宴会上喝咖啡通常是在晚上。为了照顾个人的爱好，在宴会上上咖啡的同时往往会备上红茶，由宾客们自己选择。西餐的热饮可以不在餐桌上喝，最常见的地点有主人的客厅和休息厅、咖啡厅、咖啡座等。商界人士在喝咖啡的时候一定要注意个人的行为举止。

1.饮用数量

关于喝咖啡的具体数量，在正式的场合，商界人士要注意两点：

（1）杯数要少

喝咖啡只是作为一种交际的陪衬、手段，所以最多不要超过三杯。

（2）入口要少

喝咖啡既然不是为了充饥解渴，那么在喝的时候就不要动作粗鲁，让人发笑。端起杯子一饮而尽，或是大口吞咽，搞得响声大作，都是失礼的。

2.配料添加

有时根据需要，可自己动手往咖啡里加一些牛奶、糖之类的配料。这时候一定要牢记自主和文明这两项要求，具体应做到以下几点：

① 某种配料用完，需要添加，不要大呼大叫；不要给别人添加配料。

② 给咖啡加糖时，如果是砂糖，则可用汤匙舀取，直接加入杯内。如果是方

糖，则应先用糖夹子把方糖夹在咖啡碟的近身一侧，再用汤匙把方糖加在杯子里；如果直接用糖夹子或手把方糖放入杯内，有时可能会使咖啡溅出，从而弄脏衣服或台布。

③ 给咖啡加牛奶的时候，可直接添加，但动作要稳，不要倒得满桌都是；为避免咖啡溅出，添加时位置要尽量低。

3.喝咖啡的方法

正式场合的咖啡往往都是被盛进杯子里，放在碟子上一起端上桌的。碟子主要用来放置咖啡匙，并接收溢出杯子的咖啡。喝咖啡时应注意把握以下几个问题：

（1）如何握咖啡杯

握咖啡杯的得体方法是，伸出右手，用拇指和食指拈住杯耳而将杯子端起。不可以双手握杯或用手托着杯底，也不可以俯身就着杯子喝。如果坐在桌子附近喝咖啡，则通常只需端杯子，而不必端碟子。如果离桌子比较远，或站立、走动时喝咖啡，没有了餐桌可以依托，则可以用左手端碟子，右手持咖啡杯耳慢慢品尝。如果坐在沙发上，则也可照此处理。

（2）如何使用咖啡匙

在正式场合，咖啡匙的作用主要是加入牛奶或奶油后，轻轻搅动，使牛奶或奶油与咖啡相互融合；加入方糖后，可用咖啡匙略加搅拌，以促使方糖迅速溶化；如果咖啡太烫，则可以用咖啡匙稍加搅动。商界人士在正式场合使用咖啡匙时应注意两点禁忌：

一是不要用咖啡匙去舀咖啡来喝；

二是搅过咖啡的咖啡匙，上面都会沾有咖啡，应轻轻顺着杯子的内缘，将咖啡滴流而下，绝不能拿起咖啡匙上下甩动。

（3）如何食用甜点

喝咖啡时，为了不伤胃肠，往往会同时准备一些糕点、果仁、水果之类的甜点。需要用甜点时，首先要放下咖啡杯。在喝咖啡时，手中不要同时拿着甜点品尝，更不能双手左右开弓，一边大吃，一边猛喝。

（4）如何与交往对象交谈

商界人士时时刻刻都是公务在身，喝咖啡时也不能忘了“正事”，要适时地和交往对象进行交谈。交谈时务必细声细语，不可大声喧哗、乱开玩笑，更不要和人动手动脚、追追打打；否则，会有失商界人士的身份。

另外需要注意的是，尽量不要在别人喝咖啡时向对方提出问题，让对方说话。自己喝过咖啡要讲话以前，最好先用纸巾擦拭一下嘴边，免得让咖啡弄脏嘴角。

第三节　自助餐

自助餐的特点是不排席位，菜肴以冷食为主，也可用热食（预先做好，然后用保温的托盘使之保持热度），连同餐具陈设在菜桌上，供客人自取。客人可自由活动，多次取食。酒水可陈放在桌上，也可由服务员端送。自助餐在室内或院子里、花园里举行仪式，可设小桌、椅子，自由入座；也可以不设座椅，站立进餐。根据主、客双方身份，招待会的规格和隆重程度可高可低，举办时间一般在12时至14时或17时至19时。自助餐适宜招待人数众多的宾客。

我国举行的大型自助餐会，往往用大圆桌，设座椅，主宾席排座位，其余各席不固定座位，食品与饮料事先放置在桌上，自行进餐。

自助餐礼仪是指人们安排或享用自助餐时所需要遵守的基本礼仪规范，具体可分为安排自助餐的礼仪与享用自助餐的礼仪等。

一、安排自助餐的礼仪

安排自助餐的礼仪是指自助餐的主办者在筹办自助餐时的规范性做法。其一般包括以下方面：

（一）用餐的时间

在商务交往中，依照惯例，自助餐大都被安排在各种正式的商务活动之后，作为其附属的环节之一，而极少独立出来单独成为一项活动。也就是说，商界的自助餐多见于各种正式活动之后，是招待来宾的项目之一，故不宜将其作为一种正规的商务活动的形式。

因为自助餐多在正式的商务活动之后举行，故而其举行的具体时间就受到正式商务活动的限制。它很少会被安排在晚间举行，而且每次用餐时间不会长于两个小时。

根据惯例，对自助餐的用餐时间不必进行正式的限定。只要主人宣布用餐开始，大家即可动手就餐。在整个用餐期间，用餐者可以随到随吃，大可不必非要在主人宣布用餐开始之前到场恭候。在用自助餐时，也不像正式的宴会那样必须统一退场、不允许“半途而废”。用餐者只要自己觉得吃好了，在与主人打过招呼后，随时都可以离去。通常，自助餐是无人出面正式宣告其结束的。

一般来讲，主办单位假如预备以自助餐对来宾进行招待，最好事先以适当的方式对其进行通报。同时，要注意一视同仁，即不要安排一部分来宾用自助餐，而安排另外一部分来宾去参加正式的宴请。

（二）用餐的地点

按照正常的情况，自助餐安排在室内外进行皆可。通常，自助餐多选择在主办单位所拥有的大型餐厅、露天花园内进行，有时亦可外租、外借与此相类似的场地。

在选择、布置自助餐的就餐地点时，有下列几点具体事项应该注意：

1.提供一定的活动空间

除摆放菜肴的区域之外，在自助餐的就餐地点还应划出一块明显的用餐区域。这一区域不要显得过于狭小。考虑到实际就餐的人数往往具有一定的弹性，难以确定，所以用餐区域的面积应该划得稍大一些。

2.提供数量足够的桌椅

尽管真正的自助餐所提倡的是用餐者自由走动，但在实际操作中仍有不少的用餐者期望在就餐期间有歇脚之处。因此，在就餐地点应当预先摆好一定数量的桌椅供用餐者自由使用。在室外就餐时，提供适量的遮阳伞也是必要的。

3.就餐地点应环境宜人

在选定就餐地点时，不但要注意面积、费用问题，还要兼顾安全、卫生、温度、湿度等问题。若用餐期间用餐者感到异味扑鼻、过冷或过热、空气不畅、过于拥挤，则会影响到对方对此次自助餐的整体评价。

（三）食物的准备

自助餐为用餐者提供的食物既要有其共性，又要有其个性。

它的共性在于：为了便于就餐，应以提供冷食为主；为了满足用餐者的不同口味，应尽可能地使食物在品种上丰富多样；为了方便用餐者进行选择，同一类型的食物应被放在一起。

它的个性则在于：在不同的时间款待不同的客人时，食物可以在具体品种上有所侧重，有时以冷食为主，有时以甜品为主，有时以茶点为主，有时以酒水为主；还可酌情安排一些时令菜肴或特色菜肴。

一般而言，自助餐所备的食物在品种上多多益善。具体来讲，一般的自助餐所供应的菜肴大致应当包括冷菜、汤、热菜、点心、甜品、水果以及酒水等几大类型。通常，自助餐上的冷菜有沙拉、香肠、火腿、牛肉、猪舌、肉松、鸭蛋等；常上的汤类有红菜汤、牛尾汤、玉石汤、酸辣汤、三鲜汤等；常上的热菜有炸鸡、炸鱼、烤肉、烧鱼、时蔬、土豆片等；常上的点心有面包、菜包、热狗、炒饭、蛋糕、曲奇饼、士力架、三明治、汉堡、比萨等；常上的甜品有布丁、果排、冰激凌等；常上的水果有香蕉、菠萝、西瓜、木瓜、柑橘、樱桃、葡萄、苹果等；常上的饮品有牛奶、咖啡、红茶、碳酸饮料、果汁、矿泉水、鸡尾酒等。

在准备食物时，务必确保其供应充足，还必须注意食物的卫生以及热菜、热饮的保温问题。

（四）客人的招待

招待好客人是自助餐主办者的责任和义务。而要做到这一点，就必须特别注意以下细节：

1.照顾好主宾

不论在任何情况下，主宾都是主人照顾的重点，在自助餐上自然也不例外。主人在自助餐上对主宾所提供的照顾，主要表现在陪同其就餐，与其进行适当的交谈，为其引荐其他客人等；也应当注意给主宾留下一些供其自由活动的时间，不要始终随其左右。

2.充当引荐者

作为一种社交活动的具体形式，自助餐自然要求其参加者主动进行适度的交际。在自助餐进行期间，主人一定要尽可能地为彼此互不相识的客人多创造一些相识的机会，并积极地为其牵线搭桥，充当引荐者。应当注意的是，在介绍他人相识时，必须先了解双方是否有此心愿。

3.安排服务者

在小型的自助餐上，主人往往可以一身兼二任，同时充当服务者。但是，在大规模的自助餐上，显然是不能缺少专人服务的。在自助餐上直接与用餐者进行正面接触的主要是侍者。

根据常规，自助餐上的侍者须由健康而敏捷的男性担任。侍者的主要职责是：为来宾主动提供一些辅助性的服务，如推着装有各类食物的餐车或是托着装有多种酒水的托盘在来宾中来回走动，使宾客各取所需；还负责补充供不应求的食物、饮料、餐具等。

二、享用自助餐的礼仪

享用自助餐的礼仪主要是指以用餐者的身份参加自助餐时所需要具体遵循的礼仪规范。

（一）排队取菜

在享用自助餐时，尽管需要用餐者自己照顾自己，但这并不意味着他就可以不遵守用餐礼仪。在就餐取菜时，用餐者往往成群结队而来，必须自觉地维护公共秩序，讲究先来后到，排队选用食物，不允许乱挤、乱抢、乱插队，更不允许不排队。

在取菜前，用餐者首先要准备好一只食盘；轮到自己取菜时，应以公用的餐具将食物装入自己的食盘内，切勿在众多的食物面前犹豫再三，让身后的人久等，更不应该在取菜时挑挑拣拣，甚至直接下手或以自己的餐具取菜。

（二）循序取菜

在自助餐上，如果想要吃饱、吃好，在具体取用时就一定要了解合理的取菜顺序，并循序渐进。按照常识，在参加一般的自助餐时，取菜时标准的顺序应当是冷菜、汤、热菜、点心、甜品和水果。因此，在取菜前最好在全场转一圈，了解一下具体情况再去有所选择地取菜。

如果不了解合理的取菜顺序，而在取菜时完全自行其是、乱撞乱吃，则难免会本末倒置、咸甜相克，令自己吃得既不畅快又不舒服。举例而言，在自助餐上，甜品、水果本应当放到最后吃，如果不守此规，为图新鲜，一上来就先大吃一通，那么肚子立刻就饱了，等到后来再见到自己想吃的好东西时，很可能会心有余而力不足了。

（三）量力而行

参加自助餐时，用餐者遇到自己喜欢吃的食物，可以尽情享用，但在根据本人的口味选取食物时必须量力而行。在享用自助餐时多吃是允许的，而浪费食物绝对不允许。这一条被世人称为自助餐就餐时的“每次少取法则”，简称为“少取法则”。

（四）多次取菜

在自助餐上遵守“少取法则”的同时，还必须遵守“多次法则”。“多次法则”是“多次取菜法则”的简称。它与“少取”相辅相成，之所以“多次”就是因为“每次少取”。它的具体含义是：用餐者在自助餐上选取某一种类的菜肴时，允许其反复去取。每次应当只取用一小点，待品尝之后觉得其适合自己，然后再次去取。

换言之，在自助餐上选取某种菜肴时，去取多次是被允许的；相反，要是图省事而一次取用过量，则是失礼之举。“多次法则”与“少取法则”其实是同一个问题的两个不同侧面。“多次”是为了量力而行，“少取”则是为了避免造成浪费，所以二者往往被合称为“多次少取法则”。

会吃自助餐的人都知道，在选取菜肴时，最好每次只为自己选取一种，待吃好后再去取用其他品种；若不谙此道，在取菜时乱装一气，将多种菜肴盛放在一起，则导致五味杂陈、相互串味，暴殄天物。

（五）避免外带

所有自助餐，不论是以之待客的由主人亲自操办的自助餐，还是对外营业的正式餐厅里所经营的自助餐，都有一条不成文的规定：只许可用餐者在用餐现场自行享用，而绝对不许可对方在用餐完毕之后将其所喜欢的食物携带离开。商界人士在参加自助餐时一定要牢记这一点。

（六）送回餐具

自助餐强调的是用餐者以自助为主，不仅要求用餐者取用菜肴时自助，而且要求在用餐结束后自觉地将餐具送至指定地点。在庭院、花园里享用自助餐时，尤其应当这样做。在餐厅里就座用餐，有时可以在离去时将餐具留在餐桌上，由侍者分别收拾；但即便如此，亦应在离去前对其稍加整理，不要弄得杯盘狼藉。不允许将餐具随手乱丢，甚至任意毁损餐具。自己取用的食物应以吃完为宜；万一有少许食物剩下来，也不要私下里乱丢、乱倒、乱藏，而应将其放在适当之处。

（七）照顾他人

商界人士在参加自助餐时，除了对自己用餐时的举止表现要严加约束之外，还须跟他人和睦相处，对他人多加照顾。对自己的同伴或熟人，特别需要加以关心；若对方不熟悉自助餐，则不妨向其扼要地介绍；在对方乐意的前提下，还可向其具体提出一些有关选取菜肴的建议。不过，用餐者绝不可以自作主张地为对方直接取食物，更不允许将自己不喜欢或吃不了的食物"处理"给对方吃。

在排队、取菜、寻位以及行进期间，用餐者对其他用餐者要主动加以谦让，不要目中无人、蛮横无理。

（八）积极交际

一般来说，商界人士在参加自助餐时必须明确：吃东西属于次要之事，与其他人进行适当的交际活动则是自己最重要的任务；不应当以不善交际为由，只顾自己躲在僻静之处一心一意地吃，或者来了就吃、吃了就走，而不同其他在场者进行任何形式的正面接触。

在参加自助餐时，一定要主动寻找机会，积极地进行交际活动。

首先，应当找机会与主人攀谈一番。

其次，应当与老朋友好好叙一叙。

最后，应当争取多结识几位新朋友。

在自助餐上，交际的主要形式是几个人聚在一起进行交谈。为了扩大自己的交际面，在此期间不妨多转换几个类似的交际圈。只是在每个交际圈中多少都应待上一些时间，不能只待上一两分钟马上就走。

介入陌生的交际圈大体上有三种方法：

第一，请求主人或圈内之人引见。

第二，寻找机会，借机会加入。

第三，毛遂自荐，自己介绍自己加入。

但无论如何，在加入一个陌生的交际圈之前，一般都应该首先征得圈内之人的同意。自己贸然闯进去，在绝大多数时候都是不受欢迎的。

第四节　工作餐

工作餐重在一种氛围，意在以餐会友，创造出有利于进一步接触的轻松、愉快、和睦、融洽的氛围，是借进餐的形式继续进行的商务活动，把餐桌充当会议桌或谈判桌。

要成功地筹办一次工作餐，仅仅从理论上了解其上述主要特点是远远不够的，还需系统地掌握基本的工作餐礼仪。

一、工作餐的安排

安排工作餐主要是指在工作餐进行之前的有关准备事项，通常包括目的、时间、地点等具体问题。

（一）用餐目的

凡主动提议与他人一道共进工作餐，提议者大都心中有数，意欲借此机会来实现自己的某种目的；假如毫无任何目的可言，便不称其为工作餐了。

一般而言，通过工作餐这一具体形式，商界人士可以会晤客户、接触同行、互通信息、协商、洽谈生意，也可以以之接待新朋友和面试应聘者。需要明确的是：举行工作餐，首先应当有要事要办，能够解决实际问题，绝对不允许无的放矢，不可将其等同于吹牛、聊天、发牢骚、无所事事的“神仙会”。

与有关人士一道共进工作餐，其实只不过是暂时转移一下工作的具体阵地罢了。举行工作餐主要是为了与有关人士就某些双方共同感兴趣的问题进行一种非正式的会谈。所以，在此之前必须确定自己的目的，以便为其定下基调。

（二）用餐时间

举行工作餐的具体时间原则上应当由工作餐的参与者协商决定，有时亦可由做东者首先提议，并且经过参与者的同意。总之，它应当既方便众人，又不至于耽误正事。

按照惯例，工作餐绝对不应被安排在节假日，而应当是在工作日举行。举行工作餐的最佳时间通常被认为是12点或13点左右。若无特殊情况，每次工作餐的具体时间应以1个小时左右为宜，至多也不应当超过2个小时。当然，若届时要事尚未谈完而大家又都一致同意，则适当地延长一些时间也未尝不可。

有些关系密切的商务伙伴往往会以工作餐的形式进行定期的接触。也就是说，有关各方可以事先商定，每隔一段时间，如每周、每月、每季，在某一确定时间举行工作餐，以便保持经常性的接触。

（三）用餐地点

根据惯例，举行工作餐的地点应由主人选定，客人们则应当遵从主人的安排。具体而言，举行工作餐的地点可有多种多样的选择，如饭庄、酒楼的雅座，宾馆、俱乐部、康乐中心附设的餐厅，高档的咖啡厅等。但从总体上讲，在选定工作餐的具体地点时，应当兼顾主人的主要目的与客人的实际情况。

举例来说，如果主人打算在共进工作餐之际与客人初步敲定某一笔生意，则最好将用餐地点选择在宁静、优雅之处，使双方免受外界干扰，专心致志地达成协议。但是在这种场合应注意男女有别，如果一位男主人初次与一位仅有一面之交的女客户共进工作餐，前者所提议的用餐地点若过于幽静，则未免会使双方有所不便，甚至会导致后者的误解。

如果主人准备借共进工作餐之机同自己的老客户相互交流一下信息，那么将其安排在俱乐部、康乐中心附设的餐厅里进行，在大家好好玩一通后再边吃边谈，效果可能会更好一些。因为大家都是老朋友了，所以就不必时时刻刻正襟危坐。同时，那里轻松而随意的气氛也容易让人松弛下来。但若在此处利用共进工作餐的机会面试一位应聘者，就显得有些不够严肃。

总之，工作餐的用餐地点尽管应由主人选定，但主人在作出具体选择时还是有必要考虑客人的习惯与偏好，并给予适当的照顾。如果有必要，主人不妨同时向客人推荐几个自己中意的地点，而请客人从中挑选，或索性让客人自己提出几个地点，再由宾主双方共同商定。

二、工作餐的主人

作为主人，工作餐的做东者在举行工作餐的时候通常必须负责如下几件事情：

（一）通知客人

一旦正式决定进行工作餐后，依照常规应由主人负责将相关的时间、地点、人员、议题等通报给有关人员；对重要的人士，尤其需要由主人亲自相告。

如果宾主双方事先确定了要在某处共进工作餐，那么主人在将一切具体事宜操办完毕之后，仍需再次详告客人。做东者仅仅告知对方具体的时间、地点有时还不够，必须将餐厅的具体方位与主要特征、大致交通路线、宾主双方在何处会面等，一并告知对方。

假定主人邀请出席工作餐的人员中有个别人彼此之间尚未相识，那么在对对方进行邀请或通知时最好先打一个招呼。若无特殊原因，出席工作餐的人员一经确定并正式进行通知之后，就不宜临时再增加人员；万一有必要增加，也要首先征得客人的同意。

（二）餐厅预订

前往一些著名的餐厅举行工作餐，通常需要提前预订座位。此事依例应由主人负责。如果对此无知而临时贸然前往，则不但有可能会排长队、浪费时间，而且有可能根本找不到座位。

前往餐厅订座的主要方法有：

第一，拨打指定的电话号码进行订座；

第二，利用互联网进行订座；

第三，派遣专人前去订座；

第四，使用餐厅发放的优惠卡或VIP卡进行订座；

第五，利用传真进行订座。

在订座时，必须将自己有关的要求，如理想的位置、用餐的开始时间、大致的结束时间、到场的人数、特殊的要求、付费的方式等，同时告诉餐厅的工作人员；如果有必要，则应依照对方的要求预付一定数额的押金。

即使座位已经先期订妥，东道主一方也必须派人提前一些时间到达现场，以便落实一下预订的座位有无变故，免得届时出现“座位危机”。

（三）迎候客人

举行工作餐时，做东者必须先于客人抵达用餐地点，以迎候客人的到来。这既是一种惯例，也是一种礼貌。

在正常情况下，做东者应当至少提前10分钟抵达用餐地点；在稍事休整之后，在适当之处恭迎客人的到来。一般认为，餐厅正门外、预订好的餐桌旁、餐厅里的休息室，以及宾主双方提前约会的会面地点，都是做东者迎宾的适当之处。

倘若宾主在此之前尚未谋面，则主人可亲自驱车前往迎接客人。此外，在通知对方时与对方互相通报一下宾主双方各自的基本特征，如性别、年龄、高矮、着装等，以便于双方届时相互辨认。

在迎候地点，宾主双方见面之后应一一进行握手，并互致问候。如果双方的人员不尽熟悉，则双方负责人须各自对自己的随员一一介绍。

如果做东者因故不能提前抵达用餐地点迎候客人，则最好委托专人代表自己前往。必要时，做东者还须说明原因，并为此向客人致歉。无论如何，客人准时抵达后若无人迎候，都算是主人的失礼。

（四）餐费结算

根据常规，工作餐的结算应当由做东者负责。具体来讲，工作餐的付费方式通常又分为“主人付费”与“各付其费”两种。

1.主人付费

主人付费是指在就餐结束后由做东者自掏腰包，负责买单付账。若宾主十分熟悉，则做东者在餐桌上当着客人们的面在餐桌上查看账单、算账掏钱。得体的做法是：做东者应当先与侍者通好气，独自前往收款台结账，或在自己送别客人之后再回过头来结账。尽量不要让侍者当着客人们的面口头报账，更不能让侍者将账单不明主次地递到客人的手里。

2.各付其费

各付其费又称AA制，是指就餐结束后由全体用餐者平均分摊账单，各自支付各自所应支付的费用。在国外，商界人士在共进工作餐时，大都习惯于采取此种方式付费。不过，若采用此种付费方式需要有言在先。

在结账时，不论主人付费还是各付其费，都要符合当地习惯。因考虑不周而惹人非议，明显属于做东者的失策。

三、工作餐的进行

在参加工作餐时，宾主双方都有一些需要通晓的具体注意事项。

（一）就餐的座次

工作餐是一种非正式的商务活动，人们对其座次安排通常不太讲究。不过，仍有下述几点应当注意：

可能的话，一起共进工作餐的人士应在同一张餐桌上就餐，尽量不要分桌就座。万一同一张餐桌上安排不下，则最好将全体用餐者分桌安排在同一个包间内。倘若分桌就座，一般并无主桌与次桌之分，但仍可将主人与主宾所在的那张餐桌视为主桌。

在餐桌上就座时，座次往往不分主次，可由用餐者自由就座。出于礼貌，主人不应率先就座，而是应当落座于主宾之后。若主人为主宾让座，则一般应当请对方就座于下列较佳座次中的一处：主人的右侧或正对面；面对正门之处；视野开阔之处；较少干扰之处；能够观赏优美景致的位置。主人宜坐在主宾之左或其正对面。

主人与主宾若是同性，则双方就座时可以根据具体情况有较多的选择。主人与主宾若为异性，则双方最好是对面而坐。

宾主双方各自的随员一般可以在双方的上司入座后自由地择位而坐。有时，客方的随员亦可听从主人的安排而坐。需要翻译时，既可令其就座于主人与主宾之间，亦可安排其就座于主人左侧。

（二）菜肴的选择

与宴会相比，工作餐仅求吃饱，而不刻意要求吃好。因此，工作餐上的菜肴大可不必过于丰盛。它的安排应以简单为要。只要菜肴清淡可口，并大体上够吃，就算是基本“达标”了。

根据常规，工作餐的菜肴安排应当由做东者负责。做东者若要表现得称职，在其具体安排菜肴、饮料时，则最好同其他人——特别是主宾——进行协商，其中，最重要的是要主动回避对方的饮食禁忌。即使担心客人过于拘束，不愿将自己的饮食习惯以实相告，主人最好也不要包办代替，不可贸然为大家统一点菜。此刻的可行之法是：①由每位用餐者各点一道菜；②由大家各点各的；③统一选择套餐。

出于卫生方面的考虑，工作餐最好采取“分餐制”的就餐方式；不习惯的话，代之以“公筷制”亦可。

在一般情况下，工作餐在餐厅举行时，可酌情安排一些该餐厅的招牌菜，没有必要非上山珍海味不可。

为了不耽误工作，工作餐上所上的饮料应将烈性酒除外。同时，全体用餐者还须自觉地禁烟——不论自己就餐的餐厅是否有此规定。

（三）席间的交谈

举行工作餐时，讲究的是办事与吃饭两不耽误。所以，在为时不多的进餐期间，宾主双方所拟议的有关实质性问题的交谈通常开始得宜早不宜晚。不要一直等到大家都吃饱喝足了方才正式开始交谈，那样一来时间往往不太够用。

待主宾用毕主菜之后，做东者便可以暗示对方交谈可以开始了。此刻，做东者说一声“大家谈一谈吧”，道一句“向您请教一件事情”，皆可作为交谈的正式开始。此外，在点菜后、上菜前，双方亦可开始正式交谈。

因为有关各方在百忙之中共进工作餐意在谈论正事，所以宾主在交谈中不宜节外生枝、偏离正题。自己说话时，不要东拉西扯，不可插科打诨。别人说话时，务必认真倾听，既不要中途打岔，也不要与旁人七嘴八舌、心不在焉。

双方在交谈中，应注意不要影响他人用餐，所以有必要讲讲停停、一张一弛。在别人用餐时，切勿毫无眼色地向其讨教。自己在讲话时，则不要长篇大论或张牙舞爪、口水狂飞。

一般来讲，在用工作餐时的交谈不宜录音、录像，或布置专人进行记录；有必要进行笔录或使用计算器、笔记本电脑时，应事先向交谈对象打招呼，并获得对方同意。千万不要随意自行其是，好似对对方缺乏信任一般；若发现对方对此表示不满，则切勿坚持这么做。

在交谈期间，有关人员均不宜中途无故离去，也不宜离座去与其他人进行交谈。实际上，在工作餐上忙于交谈的人，都不希望受到外人的打扰。如果在用餐期间偶尔遇见了自己的熟人，则向其打个招呼或将其与自己的同桌之人互作简略的介绍通常是合乎礼仪的；但是不允许自作主张将其留下来一道就餐。若有人不识时务地在一边久久不走，则不妨委婉地向对方下一道有礼貌的“逐客令”。例如，可以告诉对方：“××先生，再会！您很忙，我就不再占用您的宝贵时间了。”“××小姐，我们改天再联系。我会主动打电话给您。”这么一来，对方就不得不知难而退了。

（四）用餐的终止

享用工作餐时，必须注意适可而止。依照常规拟议的问题一旦谈妥，工作餐即可告终，不一定非要拖至某一时间不可。

在一般情况下，宾主双方均可首先提议终止用餐。做东者将餐巾放回餐桌上或是吩咐侍者来结账，客人长时间地默默无语或反复地看表，都是在向对方发出“用餐可以到此结束”的信号。只是在这一问题上，做东者往往需要负起更大的责任。尤其是在客人需要赶时间去忙别的事情，或宾主双方接下来还有其他事要办时，做东者更是应当掌握好时间，使工作餐适时地宣告结束。

当有人用餐尚未完毕，或有人正在发表言论时，一般不宜提出终止用餐。在就餐期间不告而退或在中途借故离去，都是失敬于人的。

拓展阅读六

思政园地

美食外交

党的二十大报告指出：“全面推进中国特色大国外交。”古语有言“治大国，若烹小鲜”，且不说其中具体含义，单看字面意思，治国能与烹鲜联系在一起，餐饮的重要性不言而喻。这种独特方式就是为国家事务增色的“美食外交”。

宴请外国领导人时吃什么，怎么才能吃得高兴、吃得对味，原料、菜品、菜式、用餐场合等都藏着大学问，并且各国都深谙其道。菜式融合贵宾国家与本国的文化，可以展现尊重及诚意，展现国家形象与文化。餐桌上推杯换盏，可以化解紧张气氛、拉近关系、增进信任。甚至菜品原料都可以体现两国关系、经贸往来等政治精髓。例如，1971 年美国国务卿基辛格访华，周恩来总理通过“烤鸭外交”“茅台外交”打破会谈紧张气氛而获得成功。2016 年 G20 杭州峰会期间，俄罗斯总统普京为习近平主席带来一箱冰激凌作为礼物，“冰激凌外交”书写了中俄交往的佳话。

“美食外交”中的最高级别当数国宴。国宴是一个国家礼仪的重要组成部分，既是对外国的最高礼遇，也是对国家历史文化的自信体现。我国国宴讲究四美：环境美、菜品美、器皿美、服务美。国宴用餐地点都是经过精心挑选，自然不必多言。菜品设计更是煞费苦心，除了整体菜单要中西合璧外，还要根据每位元首的饮食习惯进行相应调整，做到求同存异。李白诗曰：“金樽清酒斗十千，玉盘珍馐直万钱。”也就是说，美食和美器参错其间，方觉生色。G20杭州峰会的“西湖盛宴”、“一带一路”峰会的“共创繁荣”和厦门金砖会议的“海上明珠”国宴餐具，不仅契合会议主旨，充分展现中国当代瓷器的至高水平和中国文化博大精深，更是将地方的自然风光和人文景观、中国气派和世界大同的国宴风范衬托得淋漓尽致。

资料来源　刘海莹．透过“美食外交”看到什么？[N]．中国贸易报，2017-11-21（5）.

关键术语

宴会　自助餐会　酒会　工作餐

复习与思考

1.工作餐通常有哪些显著的特点？
2.如何选择工作餐的时间和地点？
3.如何照顾好自助餐的用餐客人？
4.享用自助餐时应注意哪些事项？
5.如何安排宴会的座位？
6.用餐时应注意哪些举止礼仪？
7.如果吃到难吃的食物应如何处理？

第七章

商务聚会礼仪

在现代社会中，与他人进行交往、保持某种联络，并且经常进行集体活动，既是人之天性所在，也是人正常发展的前提。在各种聚会上，人们可以互通信息、交流思想、增进了解、协调行动、加深友谊。可以说，具有社会性的人也离不开聚会。

最常见的聚会形式有舞会、晚会、沙龙、派对等。但无论是哪种形式的聚会，必须遵守聚会的规范要求，使之成为成功交际的有效手段。

第一节 舞 会

在各式各样的交际应酬中，最吸引人、最受欢迎的当首推舞会。实践也证明，舞会的确是人际交往特别是异性之间交往的一种轻松、愉快的良好形式。

人们参加舞会不仅是为了陶冶情操，还具有十分重要的交际目的。在优美的乐曲、美妙的灯光、高雅的舞姿的相互衬托下，人们既可以联络老朋友，结识新朋友，也可以与交往对象在轻歌曼舞之中传情达意。

一、舞会的类型

（一）从性质上分类

舞会大致可分为两类：一类是由社团在公共场所举办的正式舞会；另一类是个人在家中或俱乐部为了庆贺某件喜事或节日而举行的非正式舞会，如生日舞会、婚礼舞会，以及升学、升职、好友相聚的舞会等。

1.正式舞会

一般情况下，正式舞会时间从22点到翌晨2点或3点。参加舞会除了携带请柬外，通常还要携带入场券。在中国，参加舞会的男士通常着西装，领带要与自己的穿着合理搭配。在西方，男士参加正式舞会的传统服装是白领带、燕尾服，女士应穿长身的晚礼服、戴长手套。正式舞会多在俱乐部、酒店等公共场所举行，一般配有乐队。舞会在开始时备有点心和各种饮料等，午夜后还备有夜宵。这种舞会一般在两种情况下举行：

一是节假日工作单位出面招待自己员工的舞会或行业性的集会，如我国的元旦、春节、“五四”青年节等，或是建厂、建校周年纪念日及其他一些有意义的纪念日等，国外有圣诞节等。

二是接待外面的来宾，如访问团等。

2. 非正式舞会（小型舞会）

一般情况下，小型舞会在家里举行。它不及正式舞会那样正规，但也可看作一种正式场合的舞会。其开始时间较早，大约20点到午夜前后。舞会是否设有乐队取决于房间大小和来宾多少，大多是利用DJ设备来播放舞曲。在西方，男士宜着无尾礼服，如果没有礼服或不想租礼服，也可着传统深蓝色或灰色服装。中国人没有严格的讲究，可根据自己的爱好选择，也可着本民族的传统服装。

（二）从形式上分类

按照舞蹈的形式，舞会可分为交谊舞舞会、现代舞舞会、国际标准舞舞会等。最常见的舞蹈形式便是交谊舞，又称交际舞，英文意为社会性舞蹈。交谊舞的形式是男女二人面对面合舞。这种舞蹈是在欧洲民间舞蹈的基础上发展演变而来的一种舞厅舞。

二、舞会的组织

（一）舞会的时间

举办舞会必须选择适当的时间。

商界在举办任何一场舞会时，都要“师出有名”，以一个恰当的名义举行，如纪念结婚、欢度佳节、款待贵宾等。换言之，这些时候是举办舞会的最佳时机。在一般情况下，周末也非常适宜举办舞会。

（二）舞会的地点

舞场的选择，具体来说分为举办地点和舞池两个方面。

1. 舞会举办地点

舞会具体地点的选择，要考虑人数、交通、安全问题，更要注意其档次与气氛是否适宜举办舞会；还需量力而行，不要铺张浪费。

2. 舞池

舞池一般是指在舞会举办地点之内专供跳舞的地方。在举办大型、正式的舞会时，对于舞池的选择与布置必须再三考虑。例如，舞池的大小应当适度，最好与跳舞的总人数大致般配，人均1平方米最佳；舞池的地面须干净平整，若其过脏、过滑、过糙，都会有碍于跳舞；舞池的灯光应当正常，并且在柔和之中有所变化；舞池的音响需要认真调试，音量也要适度，切勿以噪声扰人；舞池的周围最好设置足够的桌椅，专供跳舞者在舞会期间休息使用。

（三）曲目的选择

舞曲是舞会的导向和灵魂，所以在选择舞会曲目时一定要慎重。一般而言，舞会曲目的选择应当有“快”有“慢”，在节奏上一张一弛，各取所需。可将不同国家、不同风格、不同节奏的曲目穿插在一起，使舞曲时而婉转抒情，时而热情奔放，好似波涛起伏一般，令人陶醉；也可视来宾情况选择符合大多数人的曲目，切忌曲高和寡。在一般情况下，最好选择众人熟悉的、节奏鲜明而清晰的、旋律优美而动听的曲目。

（四）来宾的邀请

在较为正式的社交舞会上，相邀共舞的人不应当是同性，而必须是异性。要做到这一点，舞会的组织者就要采取一切可选择的具体措施，以保证舞会的全体参加者的男女比例大致相仿，基本上各占一半。

舞会参加者的名单一旦确定以后，应当尽早以适当的方式发出正式邀请。要强调的是，为了便于被邀请者早作安排。在一般情况下，最好令对方在舞会一周之前得到邀请。

（五）招待准备

要确保舞会的顺利进行，作为主人一方，还有一些具体的接待工作需要认真做好。其中较为重要的工作是确定舞会的主持人、招待人员，并且准备好适量的茶点。

1.舞会的主持人

较为正式的舞会上，通常需要由一位经验丰富、具有组织才能的人士充当舞会主持人。在一般情况下，主持人应当由女士担任。在家庭舞会上，女主人则是最佳人选。主持人的主要任务是要注意控制、调整场内的情绪，使各界人士始终保持欢快、热烈的气氛。

2.舞会的招待人员

在可能的情况下，主人一方还须组织一支招待人员队伍。他们应由青年男女组成，并统一着装，或佩戴统一的标志。他们的职责主要是：迎送接待来宾，为来宾提供必要的服务；邀请单身前来的嘉宾共舞；为遭到异性纠缠的客人“排忧解难”。

3.舞会的茶点

在时间较长、较为正式的大型舞会上，主人一方应为来宾提供适量的饮料、点心和果品以供选用。提供茶点的具体方式可以是按桌定量供应，也可以采用宾主双方都方便的自助式。

三、舞会的礼仪

舞会是社会交际的一种方式，也是娱乐的方法，做舞会礼节的典范可以使自己更受欢迎。

（一）邀舞礼仪

对于一位注意社交的商界人士来说，交谊舞是一门不可缺少的“必修课”。跳交谊舞，在向别人邀舞时，必须注意的礼仪主要有以下两方面的内容：

1.选择舞伴

舞会上必然是两个人翩翩起舞，所以邀请别人共舞是必须做的事。但选择舞伴要注意以下两点：

① 当你有意邀请一位素不相识的女士跳舞时，必须先认真观察她是否已有男舞伴；如果有，一般不宜前去邀请，以免产生误会。待三支舞曲过后，才可以邀请有男舞伴的女士。

② 在正常的情况下，两位女士可以同舞，但两位男士不可以同舞。在欧美，两位女士同舞是宣告她们现在没有男伴；两位男士同舞，则意味着他们不愿向在场的女伴邀舞，这是对女士的不尊重，也是很不礼貌的。所以只有当两位女士已在舞池内旋转起舞时，两位男士才可以采取同舞的方式追随到她们身边，然后共同向她们邀舞，继而分别组合成两对舞伴。

2.邀舞

① 男女即使互不相识，但只要参加了舞会，都可以互相邀请。通常是由男方主动邀请女方共舞。

② 邀舞时，男方应步履庄重地走到女方面前，弯腰鞠躬，同时轻声微笑说：“请您跳个舞，可以吗？”弯腰以15°为宜，不能过分低，因为这样反而会有不雅之嫌。

③ 邀请者的表情应谦恭自然，不要紧张和做作，使人反感；但更不要流于粗俗，如叼着香烟去请人跳舞，这将会影响舞会的良好气氛。

④ 音乐结束后，男伴应将女伴送到其原来的座位，待落座后说一声：“谢谢，再会！”后方可离去，女士也应含笑答礼，切忌在跳完舞后互相不予理睬。

⑤ 男士如果与女伴同赴舞会，不应让女伴独坐，而自己邀请别人共舞。男士在第一支舞曲和最后一支舞曲时应邀自己的女伴同舞。

（二）拒邀礼仪

拒绝邀舞也能表现出一个人良好的修养和高雅的文化素质。

①如果是女士邀请男士，男士一般不得拒绝。舞会是通过跳舞交友、会友的场

合，所以在舞会上女士也不要轻易拒绝对方的邀请。女士可以拒绝个别“感觉不佳”的男士邀请，但要注意分寸和礼貌用语，要委婉地表达。例如，女士可以表情亲切地说：“对不起，我累了，想休息一下。”“我不大会跳，真对不起。”对方当然会心领神会。

但一曲未终时，女士应不再同别的男士共舞；否则，会被认为是对前一位邀请者的蔑视，这是很不礼貌的表现。

②如果女士已经答应和别人跳这一支舞，则应当向男士表示歉意说：“对不起，已经有人邀我跳了，等下一曲吧。”

③当女士拒绝一位男士后，如果这位男士再次来邀请，则在确无特殊情况的条件下，女士应答应与之共舞。

④女士面对两位或者两位以上的邀请者，最能顾全他们面子的做法是全部委婉地谢绝。要是两位男士一前一后走过来邀请，则可以按“先来后到”的顺序，接受先到者的邀请，同时诚恳地对后面的男士说：“很抱歉，下一曲吧。”并要尽量兑现自己的承诺。

⑤有的人自携舞伴，两人跳过一曲或几曲之后，如果有别人前来邀舞，则另一方应开朗大方，促其接受。被邀者本人也应礼貌地接受。

⑥一般情况下，女士是不用主动邀请男士的。但在特殊情况下，如果需要请长辈或贵宾跳舞，女士则可以不失身份地表达：“先生，请您赏光。”“我能有幸请您跳舞吗?”

（三）跳舞时应具有的风度

风度是一个人的言谈、举止、气质和作风等方面的综合表现。跳舞的风度主要是指人们在跳舞时的姿态和表情。在舞会上，男士应表现出绅士风度，女士应展现淑女风采。跳舞的风度一般有如下要求：

① 男士与女士共舞时，男士的右手掌心向下，以大拇指的背面轻轻地将女士的腰肢挽住，左手使左臂以弧形向上、与肩部呈水平线举起，掌心向上，拇指平展，只将女伴的右掌轻轻地托住。女士的左手应轻轻地放在男士的右肩上，右手轻轻地搭在男士的左手上。男士不要强拉硬拽，女士不挂、扑、靠、扭。

② 跳交谊舞时，双方的身体应保持一掌左右的距离，不要紧紧地搂抱在一起；女士用双手搂住男士的脖子跳舞也不雅观。舞姿要端庄、大方，整个身体应保持平、正、直、稳；无论前进、后退还是旋转，都要掌握好身体重心。

③ 跳舞时神情要轻松、自然，说话要和气，不要粗声粗气。

④ 当舞场上人多拥挤时，一对舞伴可以采取碎步慢舞，待他人走过之后，再放开舞步。

⑤ 年轻男女跳现代舞时，舞姿可以更加自由、放松、随意。

四、参加舞会的注意事项

商界人士参加舞会时的注意事项主要有以下几个方面：

① 参加舞会者当天最好不要吃葱、蒜、韭菜、萝卜干等带刺激性气味的食品，以免影响同舞伴的交往与交流。

② 参加舞会要自觉维护舞场卫生，不要在舞场内吸烟、喝酒，不要乱丢果皮、纸屑等。

③ 刚学跳舞的商界人士，下舞场前最好多学几种舞步；否则，会影响舞伴跳舞。只有多学几种舞步，下舞场时才能双方配合协调，跳起来都感到轻松、愉快。不要在舞场学舞步，这会影响对方的情绪。

④ 跳舞时男女双方比较熟悉，可以小声地交谈，声音小到不影响其他舞伴为好。对不熟悉的舞伴，不可问长问短、闲聊不止。如果遇到一对密谈的舞伴，则应立即离开。舞伴之间有什么重要事最好在休息时找地方谈，不可在舞场上争论不休、大声喧哗、高谈阔论。

⑤ 如果有事找人，则应选择在一曲终了之时；找到人后不能在舞场交谈，应绕道出舞池，到休息室等处去谈。

⑥ 舞兴要有所控制，不能在舞场上过于出风头，不能盯住对方不放，不能让其他舞伴无可奈何。

第二节　晚　会

晚会也是一种聚会形式，它以演出文艺节目为主要内容，所以又被称为文艺晚会，是单位之间开展交流、交往的另一种方式。晚会属于娱乐性较强的联谊型公关专题活动。由于其活动场所一般较大，活动人数较多，因而其礼仪规范也有着相对特殊的要求。

一、晚会的筹备与组织

对组织者而言，要使一场晚会获得成功，就必须认真做好准备工作，力求把晚会的各个具体环节安排得完美无缺，并且采取各种必要的预防措施，严防各类意外事件的发生。

（一）晚会的主题

举办一场晚会，主要是为了用优美的表演吸引人，用高尚的情操陶冶人，用时代的精神鼓舞人。这便是举办晚会时所必须恪守的主旨，是任何形式的晚会都不可背离的。

（二）晚会的内容和形式

商界在筹备晚会时，要贯彻落实以上主旨，晚会在内容和形式的选择上必须保证健康、生动。所谓健康是指，一场好的晚会，首先要求演出的节目，不论是从整体上还是从个别来看，都要有明确的主题、健康的内容。它们不仅要合法，与社会公德不抵触，而且要体现出文明、健康、积极、向上、振奋人心的精神。生动则是指，晚会演出的节目要真正受到欢迎，除了节目的主题与表演者的技艺之外，其内容必须生动有趣、引人入胜，使人感到愉悦，其形式必须生动活泼、轻松欢乐，既有新奇之处，又为观众所喜闻乐见。要是晚会节目的内容呆板生硬、老生常谈，节目的形式千篇一律，毫无新意可言，晚会将很难获得成功。

（三）具体节目

在晚会的主题、内容和形式确定下来之后，就需要立即从事节目的准备工作。晚会的节目应以晚会的主题为导向，邀请专业表演者演出或自行编排。

节目的编排首先要确定晚会举行的时间长短，并据此排定文艺节目。在一般情况下，举行综合性晚会以1~2小时为宜。每个节目的时间为5~10分钟，一个小时演5~8个节目为宜。在每个节目之间还要留下充分的间隔时间。

在排节目时，要注意将不同风格、不同水平的节目进行交叉安排，以便让观众觉得有所变化。与此同时，应精心选择“开场白”和“压轴”节目，以给观众留下深刻的印象。

节目安排的基本原则是宁缺毋滥，宁肯让不符合要求、准备不充分的节目下马，也绝不要让其滥竽充数。

（四）节目单

举办大型的晚会通常要印制节目单，发给入场者。晚会的节目单通常列有每个节目的具体名称和表演者名单等项内容；有时还会对节目的主要内容有所介绍，以便让观众提前了解一下节目。有外宾参加的正式晚会上所提供的节目单，通常应以中文与外文印制。

（五）晚会场地

确定举办晚会的场地也是筹备工作的一项重要任务。可以根据本单位的实际情况，租用专业的剧场或者在宽敞的会议室等处举办。场地通常包括演出场地和观众场地。

演出场地又称舞台，一般分为剧场舞台和露天舞台。会场布置对烘托气氛、激发观众和表演者的激情、增强演出效果都具有重要的作用。为了使会场布置能够产生预期的效果，首先应注意选择位置适中、交通便利的场所。会场应有降温、保暖或通风设备，同时应足够宽敞，以保证观众和表演者有一定的活动空间。其次要注意精心装饰会场。彩灯、彩带、彩球、贴花等是会场的常用装饰物，通过其颜色和亮度的变幻、组合，产生一种五光十色、祥和欢快的气氛。同时，要注意良好的音响效果。当然，会场的布置不宜色彩太杂、饰物过多。

观众场地的选择，既要使之服从于演出场地的需要，又要兼顾其安全性和容量。

（六）座位的安排

座位的安排一般根据客人的身份而定。晚会一般设有贵宾席；在专场演出时，通常把贵宾席留给主人和主宾。

（七）邀请领导和来宾

除一般观众外，组织者常常邀请有关部门的领导或来宾欣赏演出，有时还邀请知名表演者前来助兴，以提高晚会的知名度，增强吸引力。邀请领导和来宾要有的放矢。一般而言，主管部门的领导、往来单位的负责人和爱好文艺的有关人士都可在邀请之列。请柬一定要提前寄送，以给对方考虑和调整计划的时间。请柬的内容必须清楚，举办晚会的目的、时间、主要演出单位或人员等不能遗漏，并落实对方到时是否能参加。在演出前要给被邀请人预留座位（一般是最好的位置），并且在入口处派人恭迎，引带入座。适当的时候，可将贵宾介绍给观众。晚会结束时，主办者应对贵宾的光临表示感谢并相送出场，表示“欢迎下次再来”。若邀请知名表演者，则应将晚会的场地、人员、节目安排等情况介绍给对方，听取和尊重他们的意见，并落实好具体日程。

（八）晚会相关人员

1. 主持人

晚会的主持人是晚会的一个核心人物，其现场表现如何，往往对观众的情绪产生很大的影响。通常主持人可以同时由一个人或两个人担任。担任晚会主持人的基本条件是形象较佳、口齿清楚、音色悦耳、富有激情、善于应变。

2. 表演者

选择表演者，不仅要看其演艺技能和知名度，更要兼顾其艺德、台风、责任心，以及年龄、身体状况。必要时，要预备几个“替补节目”，以防止个别表演者缺场，使晚会被迫中断。

3. 总指挥

晚会的总指挥主要负责监督、指挥和调度工作，以保证晚会的成功。担任晚会总指挥的人要头脑冷静、处事果断、观察入微、为人公道、知识渊博、经验丰富、善于协调，并且具有较强的组织能力，是领导型人物。

二、出席晚会现场的礼仪

出席晚会，应提前到达，不要匆匆赶到甚至迟到。服饰要讲究，不能穿普通的便服出席，以正装为主，但样式可以活泼一些。头发要梳理整齐。

晚会开始前，应尽快落座，不可来回走动或大声喧哗，主动将手机调成静音或者关机。来宾入座时应脱帽、脱大衣等。主宾席的客人在开幕前由主人陪同入场。

晚会开始后，观众要全神贯注观看，不交头接耳，不妄加评论，不吸烟，不吃容易发出声响的食物，不随便走动，更不要在自己的座位上打瞌睡。当表演者登场表演以及完成高难度演出动作的时候，观众应报以热烈的掌声。但在音乐类节目演出过程中，无论曲调多么优美或演奏者的技巧如何高超，观众都应等整首曲目演出完毕后才能鼓掌致意。此外，在遇到表演者在演出之中偶尔出现失误时，观众切忌鼓倒掌、喝倒彩、吹口哨、起哄等。

晚会上的工作人员会为观众进行服务，对此应多加体谅，不要对对方的服务求全责备、吹毛求疵，更不能对其呼来喝去、挑逗戏弄。

在观看演出时，男士应对女士礼遇有加，保持自己的风度。若与其他异性一起就座，切勿相距过近、神色暧昧。

演出结束后，全体表演者登台谢场时，全场观众应起立鼓掌，向表演者表示敬意，然后依次退场，切不可不知礼数、扬长而去。

第三节　沙　龙

“沙龙”是法语salon的音译，原文意译为“会客室、客厅”，后演变为特别的社交场所。沙龙的社交内容包括谈书论道、交换读书心得、发表新思想观念、朗读与交流文学作品，逐渐成为社交集会的代名词。

在我国，以社交为目的的专门性的室内聚会，一般都被称为沙龙。在商界，沙龙这种社交形式的优点有：形式自然、内容灵活、品位高雅，适合渴望友谊、注重信息交流的人士，既正规，又轻松愉快地进行交际。因此，沙龙也颇受商界人士的重视。

一、沙龙的类型

根据主旨和出席者，沙龙可大致分为以下类型：

① 交际性沙龙，是指由比较熟识的朋友、同事结成的定期或不定期的社交聚会，大家聚集在某人家里或某些相对固定的场所交流信息等。

② 学术性沙龙，是指由职业、志趣相同或相近的知识分子组成的沙龙，旨在探讨学术或理论问题。

③ 文艺性沙龙，是指由文艺界人士和文艺爱好者组成的沙龙，旨在相聚娱乐。

④ 联谊性沙龙，是指由某一行业或各界人士代表参加的沙龙，旨在相互了解、加深认识。

⑤ 综合性沙龙，是指参加人数较多和活动内容比较丰富的大型社交聚会，是包罗万象、内容众多的一种沙龙。

⑥ 休闲性沙龙，是指以休闲、娱乐为主要活动形式的沙龙。

目前，商界人士在实际生活中尽管对各种沙龙均有不同形式的接触，但对商界人士的实际工作最有影响、最有帮助的，则当数联谊沙龙、交际沙龙和休闲沙龙。

二、举办沙龙的条件

① 有一个比较宽敞的场所，以便大家进行交流，如有一个大的客厅或者会议厅或者一块空草坪等。

② 沙龙的召集者和主办人应具有较高的威望和一定的表达能力，这样方能吸引大家来参加，并妥善地主持沙龙。

③ 沙龙组织者应准备足够的座位和饮料等，以便款待来宾。

三、参加沙龙的要求

沙龙是一种重要的社交活动，要求每个参加者都注重礼仪，具体的要求包括以下方面：

（一）遵守时间

商界人士在参加沙龙时，遵守时间，按时赴约，不得无故迟到、早退或是失约。在社交场合，“时间就是金钱”这一定律依然有效。无故迟到、早退或失约，不仅浪费了他人的时间，也是失敬于人的。商界人士惜时如金，守时守约更是立身之本，在这点上，商界人士绝不能无原则地宽容自己。

另外，需要特别说明的是，参加沙龙，通常不宜早到，准时到场是比较规范的。万一有事难以准时到达或不能前往，须提前通知主人，并表示歉意。迟到太久了，一定要向主人和大家说“对不起”，而制造任何借口为自己开脱，都是不能原谅的。

（二）发言慎重

商界人士与他人交谈、发言时，应当三思而行，出口谨慎。发言时不要条理不清、言不及义或是故弄玄虚，更不要唯我独尊。在发言、讨论时，为了取胜而“泄私愤、图报复”、胡搅蛮缠、强词夺理，那样会大煞风景。

另外，商界人士参加沙龙要以“取经”为目的，多听、多记、多向别人请教；有不明之处能够提出来由大家争论一番，也称得上是自己的一种贡献。

（三）行为稳重

商界人士在参加沙龙活动时，应当设身处地地多替主人着想，并尽可能伸出援助之手。在沙龙举办期间，即使有些事情不尽如人意，也要保持克制，别说怪话。不要对主人所作的安排品头论足、说三道四；不要当着他人的面让主人难堪，或是指责、非议、侮辱主人。

在主人家中参加沙龙时，不要自以为与主人关系甚密，便可以不讲公德，从而做一些诸如吸烟、随地吐痰或乱扔东西等不良举止；也不允许擅自闯入非活动区域，如主人的书房、卧室、阳台、储藏室等处，更不能翻箱倒柜，乱拿或乱动主人的物品。

第四节　派　对

派对，本是英语“party”一词的音译，一般而言，指私人性聚会，尤其是小型的私人聚会。目前，派对在我国尤其是在商界中非常流行。商界人士之所以会看中派对这种社交形式，主要是因为它形式自然、内容灵活、品位高雅，可以使人们正规而又轻松愉快地与其他人士进行交往。

在我国，以社交为目的的专门性的室内聚会一般都被称为派对。按照人们在聚会中所讨论的中心话题或所从事的主要活动来区别，派对又可分为许多种类：

① 综合型派对，是指内容丰富、包罗万象的聚会。

② 交际型派对，是指亲朋好友、同事、同学相互之间以保持联络为目的的聚会。

③ 联谊型派对，是指主要是为了接待来访者，促进相互了解、加深认识的聚会。

④ 文艺型派对，是指主要由文学艺术爱好者发起、参加的聚会。

⑤ 休闲型派对，是指以休闲、娱乐为主要活动形式的聚会。

下面，重点介绍的是有关交际型派对和休闲型派对的基本礼仪。

一、交际型派对

一般而言，交际型派对是商界人士平常接触最多的一种派对。举办交际型派对的主要目的是使参加者相互之间保持接触、进行交流，因此它的具体活动形式灵活多样。商界人士经常有机会参加的座谈会、校友会、聚餐会、庆祝会、联欢会、生日晚会、节日晚会、家庭舞会等，实际上都属于交际型派对。

（一）派对的组织

在通常情况下，交际型派对举办的地点、时间、形式以及主人和参加者均需事先议定。它可以由一人发起、提议，也可以由全体参与者共同讨论决定。

1.举办的地点

应选择条件较好的私家客厅、庭院，以及宾馆、饭店、写字楼内的某一专用的房间。所选定的地方一般应当具备面积大、通风好、温度适中、照明正常、环境幽雅、不受外界干扰等特点。

2.持续的时间

交际型派对通常可持续2~4个小时，但在具体执行上不必过分地拘泥于此。只要大家意犹未尽，那么将其适当地延长一些也是完全必要的。通常，为了不影响正常工作，交际型派对以在周末下午或晚间举行为好。

3.具体的形式

交际型派对的具体形式应根据具体目的而加以选择。如果大家只是想“见一见”“聚一聚”，那么可选择较为轻松随意的同乡会、聚餐会、联欢会、节日晚会或家庭舞会。若打算好好地“谈一谈”“聊一聊”，则不妨选择不宜分神的咖啡会、座谈会、讨论会等形式。当然，在具体操作上，这几种形式也可以彼此交叉或同时采用。有时，不确定交际型派对的具体程序或具体议题，而听凭参与者届时任意发挥也是可行的。

4.现场的主人

如果交际型派对在某家私宅内举行，则其主人自然是此次派对的主人。如果派对是在租用场地举行的，则一般应由其发起者或组织者担任主人。必须注意的是，若派对的组织者或发起者独身、未婚或配偶不在本地，则应由其父母、子女、同事中的某位异性来临时充任男主人或女主人。按照惯例，派对的主人应有男有女，以便各自分别照顾男宾、女宾。

5.派对的参加者

交际型派对的参加者应当事先大体上确定好。在某些较为正式的交际型派对上，参加者彼此之间应以相识者居多，这样才有助于大家多交流、少拘束。当然，交际型派对也不绝对地排斥“新人”加入，只不过“新人”的加入应提前征得主人的同意，并以不会同有前嫌的人在派对上“狭路相逢”为前提。

派对的既定参加者，按规定可以携带家人或秘书出席。但应注意，临时邀请其他人同往是不适宜的。若无明确的要求，则最好不要带着未成年的家人，尤其是幼童、婴儿去“见世面”。派对上的议题与他们距离太远不说，若其不听管教，还会有碍于举行派对的初衷，影响参加者的相互沟通。

在前去参加交际型派对之前，参加者应对自己的仪表、服饰进行必要的修饰。男士通常应理发、剃须，穿西装套装或休闲型西装；女士则需要做发型、化妆，并选择旗袍、时装、连衣裙等适于社交场合穿着的服装。若夫妇或情侣二人一同赴约，则其穿着打扮应彼此保持和谐一致，如穿“情侣装”、戴“情侣表”、配相似款式的鞋子、服饰的色彩相互呼应等。如果两个人之间的打扮相去甚远，一个人身着礼服、浓妆艳抹，另一个人却穿着随便、不修边幅，好像前者的一名“跟班”，则对配偶以及本人的形象都有损害。

男女主人的穿戴应尽可能地向自己身份靠拢。应当指出的是：要求主人讲究着装，并不是要他们力求“高大上”，非要超过参加派对的其他宾客。

（二）派对的规则

在交际型派对上，有几条基本的礼仪规则是商界人士不可不知的。

1.尊重女士与长者

商界人士在包括交际型派对在内的一切社交场合，都要主动自觉地尊重、照顾、体谅、帮助、保护女士和长者，并积极地为其排忧解难。不应当在女士、长者面前口吐脏字，开过分无聊的玩笑，不准把“小妞”“美眉”“老头儿” “老太太”之类显得轻浮或失敬于人的称呼挂在嘴上。不允许对女士、长者动手动脚、打打闹闹。在亲切与放肆、平等与辈分等之间，商界人士一定要时刻把握好具体的分寸。与女士和长者相处时多留心，行走时应请其优先，就座时应以其为尊，携带物品时应为其代劳，安排具体活动时应首先考虑他们的状况。

2.体谅主人

商界人士在参加派对活动时，应设身处地、时时处处替主人着想，并尽可能地在其需要时施以援手，至少也应该做到不为主人忙中添乱。参加派对之初，客人不要忘了去问候主人。在派对举办期间，客人可以找机会向主人询问一下：“我能帮你做些什么？”派对结束时，客人向主人道别之后方可告辞。

3.表现有别

在非专题性的交际型派对上，人们的表现相对而言可以自由一些。然而，不与任何人交谈或有意显得与众不同，也未必合适。

参加这种派对，人们同样需要自己主动与他人进行交流。人们既可以主动同身边的人进行攀谈，也可以旁听他人的交谈，还可以加入他人的交谈；在同他人交谈时，应当表现得诚恳虚心。人们应当借这个机会扩大一下自己的交际范围，除了与老朋友交谈之外，尽量去认识更多的新朋友；不要一味盯住熟人、上司、嘉宾等不放，而又不准其他人介入。人们在介入异性的交际圈时，一般不应不邀而至。

参加专题性（有既定的中心或主题）的交际型派对时，人们既要真实地发表自己的见解与主张，又要宽容大度，善于向他人学习和请教。在商界，专题性的交际型派对最受欢迎。人们热衷于参加它，不仅是为了就某一问题进行座谈、讨论，以期明辨是非，更重要的是为了集思广益、取长补短、开阔视野、增长知识。

二、休闲型派对

对商界人士而言，除了8小时之内兢兢业业地努力工作之外，其在日常生活中的人际交往、待人接物，往往也会在无形之中为自身的本职工作助上一臂之力。因此，不少商界人士对休闲型派对亦颇为重视。

休闲型派对有多种多样的具体形式，其中为人们所常见的有游园联欢会、远足交友会、家庭音乐会、小型运动会、俱乐部聚会等。与交际型派对相比，休闲型派对同样具有社交功能，只不过其休闲性、娱乐性较为突出。称其为寓交际于休闲娱乐的派对，可能更为贴切一些。有一位颇有成就的西方企业家曾经说过："我的成功，多半不是来自谈判桌上，而是来自乡间别墅里同对手的友好接触。"他的这句话对休闲型派对的功能作出了最通俗的正确表述。

事实上，邀请友人、同行或合作伙伴利用闲暇来到自己的家里或度假屋中，进行打桥牌、欣赏音乐、合作演奏乐曲、卡拉OK、游泳、钓鱼等多种休闲娱乐活动，可以达到放松身心、融洽关系、促进合作等多重效果。

由此可见，对商界人士来讲，休闲型派对的应酬与正式场合的社交在实质上并无二致。然而，既然休闲型派对不与交际型派对"合并"，而能够保持其自身的独立地位，就表明它自身的特色自然十分鲜明。因此，商界人士在参加休闲型派对时的表现必须与参加交际型派对时的表现有所区别。总的来讲，商界人士在参加休闲型派对时应当生动、随意、自然。

1.表现得"像玩"

休闲型派对的参加者要轻装上阵，脱下西装套装、西装套裙、时装、礼服和皮鞋，卸下表明地位与身份的首饰，换上与休闲型派对具体环境相适应的运动装、休闲装、运动鞋或休闲鞋，实实在在地进入自己此时此地的角色中。反之，如果在休闲型派对上露面时依然一本正经，男士穿西装、打领带，女士着套裙、蹬高跟皮鞋，未免会让人觉得矫揉造作，并影响大家愉悦的心情。

2.表现得"会玩"

其在此具有两重含义：一方面是指掌握了玩的技巧；另一方面是指对玩的内容选择有方。不会玩，只要肯去学，又有人教，一般不难对付。然而，若对玩的内容选择时误入歧途，就因小失大、害己害人了。在休闲型派对里所玩的内容，应当既高雅脱俗，又使人感觉轻松、愉快。一般来讲，打桥牌、下象棋、打网球或是举办小型音乐演奏会，都是休闲型派对优先选择的内容。

商界人士参加休闲型派对，当然意在使自己和一同前去的伙伴们开心、放松，但有一条界线是不容逾越的，那就是大家在玩的同时必须严守国家法律、社会公德，绝不能与"黄、赌、毒"沾边。

3. 以玩为主

在此种场合，绝对不能表现得急功近利，那边请来的客人刚刚玩得渐入佳境，心情甚好，这里的主人就立即原形毕露，摊牌叫价了。那样做，往往会大煞风景，并会给客人留下不好的印象。

该办的事自然要办，该说的话当然要说，只不过一定要选择好最佳的时机。在活动结束之后或派对之后过上一两天再谈正事，往往会比在玩的时候“转移话题”更奏效。

拓展阅读七

关键术语

正式舞会　非正式舞会　晚会　沙龙　派对

复习与思考

1. 最常见的商业聚会有哪些？
2. 一个注重社交的商业人士应如何邀舞？
3. 跳舞时应具有哪些风度？
4. 如何选择晚会的场地？
5. 参加沙龙应遵循哪些要求？
6. 商界人士参加交际型派对应记住的原则有哪些？
7. 休闲型派对与交际型派对有什么区别？

第八章

商务会务礼仪

在日常工作中，商界人士经常需要组织、领导或参加各种会议。因此，会议自然而然地成为商务活动的重要内容之一。会议，又称集会，在现代社会里，它是人们从事各类有组织的活动的一种重要方式。在一般情况下，会议是指有领导、有组织地使人们聚集在一起，并对某些议题进行商议或讨论的集体性活动。

在许多情况下，商界人士往往还需要亲自办会。所谓办会，就是指从事会务工作，即具体负责从会议的筹备直至其结束的一系列具体事项。会务礼仪通常指的是有关举办会议方面的具体的行为规范。在商界，遵守商务会务礼仪，将有助于本单位的对外沟通。

第一节　洽谈会

商界人士在其商务交往中都有过参加商务洽谈的经历。对其中一些人而言，他们在有如战场的商场上的成败得失，往往更直接地取决于能否通过洽谈来为自己开辟一条成功之路。

商界人士所进行的洽谈，通常又称商务谈判，是最重要的商务活动之一。洽谈的含义就是在商务交往中存在某种关系的有关各方，为保持接触、建立联系、进行合作、达成交易、拟定协议、签署合同、要求索赔、处理争端和消除分歧而坐在一起进行面对面的讨论与协商，以求达成某种程度上的妥协。因洽谈而举行的有关各方的会晤，一般被称为洽谈会。

大凡正式的洽谈会都很注重礼仪。绝大多数正式的商务洽谈本身，就是按照一系列约定俗成的既定礼仪所进行的庄重的会晤。在商务洽谈中，正确的态度是：既要讲谋略，又要讲礼仪。倘若只讲谋略而不讲礼仪，或是只讲礼仪而不讲谋略，都无助于洽谈的成功。

下面将从商务礼仪，尤其是会务礼仪的角度具体讨论洽谈会的有关事项。一般来说，洽谈会礼仪主要体现在洽谈筹划与洽谈方针两大方面。它们互为表里、不可分割，共同决定洽谈会的成败。

一、洽谈筹划

在现实生活中，洽谈的具体形式可谓多种多样。不论商界人士面对的是何种具体形式的洽谈，都有必要为此而充分做好准备，以求有备无患。商界人士在为洽谈而着手准备时，重点应在技术性准备与礼仪性准备两个方面。

（一）技术性准备

为商务洽谈而进行的技术性准备，在此是指要求洽谈者事先充分地掌握有关各方的状况，了解洽谈的“谋篇布局”，并就此而构思、酝酿正确的洽谈手法与洽谈策略；否则，商界人士在洽谈中就可能会目标不明、方法不当、顾此失彼、功败垂成。

1. 基本原则

（1）客观原则

在准备洽谈时，有关的商界人士不仅所占有的资料需要是客观的，而且决策时的态度必须是客观的。占有资料的客观性是指洽谈者尽可能地取得真实而准确的资料，不要以道听途说或对方有意散布的虚假情报来作为自己决策时的依据。决策时态度的客观性是指洽谈者在决策时态度清醒而冷静，不要被感情所左右或意气用事。

（2）预审原则

其具体含义有二：

其一，是指准备洽谈的商界人士应对自己的方案预先反复审核、精益求精。

其二，是指准备洽谈的商界人士应将自己提出的方案预先报请上级主管部门或主管人士审查、批准。虽说负责洽谈的商界人士拥有一定的授权，在某些特殊的情况下可“将在外，君命有所不受”“先斩后奏”，但这并不等于说洽谈者就可以忘乎所以、一意孤行。

在洽谈之前对自己的方案进行预审，既可以减少差错，又可以群策群力、集思广益，使方案更完美。

（3）自主原则

它是指商界人士在准备洽谈时以及在洽谈进行中务必发挥自己的主观能动性，相信自己，依靠自己，鼓励自己，鞭策自己，在合乎规范与惯例的前提下，力争“以我为中心”。

坚持自主原则有两大好处：

其一，可以调动有关商界人士的积极性，使其更好地有所表现。

其二，可以争取主动权，或是变被动为主动，在洽谈中为自己争取到有利的位置。

（4）兼顾原则

它是指商界人士在准备洽谈时以及在洽谈过程中，在不损害自身根本利益的前提下应尽可能地替洽谈对方着想，主动为对方保留一定的利益。有经验的商界人士都清楚，最理想的洽谈结局不应当是“你死我活”“鱼死网破”，而应当是有关各方的利益与要求都得到了一定程度的照顾，亦即彼此达成妥协。在洽谈中，为对方留下余地，不搞“赶尽杀绝”，不但有助于保持与对方的正常关系，而且会使商界同仁对自己刮目相看。

2. 准备工作

（1）知己知彼

孙子曰：“知己知彼，百战不殆。”这句至理名言对洽谈者准备洽谈也具有一定的教益。如果能在洽谈之前就了解对方，做到“击敌之短”，则一定会取得更好的成绩。

对洽谈对手的了解应集中在如下方面：

① 在洽谈对手中，谁是真正的决策者或负责人；

② 洽谈对手的个人资讯、谈判风格和谈判经历；

③ 洽谈对手在政治、经济以及人际关系方面的背景情况；

④ 洽谈对手的谈判方案；

⑤ 洽谈对手的主要商务伙伴、对手，以及他们彼此之间相互关系的演化等。

（2）熟悉程序

谈判桌不比战场，“从战争中学习战争”那一套对于洽谈来讲是行不通的。虽然说洽谈的经验需要积累，但因为洽谈事关重大，所以它往往是不允许人们视之为儿戏的。从理论上来讲，洽谈的过程是由“七部曲”一环扣一环，一气呵成的。这七步是探询、准备、磋商、小结、再磋商、终结以及洽谈的重建。每一个洽谈的具体步骤都有其特殊的“起、承、转、合”，都有一系列的台前与幕后的准备工作要做，并需要当事人具体问题具体分析，以随机应变。

在准备洽谈时，一定要多下苦功夫，多做案头的准备工作，尤其是要精心细致地研究洽谈的常规程序及其灵活的变化，以便在洽谈中能够胸有成竹、处变不惊。

（3）运用策略

尽管商界人士在进行洽谈时总的指导思想是平等、互利，但这并不排斥努力捍卫或争取己方的利益。事实上，在洽谈中的成功不仅要凭借实力，更要依靠对洽谈策略的灵活运用。

在商务洽谈中，对诸如以弱胜强、制造竞争、趁热打铁、出奇制胜、利用时限、声东击西等具体策略，任何行家里手都不会不清楚。但至为关键的“活学活用”是商界人士所必须做到的。例如，在洽谈时，应当何时报价是一个策略性极强的大问题。如果想要先入为主、赢得主动权，那么率先出价是可行的；若不明就里，指望以逸待劳、后发制人，则不妨后于对方报价。仅仅就此而论，单纯地讲先报价好还是后报价好都没有任何实际意义，只有就事论事，才可以分出其中的优劣。

（二）礼仪性准备

洽谈的礼仪性准备，在此是指洽谈者在安排或准备洽谈会时应注重自己的仪表，预备好洽谈的场所，布置好洽谈的座次，并以此来显示己方对洽谈的重视以及对洽谈对象的尊重。在准备洽谈时，礼仪性准备的收效虽然一时难以预料，但它绝对必不可少。与技术性准备相比，它是同等重要的。

1.仪表

正式出席洽谈会的人员在仪表上务必遵循严格的要求与统一的规定。

男士一律理发、剃须、吹头发，不准蓬头乱发，不应蓄胡子或留大鬓角。女士则应选择端庄、素雅的发型，并化淡妆；不能做过于时尚的发型，不许染彩色头发，不许化艳妆或使用香气过于浓烈的化妆品。

由于洽谈会关系大局，所以商界人士在此种场合理应穿着传统、简约、高雅、规范的最正式的礼仪服装。可能的话，男士应穿深色三件套西装和白衬衫，打素色或条纹式领带，配深色袜子和黑色系带皮鞋。女士则须着深色西装套裙和白衬衫，配肉色长筒或连裤式丝袜，穿黑色高跟或半高跟皮鞋。

2.地点

根据举行的地点不同，商务洽谈可分为客座洽谈、主座洽谈、客主座轮流洽谈以及第三地点洽谈。

① 客座洽谈，即在洽谈对手所在地进行洽谈。

② 主座洽谈，即在我方所在地进行洽谈。

③ 客主座轮流洽谈，即在洽谈双方所在地轮流进行洽谈。

④ 第三地点洽谈，即在不属于洽谈双方任何一方的地点进行洽谈。

以上洽谈的地点的具体确定，应通过各方协商而定。

倘若由我方担任东道主出面安排洽谈，则一定要在各方面打好礼仪这张“王牌”，在洽谈会的台前幕后恰如其分地运用礼仪，迎送、款待、照顾对手，赢得信赖、理解与尊重。

3.座次

只有在某些小规模洽谈会或预备性洽谈会的举行过程中，座次问题才可以不必拘泥。在举行正式洽谈会时，座次既反映了洽谈者对规范的尊重，也是洽谈者给予对手的礼遇。

（1）双边洽谈

举行双边洽谈时，应使用长桌或椭圆形桌子，宾主应分坐于桌子两侧。若桌子横放，则面对正门的一方为上，应属于客方；背对正门的一方为下，应属于主方。若桌子竖放，则应以进门的方向为准，右侧为上，属于客方；左侧为下，属于主方。

在进行洽谈时，各方的主谈人员应在自己一方居中而坐；其余人员则应遵循右高左低的原则，依照职位的高低自近而远地分别在主谈人员的两侧就座。假如需要译员，则应安排其就座于仅次于主谈人员的位置，即主谈人员之右。

（2）多边洽谈

举行多边洽谈时，力避失礼，一般都按照国际惯例以圆桌作为洽谈桌，举行“圆桌会议”。这样一来，尊卑的界限就被淡化了。即便如此，在具体就座时，亦应讲究有关各方的与会人员尽量同时入场，并同时就座。最低限度，主方人员也不应在客方人员之前就座。

二、洽谈方针

在洽谈的一般过程中，双方人员的态度、心理、方式、手法等，无不对洽谈构成重大的影响。

商界人士在参加洽谈会时，首先需要更新意识，树立正确的指导思想，并以此来指导自己的洽谈表现。实际上，此即所谓的洽谈方针。洽谈方针的核心之点依旧是以礼待人、尊重别人、理解别人。具体而言，洽谈方针分为以下几点：

（一）礼敬对手

礼敬对手是指洽谈者在洽谈会的整个进程中排除一切干扰，始终如一地对自己的洽谈对手讲究礼貌，时时、处处、事事都表现得对对手不失真诚的敬意。

在洽谈过程中，始终坚持礼敬对手无疑能给对手留下良好的印象，而且在今后的进一步商务交往中能发挥潜移默化的功效，即所谓的“你敬我一尺，我敬你一丈”。

调查结果表明，在洽谈中能够面带微笑、态度友好、语言文明礼貌、举止彬彬有礼的人，有助于消除对手的反感、漠视和抵触心理，赢得对手的尊重与好感。因此，在某种程度上可以说：有礼即有理，讲礼易成功。与此相反，假如在洽谈过程中举止粗鲁、态度刁蛮、表情冷漠、语言失礼，不知道尊重与体谅对手，就会在无形中伤害或得罪对手，从而增强对手的防卫性或攻击性，并为自己不自觉地增添了阻力与障碍。

（二）依法办事

在商务洽谈中，利益始终是各方关注的核心。对任何一方而言，大家讲究的都是趋利避害；在迫不得已的情况下会“两利相权取其重，两害相权取其轻”。虽然如此，但是商界人士在洽谈会上既要为利益而争，又应谨记依法办事。

所谓在商务洽谈中依法办事，是要求商界人士自觉地树立法治观念，在洽谈的全过程中依照国家的法律办事。只有这样，才能确保通过洽谈所获得的既得利益。法盲作风、侥幸心理、铤而走险、目无法纪，都只会害人、害己，得不偿失。

实践中，有一些人喜欢在洽谈中附加人情世故。它如果是指注重处理与对手的人际关系、争取促进双方之间的理解与尊重，那么是正确的。但如果指的是在洽谈中搞“人情公关”，即与对手称兄道弟、向对手施以小恩小惠，就是非常错误的。实际上，这是小农意识在作怪，往往无济于事。因为人情归人情、生意归生意，任何有经验的商界人士都不会在洽谈会上让情感战胜理智；在洽谈中过多地附加人情，甚至以此为重点，实在是误入歧途。说到底，犯此种错误的人没有法治观念，而且不懂得应当怎样做生意。

（三）平等协商

从本质上分析，洽谈就是有关各方在合理、合法的情况下进行讨价还价。由此可见，洽谈实际上是观点各异的各方经过种种努力，从而达成某种程度上的共识或一致的过程。换言之，洽谈只会在观点各异的有关各方之间进行。假如离开了平等协商，成功的洽谈便难以设想。

在洽谈中要坚持平等协商，重要的是注意以下两个方面的问题：

一方面，洽谈各方在地位上平等一致、相互尊重，不允许仗势压人、以大欺小。如果谈判一开始有关各方在地位上便不平等，那么是很难达成让各方心悦诚服的协议的。

另一方面，洽谈各方在洽谈中必须通过协商即相互商量来求得谅解，而不是通过强制、欺骗来达成一致。

要想在洽谈会上做到平等协商，就要以理服人、以理评理，并保持一致。这样做比较容易说服对方。

（四）求同存异

在任何一次正常的洽谈中，都没有绝对的胜利者和绝对的失败者；相反，有关各方通过洽谈，多多少少都会获得或维护一些自身的利益。也就是说，双方会在某种程度上达成妥协。

富有经验的商界人士都很清楚，有关各方既然同意坐下来进行洽谈，在洽谈时就绝对不可以坚持“一口价”，一成不变，一意孤行；否则，就是作茧自缚、自欺欺人。洽谈中的相关议题都是可谈的。

在洽谈会上，妥协是通过有关各方的相互让步来实现的。所谓相互让步，意即有关各方均有所退让，但是此种相互让步并不等于有关各方的对等让步。在实践中，真正的对等让步总是难以作出的。在洽谈会上所达成的妥协，对当事的有关各方只要公平、合理、自愿，尽最大限度维护或争取了各自的利益，在实践中就是可以接受的。

（五）互利互惠

以上之所以反复强调最理想的洽谈结局是有关各方达成了彼此都能够接受的妥协，说到底就是要使有关各方通过洽谈都能够实现互利互惠。

在商务交往中，洽谈一直被视为一种合作或为合作而进行的准备。因此一场商务谈判的最圆满的结局，应当是洽谈的所有参与方都能各取所需，都取得了一定的成果，并获得了更大的利益。换言之，商务洽谈首先是讲究利益均沾、共同获利的。如果把商务洽谈视为“一次性买卖”，主张赢得越多越好，甚至要与对手拼个“你死我活”，争取以自己的大获全胜和对手的彻底失败来作为洽谈会的最终结果，则必将危及己方与对手的进一步合作，并容易导致对手对己方产生“心狠手辣”“不能容人”的恶劣印象。

因此，商界人士在参加洽谈会时必须争取的结局应当是既利己又利人的。在现代社会，最讲究的就是伙伴、对手之间同舟共济，既要讲竞争，更要讲合作。自己所获得的利益不应当建立在有害于对手或伙伴的基础上，而是应当实现双赢或多赢。

（六）人事分开

在洽谈会上，洽谈者在处理己方与对手之间的相互关系时，必须做到人与事相分离，各自分别而论。

商务洽谈并不是一场你死我活的人与人的战争，因此商界人士对它应当就事论事，不要让自己对洽谈对手主观上的好恶妨碍自己解决现实问题。商界人士在洽谈中应当理解洽谈对手的实际处境，不要对对手提出不切实际的要求，或一厢情愿地渴望对手向自己施舍或回报感情。

同理，商界人士在洽谈会上对“事”要严肃，对“人”要友善；对“事”不可以不争，对“人”则不可以不敬。

在商界，通常讲究“君子求财不求气”，这就告诉我们：意气用事，在商务交往中的任何场合，其中包括洽谈会在内，都是弊大于利的。商界还流行着另外一句名言：“君子爱财，取之有道。”将其应用于洽谈会也是合情合理的。它告诉商界人士：要想在商务洽谈中尽可能地维护己方的利益，减少己方的损失，就应在洽谈的方针、策略、技巧上下功夫，从而名正言顺地在洽谈会上获得成功。若把心思用到了其他地方，甚至指望以见不得阳光的歪门邪道出奇制胜，即便不是痴心妄想，也是自欺欺人。

第二节　新闻发布会

新闻发布会，简称发布会，有时亦称记者招待会。它是一种主动传播各类有关信息，谋求新闻界对某一社会组织或某一活动、事件进行客观、公正报道的有效沟通方式。对商界而言，举办新闻发布会是其联络、协调与新闻媒介之间相互关系的一种最重要的手段。

新闻发布会的常规形式是：由某一企业单位或几个相关的企业单位出面，将有关的新闻界人士邀请到一起，在特定的时间与特定的地点举行一次会议，宣布某一消息，说明某一活动或解释某一事件，争取新闻界对此进行客观而公正的报道，并尽可能地扩大信息的传播范围。按照惯例，当主办单位在新闻发布会上进行完主题发言后，允许与会的新闻界人士在既定的时间里围绕发布会的主题进行提问，主办单位则必须安排专人回答此类提问。简言之，新闻发布会就是以发布新闻为主要内容的会议。

对商界而言，新闻发布会礼仪至少应当包括会议筹备、媒体邀请、现场应酬、善后事宜等内容。

一、会议筹备

筹备新闻发布会，所要做的准备工作甚多，其中最重要的是做好以下具体工作：

（一）主题的确定

一旦决定召开一次新闻发布会，就应首先确定其主题。新闻发布会的主题是指新闻发布会的中心议题。主题确定得是否得当，往往直接关系到本单位的预期目标能否实现。一般而言，新闻发布会的主题有下列三类：发布某一消息、说明某一活动、解释某一事件。诸如组织开业、扩建、合并或者关闭，组织创立的周年纪念日，组织的经营方针发生改变，新举措、新产品、新技术、新服务面世，组织的高级管理人员发生变动，组织遭遇重大事故，组织遭到社会的误解或者批评等，都是新闻发布会的常规主题。

（二）时空的选择

新闻发布会的时空选择通常是指对其时间与地点的选择。对这两个具体问题不加重视，即便主题再好，新闻发布会也往往难以奏效。

1.时间的选择

一般来说，一次新闻发布会所使用的全部时间应限制在2个小时以内。具体而言，在选定举行新闻发布会的时间时，须谨记以下几个方面的细节问题：

一是要避开节假日；

二是要避开本地的重大社会活动；

三是要避开其他单位的新闻发布会；

四是要避免与新闻界的宣传报道重点撞车或相左。

只讲紧迫性、时效性，而忽略了上述问题，往往只会使自己劳而无功。

通常认为，举行新闻发布会的最佳时间是周一至周四的9点至11点或15点至17点。在此时间内，绝大多数人都是方便与会的。之所以将周五排除在外，主要是因为周末随之而至，此刻人心涣散，对新闻报道往往不予重视。

2.地点的选择

选择新闻发布会的举行地点时，除可以考虑本单位本部所在地、活动或事件所在地之外，还可优先考虑首都或其他影响巨大的中心性城市；必要时，还可在不同地点举行内容相似的新闻发布会。举行新闻发布会的现场，应交通方便、条件舒适、环境幽雅、面积适中，如本单位的会议厅、宾馆的多功能厅、当地最有影响的建筑物等。

（三）人员的安排

在准备新闻发布会时，主办者一方必须精心做好有关人员的安排。与其他会议有所不同的是，新闻发布会的主持人、发言人选择是否得当，往往直接关系到它的成败。因此，在安排新闻发布会的人员时，首先要选择好主持人与发言人。

1.主持人

按照常规，新闻发布会的主持人大都应当由主办单位的公关部负责人或办公室负责人等担任。其基本条件是：仪表堂堂、年富力强、见多识广、反应灵活、语言流畅、幽默风趣、善于把握大局、长于引导提问，并具有丰富的主持会议的经验。

2.发言人

在一般情况下，新闻发布会的发言人是会议的主角，因此通常应由本单位的主要负责人担任。有些单位往往还设有专职的新闻发言人。除在社会上口碑较好、与新闻界关系较为融洽之外，对发言人的基本要求还包括恪尽职守、修养良好、学识渊博、思维敏捷、反应迅速、记忆力强、善解人意、能言善辩、彬彬有礼等。

除要慎选主持人、发言人之外，还须精选一些本单位的员工负责会议现场的礼仪接待工作。依照惯例，他们最好由品行良好、相貌端正、工作负责、善于交际的年轻女性担任。

为了宾主两便，主办单位所有正式出席新闻发布会的人员，均须在会上正式佩戴事先统一制作的胸卡，其内容包括姓名、单位、部门与职务等。

（四）材料的准备

在准备新闻发布会时，主办单位通常需要事先委托专人准备好如下方面的具体材料：

1.发言提纲

它是发言人在新闻发布会上进行正式发言时的提要。对发言提纲总的要求是：

既要紧扣主题，又要全面、准确、生动、真实。

2.问答提纲

为了使发言人在现场正式回答提问时表现自如、不慌不忙，事先可对有可能被提问的主要问题进行预测，并就此预备好针锋相对的答案，以使发言人心中有数，在必要时予以参考。

3.宣传提纲

为了方便新闻界人士在进行宣传报道时抓住重点、资料翔实，主办单位可事先精心准备好一份以有关数据、图片、资料为主的宣传提纲，并打印出来，在新闻发布会上提供给每一位外来的与会者。宣传提纲通常应列出本单位名称及联络电话、传真号码，以供新闻界人士核实之用。有自己网站的单位，还可同时列出本单位网站的网址。

4.辅助材料

假如条件允许，还可在新闻发布会的举办现场预备一些能够强化会议效果的形象化视听资料，如实物、模型、沙盘、录音、录像、幻灯、光碟、书刊等，以供与会者利用。在会前或会后，会议主办方亦可安排与会者进行一些必要的现场参观或展览；但安排此类活动时应注意，切勿弄虚作假或泄露商业秘密。

二、媒体邀请

在新闻发布会上，主办单位的交往对象自然以新闻界人士为主；但在事先考虑邀请新闻界人士时，也必须有所选择、有所侧重，不然就难以确保新闻发布会真正取得成功。一般而言，在这一具体问题上对以下侧重点必须认真考虑：

（一）举办发布会的必要性

一家务实的单位并非依靠炒作新闻而提升影响力。举办新闻发布会，首先要看有无必要性；即使存在一定的必要性，也要多加论证，因为召开发布会讲究少而精。

众所周知，商界向社会各界主动传播信息的方式并非只有举行新闻发布会一种，还有发送新闻稿、邀请参观现场等。假如采用后两种方式即可发挥预期的作用，那么新闻发布会往往是可以不举办的。如果“新闻”不新或新闻界人士毫无兴趣，而仍然一厢情愿地坚持召开新闻发布会，到时无人到场，就没什么效果了。总之，若没有必要邀请新闻界人士，就没有召开新闻发布会的必要了。

（二）新闻界人士的邀请

一旦决定召开新闻发布会，邀请哪些方面的新闻界人士与会的问题就显得格外重要。实际上，这一问题又可分为下列两个方面：

1.充分了解大众传媒的特点

目前，新闻媒介大体上可以分为电视、网络、报纸、广播、杂志等。它们各有所长，也各有所短。

电视的优点是：受众广泛、真实感强、传播迅速。其缺点是：受到时空限制，不容易保存。

网络的优点是：内容丰富、时效性强、涉及广泛。其缺点是：良莠不齐、真伪难分。

报纸的优点是：信息容量大、易储存查阅、覆盖面广。其缺点是：感染力差、不够精美。

广播的优点是：传播速度快、鼓动性极强、受限制较少。其缺点是：稍纵即逝、选择性差。

杂志的优点是：印刷精美、系统性强、形式多样。其缺点是：出版周期较长、读者较少。

只有了解了上述各种新闻媒体的主要优缺点，并在对新闻界人士进行邀请时对其认真加以考虑，才不至于走弯路。

2.邀请新闻界人士时有所侧重

新闻发布会在邀请新闻单位的具体数量方面的基本规则是：在宣布某一消息时，尤其是在为了扩大影响、提高本单位的知名度时，邀请的新闻单位通常多多益善；在说明某一活动、解释某一事件时，特别是当本单位处于守势而这样做时，邀请新闻单位的面则不宜过于宽泛。但不论是邀请一家还是数家新闻单位参加新闻发布会，主办单位都要尽可能地优先邀请那些影响面大、主持正义、报道公正、口碑良好或对待本单位向来较为友善的新闻单位派员到场。此外，还应根据新闻发布会的具体性质，确定是要邀请全国性新闻单位、地方性新闻单位、行业性新闻单位同时到场，还是只邀请其中的某一部分。如果打算邀请国外新闻单位到会，则除要考虑有无实际需要外，还需遵守有关的外事纪律，并事先报批。

（三）协调与新闻界人士的关系

如前所述，新闻界人士是新闻发布会上的主宾。主办单位如果欲使自己的新闻发布会开得成功，就必须求得对方的配合，并与之协调好相互关系。主办单位，特别是主办单位的主要负责人与公关人员在与新闻界人士打交道时，一定要注意以下几点：

① 把新闻界人上当作真正的朋友对待。对对方既要尊重友好，更要坦诚相待。

② 对所有与会的新闻界人士一视同仁，不要有亲有疏、厚此薄彼。

③ 尽量向新闻界人士提供对方所需要的信息。要注重信息的准确性、真实性与时效性，不要弄虚作假、爆炒旧闻。

④ 尊重新闻界人士的自我判断，不要指望拉拢、收买对方，更不要打算左右

对方。

⑤ 与新闻界人士经常保持联络。要注意经常与对方互通信息、常来常往，争取建立双方的持久关系。

三、现场应酬

在新闻发布会正式举行的过程中，往往会出现种种这样或那样的确定和不确定的问题，有时甚至会有难以预料到的情况或变故出现。要应对此类难题，确保新闻发布会的顺利进行，除要求主办单位的全体人员齐心协力、密切合作之外，最重要的是要求代表主办单位出面应对来宾的主持人、发言人善于沉着应变、把握全局。为此，特别要求主持人、发言人在新闻发布会举行之际牢记下述几个要点：

（一）维护形象

毫无疑问，在新闻发布会上，代表主办单位出场的主持人、发言人肯定会被新闻界人士视为主办单位的化身和代言人。而在新闻发布会召开之后，他们更是有可能在不少新闻媒体上纷纷亮相。在广大社会公众眼里，他们通常都会与其所在单位的整体形象画等号，甚至决定了社会公众对主办单位的态度与评价。有鉴于此，主持人、发言人要重视自己的外表，尤其是仪容、服饰、举止。

按照惯例，主持人、发言人需要进行必要的化妆，并以化淡妆为主。其发型应当庄重而大方。男士宜穿深色西装套装、白色衬衫、黑袜和黑鞋，并打领带。女士则宜穿单色套裙、肉色丝袜，着黑色高跟皮鞋。他们的服装必须干净、挺括，一般不宜佩戴首饰。

在面对新闻界人士时，主持人、发言人都要做到举止自然大方，面带微笑，目光炯炯，表情放松，坐姿端正；一定要克服某些有损个人形象的不良举止，如抓搔头皮、紧咬嘴唇、眼皮上翻、东张西望、不看听众、以手捧头、双脚乱抖、反复起立、交头接耳、表情呆滞等。

（二）相互配合

主持人和发言人在新闻发布会上是“一家人”，因此二者之间的默契配合是必不可少的。而二者要真正做好相互配合，一是要分工明确，二是要彼此支持。

1.分工明确

在新闻发布会上，主持人与发言人分工有所不同，因此必须各尽其职、相互配合，不允许越俎代庖、替人代劳。主持人所要做的主要是主持会议、引导提问；发言人所要做的主要是主旨发言、答复提问。有时，在重要的新闻发布会上，为了慎重起见，主办单位往往会安排数名发言人同时出场。若发言人不止一人，则事先必须做好内部分工，不能出现没有人回答或大家抢着回答的场面，那样会影响本单位的形象。一般来讲，发言人的现场发言应分为两个部分：进行主旨发言、回答疑问。当有数名发言人到场时，只需一人进行主旨发言。

2.彼此支持

主持人、发言人的彼此支持，在新闻发布会上通常极其重要。主持人与发言人必须保持一致口径，不允许公开争执、相互拆台。当新闻界人士提出的某些问题过于尖锐或难以回答时，主持人要想方设法转移话题，不使发言人难堪。而当主持人邀请某位新闻记者提问之后，发言人一般也要给予对方适当的机会；不然，不论对新闻记者还是主持人来讲，都是非常失礼的。

（三）注意分寸

在新闻发布会上，主持人、发言人的一言一行都代表着主办单位。因此，主持人与发言人都必须对自己讲话的分寸予以重视。

1.简明扼要

不论发言还是答问，都要条理清楚、重点集中，令人既一听就懂，又难以忘怀。必须牢记：要言不烦。在新闻发布会上有意卖弄口才、口若悬河，往往是不好的。

2.提供新闻

举办新闻发布会，自然需要有新闻可供发布。实际上，新闻界人士正是特意为此而来的。在不违法、不泄密的前提下，要善于满足对方在这一方面的要求。

3.生动灵活

在新闻发布会上，有关人员的语言是否生动、话题是否灵活，往往会直接影响到现场的气氛。面对冷场或者冲突爆发在即，有关人员生动而灵活的话语往往可以化险为夷。因此，一些幽默风趣的语言、巧妙的典故也是必不可少的。

4.温文尔雅

新闻记者大都见多识广，又是有备而来，所以他们在新闻发布会上经常会提出一些尖锐而棘手的问题。遇到此种情况时，发言人能答则答，不能回答则应巧妙地进行闪避，或直接告知以无可奉告，但无论如何都不要对对方恶语相加，甚至粗暴地打断对方的提问。当然，主持人和发言人吞吞吐吐、张口结舌也不会给人以好的印象；唯有语言谦恭敬人、高雅脱俗，才会不辱使命。

四、善后事宜

在新闻发布会举行完毕后，主办单位还需在一定的时间内对其进行一次认真的善后评估工作。一般而言，需要认真处理的具体事情有如下几项：

1.了解新闻界的反应

新闻发布会结束后，应对照现场所使用的来宾签到簿与来宾邀请名单，核查新闻界人士的到会情况，据此可大致推断出新闻界对本单位的重视程度。此外，还有两件事必做不可：

（1）了解与会者对此次新闻发布会的意见或建议，并尽快找出自己的缺陷与不足。

（2）了解与会的新闻界人士中有多少人为此次新闻发布会发表了新闻稿。

2.整理保存会议资料

这不仅有助于全面评估会议效果，而且为此后举行同一类型的会议提供借鉴。需要主办单位认真整理保存的新闻发布会的有关资料，大致上可以分为以下两类：

① 会议自身的图文声像资料，包括在会议进行过程中所使用的一切文件、录音、录像等。

② 媒体有关会议报道的资料，包括在电视、网络、报纸、广播、杂志上所公开发布的涉及此次新闻发布会的消息、通讯、评论、图片等。此类资料又可以细分为有利报道、不利报道、中性报道等。

3.酌情采取补救措施

在听取了与会者的意见、建议，总结了会议的举办经验，收集、研究了新闻界对会议的相关报道之后，对失误、过错或误导应主动采取一些必要的对策。对在新闻发布会之后所出现的不利报道，特别要具体分析、具体对待。不利报道大致可以分为三类：

一是事实准确的批评性报道，主办单位应当闻过即改、虚心接受。

二是因误解而出现的失实性报道，主办单位应通过适当途径加以解释，消除误解。

三是有意歪曲事实的敌视性报道，主办单位应在讲究策略、方式的前提下据理力争，尽量为本单位挽回声誉。

第三节　展览会

对商界而言，所谓展览会，特指有关方面为了介绍本单位的业绩，展示本单位的成果，推销本单位的产品、技术或专利，而以集中陈列实物、模型、文字、图表、影像资料供人参观了解的形式所组织的宣传性聚会。有时，人们亦将其简称为展览，或称之为展会、展示会。

在商务交往中，展览会往往发挥着重大的作用。它不仅具有极强的说服力、感染力，可以现身说法打动参观者，帮主办单位广交朋友，而且可以借助个体传播、群体传播、大众传播等各种传播形式，使有关主办单位的信息广为传播，提高其知名度与美誉度。正因为如此，几乎所有的商界单位都对展览会倍加重视，并踊跃参加。

展览会礼仪通常是指商界单位在组织、参加展览会时所应当遵循的规范与惯例。在一般情况下，展览会礼仪主要涉及展览会的分类、展览会的组织与展览会的参加等具体方面。

一、展览会的分类

严格地讲，展览会是一个覆盖面甚广的基本概念。它又可以分为许许多多不尽相同的具体类型。因此要举办好一次展览会，首先必须确定其具体类型，再进行相应的定位；否则，就很可能会出现不少的漏洞。

站在不同的角度上来看待展览会，往往可以对其进行不同标准的划分。按照商界目前所通行的会务礼仪规范，划分展览会不同类型的主要标准共有下列几条：

（一）按展览会的目的分类

它是划分展览会类型的最基本的标准。依照这一标准，展览会可被分为：

1.宣传型展览会

宣传型展览会又称陈列会，意在向外界宣传、介绍参展单位的成就、实力、历史与理念。

2.销售型展览会

销售型展览会又称展销会或交易会，主要是为了通过展示参展单位的产品、技术和专利来招徕顾客，促进其生产与销售。

（二）按展览品的种类分类

在一次展览会上，展览品的具体种类往往会直接导致展览会的性质有所不同。根据展览品具体种类的不同，展览会可分为：

1.单一型展览会

单一型展览会往往只展示某一大的门类的产品、技术和专利，只不过其具体的品牌、型号、功能有所不同而已，如化妆品、汽车等。因此，人们经常会以其具体展示的某一门类的产品、技术和专利的名称来对单一型展览会进行直接的冠名，如对上面所提到的两种产品的展示即可称为“化妆品展览会”“汽车展览会”。在一般情况下，单一型展览会的参展单位大都是同一行业的竞争对手，因而此种类型的展览会不仅竞争激烈，而且对所有参展单位而言都不啻一场公平的市场考试。

2.综合型展览会

综合型展览会亦称混合型展览会，是一种包罗万象的同时展示多种门类产品、技术和专利的大型展览会。与单一型展览会相比，综合型展览会所侧重的主要是参展单位的综合实力。

（三）按展览会的规模分类

根据具体规模的大小，展览会又分为：

1.大型展览会

大型展览会通常由社会上的专门机构出面承办，由于参展单位众多、参展项目广泛，因而其规模较大。举办此类展览会，要求具备一定的操作技巧。因其档次高、影响大，参展单位必须经过申报、审核、批准等一系列程序，有时还需支付一定的费用。

2.小型展览会

小型展览会一般都由某一单位自行举办，其规模较小。在小型展览会上，展示的主要是代表主办单位最新成就的各种产品、技术和专利。

3.微型展览会

微型展览会是小型展览会的进一步微缩。它提取了小型展览会的精华，一般不在社会上进行商业性展示，而只是将其安排陈列于本单位的展览室或荣誉室内，主要用以教育本单位的员工和供来宾参观之用。

（四）按参展者的区域分类

根据参展单位所处地理区域的不同，可以将展览会划分为国际性展览会、洲际性展览会、全国性展览会、全省性展览会和本地性展览会。规模较大的国际性展览会、洲际性展览会和全国性展览会，往往被人们称为博览会。应当明言的是，组织展览会不一定非要贪大求全不可，最忌讳虚张声势、名不副实，动辄以“世界”“全球”“全国”命名之。此外，若根据参展单位所属行业的不同来进行划分，展览会亦可分为行业性展览会和跨行业展览会。

（五）按展览会的场地分类

既然举办展览会，就免不了要占用一定面积的场地。若以所占场地的不同而论，展览会分为：

1.室内展览会

室内展览会大都被安排在专门的展览馆，宾馆或本单位的展览厅、展览室内。此类展览会大都设计考究、布置精美、陈列有序、安全防盗、不易受损，并可以不受时间与天气的制约，显得隆重而有档次，但其所需费用也往往偏高。在展示价值高昂、制作精美、忌晒忌雨、易于失盗的展品时，室内展览会自然是人们的首选。

2.露天展览会

露天展览会被安排在室外露天之处进行。它可以提供较大的场地，花费较小，而且不必为设计、布置费力过多。在展示大型展品或需要以自然界为其背景的展品时，此种选择为最佳。通常，展示花卉、农产品、工程机械、大型设备时，人们大都这么做。但它受天气等自然条件影响较大，并极易使展品丢失或受损。

（六）按展期分类

举办展览会的具体时间被称为展期。根据展期的不同，展览会可分为：

1.长期展览会

长期展览会大都常年举行，其展览场所固定，展品变动不大。

2.定期展览会

定期展览会的展期一般固定为每隔一段时间之后，在某一特定时间内举行，如每三年举行一次或每年春季举行一次等。其展览主题大都既定不变，但允许变动展览场所或展品内容。一般而言，定期展览会呈现出连续性、系列性的特征。

3.临时展览会

临时展览会随时都可根据需要与可能举办。它所选择的展览场所、展品内容乃至展览主题，往往不尽相同，其展期大都不长。

二、展览会的组织

一般的展览会既可由参展单位自行组织，也可由社会上的专门机构组织。但不论由谁来组织，都必须认真做好具体的工作，力求使展览会取得完美的效果。

根据惯例，展览会的组织者需要重点进行的具体工作主要包括以下内容：

（一）参展单位的确定

一旦决定举办展览会，由什么单位来参加的问题通常就变得非常重要。在具体考虑参展单位的时候，必须注意两相情愿，不得勉强。主办单位事先应以适当的方式对拟邀请参展的单位发出正式的邀请或召集。

邀请或召集参展单位的主要方式为刊登广告、寄发邀请函、召开新闻发布会等。不论采用哪种方式，均须同时将展览会的宗旨、展出的主要项目、参展单位的范围与条件、举办展览会的时间与地点、报名参展的具体时间与地点、咨询有关问题的联络方法、主办单位拟提供的辅助服务项目、参展单位所应负担的基本费用等，一并如实地告知参展单位，以便对方据此加以定夺。

对报名参展的单位，主办单位应根据展览会的主题与具体条件进行必要的审核，切勿良莠不分、来者不拒。

当参展单位的正式名单确定之后，主办单位应及时以专函通知，使被批准的参展单位尽早有所准备。

（二）展览内容的宣传

为引起社会各界对展览会的重视，并尽量扩大其影响，主办单位有必要对其进行大力宣传。宣传的重点应是展览的内容，即展览会上的展示陈列之物，因为只有它才能真正吸引各界人士的注意和兴趣。

对展览会，尤其是对展览内容所进行的宣传，主要可以采用下述几种方式：

① 举办新闻发布会；

② 邀请新闻界人士到场进行采访；

③ 发表有关展览会的新闻稿；

④ 公开刊发广告；

⑤ 张贴有关展览会的宣传画；

⑥ 在展览会现场散发宣传性材料和纪念品；

⑦ 在举办地悬挂彩旗、彩带或横幅；

⑧ 利用升空的彩色气球和飞艇进行宣传等。

以上方式，既可以只择其一，亦可多种方式并用。主办单位在具体选择宣传方式时，一定要量力而行，并要严守法纪、注意安全。

为了搞好宣传工作，在举办大型展览会时，主办单位还应专门成立对外宣传的组织机构，其正式名称通常是新闻组，也可以是宣传办公室。

（三）展示位置的分配

对展览会的组织者而言，展览现场的规划与布置通常是其重要职责之一。布置展览现场的基本要求是：展示陈列的各种展品要围绕既定的主题，进行互为衬托的合理组合与搭配，要在整体上显得井然有序、浑然一体。

显然，所有参展单位都希望自己能够在展览会上拥有一个理想的位置。展品在展览会上进行展示陈列的具体位置被称为展位。大凡理想的展位，除收费合理之外，应面积适当、客流较多，处于展览会上较为醒目之处，设施齐备，采光、水电条件良好。

在一般情况下，展览会的组织者应想尽一切办法充分满足参展单位关于展位的合理要求。假如参展单位较多并对较为理想的展位竞争较为激烈，则展览会的组织者可依照展览会的惯例，采用下列方法对展位进行合理的分配：

① 对展位进行竞拍，即由组织者根据展位的不同，制定不同的收费标准，然后组织一场拍卖会，由参展者在会上自由进行角逐，最后由出价高者拥有自己中意的展位。

② 对展位进行投标，即由参展单位依照组织者所公告的招标标准和具体条件自行报价，并据此填具标单，然后由组织者按照“就高不就低”的规则将展位分配给报价高者。

③ 对展位进行抽签，即将展位进行编号，然后将号码写在纸签上，由参展单位的代表在公证人员的监督下，每人各取一个，以此来确定其各自的具体展位。

④ 按参展单位正式报名的先后顺序，先报名的参展单位有权优先选择自己理想的展位。

不论采用上述何种方法，组织者均须事先将其广而告之，以便参展单位早作准备，尽量让每个单位都能选择到称心如意的展位。

（四）安全保卫事项

无论展览会举办地的社会治安环境如何，组织者对有关的安全保卫事项均应认真对待，以免由于事前考虑不周而引起麻烦。

在举办展览会前，必须依法履行常规的报批手续。此外，组织者还须主动将展览会的举办详情向当地公安部门进行通报，以得到其理解、支持与配合。

举办规模较大的展览会时，最好从合法的保安公司聘请一定数量的保安人员，将展览会的保安工作全权交予对方负责。

为预防天灾人祸等不测事件的发生，应向声誉良好的保险公司进行数额合理的投保，以便利用社会力量为自己分忧。

在展览会入口处或展览会的门券上，应将参观的具体注意事项正式成文列出，使参观者做到心中有数，以减少纠葛。

展览会组织单位的全体工作人员，均应自觉树立良好的防灾、防盗、防火、防水、防破坏等安全意识，为展览会的平安进行尽一己之力。

按照常规，有关安全保卫事项在必要时最好由有关各方正式签订合约或协议，并经公证处公证；万一出了事情，大家也好“亲兄弟，明算账”。

（五）辅助性服务项目

主办单位作为展览会的组织者，有义务为参展单位提供一切必要的辅助性服务项目；否则，不但会影响自己的声誉，而且会授人以柄。由展览会的组织者为参展单位提供的各项辅助性服务项目最好有言在先，并对有关费用的支付进行详尽的说明。具体而言，为参展单位所提供的辅助性服务项目通常主要包括下述各项：

① 展品的运输与安装；

② 车票、船票、机票的订购；

③ 与海关、商检、防疫部门的协调；

④ 跨国参展时有关证件、证明的办理；

⑤ 电话、传真、电脑、复印机等现代化的通信设备的配备；

⑥ 举行洽谈会、发布会等商务会议或休息时所使用的适当场所；

⑦ 餐饮以及有关展览时使用的零配件的提供；

⑧ 供参展单位选用的礼仪、讲解、翻译、推销等方面的工作人员。

三、展览会的参加

参展单位在正式参加展览会时，必须要求自己的全部派出人员齐心协力、同心同德，为大获全胜而努力奋斗。在整体形象、礼貌待人、解说技巧三个主要方面，参展单位尤其要予以特别的重视。

（一）维护整体形象

在参与展览时，参展单位的整体形象直接映入参观者的眼里，对参展成败影响极大。参展单位的整体形象主要由展示之物的形象与工作人员的形象等两个部分构成，对二者要同等重视，不可偏废其一。

1.展示之物的形象

展示之物的形象主要由展品的外观、展品的质量、展品的陈列、展位的布置、发放的资料等构成。进行展览的展品在外观上要力求完美无缺，在质量上要优中选优，在陈列上要既整齐美观又讲究主次，在布置上要兼顾主题突出与参观者的注意力。在展览会上向参观者直接发放的有关资料要印刷精美、图文并茂、内容丰富，并注有参展单位的主要联络方式，如销售部门的电话、电传、电子邮箱等。

2.工作人员的形象

工作人员的形象主要是指在展览会上直接代表参展单位抛头露面的人员的穿着打扮。在一般情况下，在展位上工作的人员应当统一着装。最佳的选择是：身穿本单位的制服、特意为本次展览会统一制作的会务装或深色的西装和套裙。在大型的展览会上，参展单位若安排专人迎送宾客，则最好请其身穿色彩鲜艳的单色旗袍，并身披印有参展单位或其主打展品名称的彩色绶带。为说明各自的身份，全体工作人员皆应在左胸佩戴标明本人单位、职务、姓名的胸卡，唯有礼仪小姐可以例外。按照惯例，工作人员不应佩戴首饰，男士应剃须，女士最好化淡妆。

（二）始终礼貌待人

不论是宣传型展览会还是销售型展览会，参展单位的工作人员都必须真正意识到参观者是自己的上帝，为其热情而竭诚地服务是自己的天职。为此，全体工作人员都要将礼貌待人放在心上，并将其落实在行动上。

展览会一旦正式开始，全体参展单位的工作人员即应各就各位、站立迎宾；不允许迟到、早退、无故脱岗、东游西逛，更不允许在参观者到来之时坐、卧不起，怠慢对方。当参观者走近自己的展位时，不论对方是否向自己打了招呼，工作人员都要面带微笑，主动地向对方说：“您好！欢迎光临！”必要时还应面向对方，稍许欠身，伸出右手，掌心向上，指尖直指展台，并告知对方“请您参观”。

当参观者在本单位的展位上参观时，工作人员可随行其后，以备对方向自己进行咨询，也可以请其自便，不加干扰。假如参观者较多，尤其是在接待组团而来的参观者时，工作人员亦可在左前方引导对方参观。对参观者所提出的问题，工作人员要认真作出回答；不允许置之不理，或以不礼貌的言行对待对方。当参观者离去时，工作人员应真诚地向对方欠身施礼，并道以“谢谢光临”“再见”。

在任何情况下，工作人员均不得对参观者恶语相加或讥讽嘲弄，对极个别不守展览会规则而乱摸乱动、乱拿展品的参观者，仍须以礼相劝，必要时可请保安人员协助，但绝对不许对对方擅自动粗，进行打骂、扣留或者非法搜身。

（三）运用解说技巧

此处所说的解说技巧主要是指参展单位的工作人员在向参观者介绍或说明展品时所应掌握的基本方法和技能。具体而言，宣传型展览会与销售型展览会的解说技巧既有共性可循，又有各自的不同之处。

1.共性的技巧

在宣传型展览会与销售型展览会上，解说技巧的共性在于：要善于因人而异，使解说具有针对性；同时，突出自己展品的特色。在实事求是的前提下，要注意扬长避短，强调“人无我有”“人有我优”“人优我新”之处。在必要时，参展单位的工作人员可邀请参观者亲自动手操作，或由工作人员进行现场示范。此外，可安排参观者观看与展品相关的影视片，并向其提供说明材料与单位名片。通常，说明材料与单位名片应常备于展台上，由参观者自取。

2.个性的技巧

宣传型展览会与销售型展览会的解说技巧又各有一些不同之处：

（1）宣传型展览会的解说技巧

宣传型展览会的解说重点应放在推广参展单位的形象上。参展单位的工作人员要善于使解说围绕着参展单位与公众的双向沟通进行，时时刻刻都应大力宣传本单位的成就和理念，以使公众对参展单位给予认可。

（2）销售型展览会的解说技巧

销售型展览会的解说重点必须放在主要展品的介绍与推销上。按照国外的常规说法，参展单位的工作人员解说时一定要注意“FABE”并重，其中，“F（feature）”指展品特征，“A（advantage）”指展品优点，“B（benefit）”指客户利益，“E（evidence）”则指可资证明展品品质的证据。这就要求参展单位的工作人员的解说应以客户利益为重，在提供有利证据的前提下，着重强调自己所介绍、推销的展品的主要特征与主要优点，以使客户觉得自己言之有理，并乐于接受。不过，争抢参观者、尾随参观者兜售展品、弄虚作假或强行向参观者推介展品，都是绝对不可取的做法。

第四节　赞助会

所谓赞助，通常是指某一单位或某一个人拿出自己的钱财、物品，对其他单位或个人进行帮助和支持。在现代社会中，赞助乃是社会慈善事业的重要组成部分之一。它不仅可以扶危济贫，向社会奉献自己的爱心，体现出自己对于社会的高度责任感，以自己的实际行动报效于社会、人民，而且有助于获得社会对自己的好感，提高自己在社会上的知名度、美誉度，为自己塑造良好的公众形象。对商界人士而言，积极地、力所能及地参与赞助活动是进行商务活动的一种常规形式，也是自己协调本单位与政府、社会各界公共关系的一种重要手段。所以，赞助一向颇受商界人士的重视。

为扩大影响，商界在公开进行赞助活动时，往往会专门为此举行一次一定规模的正式会议。此种以赞助为主题的会议，即为赞助会。欲使赞助会取得成功，遵守赞助会礼仪是十分必要的。赞助会礼仪通常指的是在筹备、召开赞助会的整个过程中所应恪守的有关礼仪规范，其主要内容包括赞助的类型、操作的步骤、会务的安排、活动的评估等。

一、赞助的类型

赞助的类型在此指的是赞助的具体形式。赞助的类型选择得当与否，通常会对赞助的效果产生直接的影响。根据不同的标准，赞助的类型可以有各种不同的划分，其中最为常见的赞助类型为：

（一）依据赞助的项目所划分的赞助

赞助的项目在此主要是指接受赞助的对象。据此划分赞助的类型，往往可以对赞助单位的动机、品位进行直观而形象的了解。目前，商界通常积极赞助的项目有以下几类：

1.公益事业赞助

这是指对社会的公共设施、公共活动进行的赞助。它可以直接造福于社会、人民，赢得公众与舆论的赞赏。

2.慈善事业赞助

这是指对社会慈善福利组织或慈善福利活动进行的赞助。它既可以向社会表明本单位勇于承担自己的社会义务、社会责任，又有助于获得政府与社会的好感。

3.教育事业赞助

这是指对教育界进行的赞助。它可以给教育界以有力的支持，并为本单位日后进一步的发展培养必不可少的后备人才。

4.科研活动赞助

这是指对科学研究与学术活动进行的赞助。此举不仅可以表明本单位对人才与科技进步的重视，而且可以使自己得到专家、学者的肯定、支持或指导。

5.专著出版赞助

这是指对确有学术水平的学术专著出版进行的赞助。它主要可以体现本单位对知识的重视和对学术研究的大力支持。

6. 医疗卫生赞助

这是指对医疗、保健、康复事业进行的赞助。它体现了对全社会的关怀，也是对社会的一种奉献。

7. 文化活动赞助

这是指对文化事业进行的赞助。它有助于促进我国的社会主义精神文明建设，可以用高尚的精神去鼓舞人、教育人，以提高其文化修养与精神境界。

8. 展览画廊赞助

这是指对具有一定艺术品位的非营利性的展览、画廊进行的赞助。它体现了本单位的艺术品位以及对艺术界的支持和帮助。

9. 体育运动赞助

这是指对各类体育比赛活动进行的赞助。体育比赛是当今的社会热点之一，对其进行赞助往往可以使本单位名利双收、一举两得。

10. 娱乐休闲赞助

这是指对群众性娱乐休闲活动进行的赞助。它表达了本单位对广大群众的关怀与诚意，可以提高大众对本单位的认同感。

（二）依据赞助物品所划分的赞助

赞助物品在此特指赞助单位或个人向受赞助者提供的物品。它往往取决于赞助单位或个人的实力与受赞助者的实际需求。通常，赞助物品可以具体分为如下几类：

1. 现金赞助

这是指赞助单位以现金或支票的形式向受赞助者提供的赞助。它可使受赞助者根据自己的客观需要在一定限制范围内对现金进行支配。

2. 实物赞助

这是指赞助单位或个人以一种或数种具有实用性的物资的形式向受赞助者提供的赞助。它不仅可以及时地满足受赞助者的需要，而且不易为对方挪作他用。

3. 义卖赞助

这是指赞助单位或个人将自己所拥有的某件物品进行拍卖，或划定某段时间将本单位或个人的商品向社会出售，然后将全部所得以现金的形式再捐赠给受赞助者。此种赞助的金额事先难以确定，但其影响较大，并易于赢得社会各界的支持。

4. 义工赞助

这是指赞助单位或个人派出一定数量的员工前往受赞助者所在单位或其他场所进行义务劳动或有偿劳动，以劳务的形式或以劳务所得向受赞助者提供的赞助。它可以使有关方面有钱出钱、有力出力，更好地调动其积极性，并获得更为广泛的参与性。

除此之外，还可以根据赞助单位或个人向受赞助者提供金额的多少，将赞助的类型分为全额赞助或部分赞助，或根据赞助单位与个人的具体数量将赞助的类型分为单方赞助与多方赞助。

二、操作步骤

赞助操作步骤在此指的是赞助活动运作过程中的各个主要环节。任何一家商界单位意欲进行赞助活动时，均须按部就班地依照相应的步骤来进行认真的运作。就一般情况而言，赞助活动中必须认真对待的重要操作步骤共有下列几项：

（一）前期的研究

在正式决定进行赞助前，赞助单位首先有必要进行前期的研究，对赞助活动的必要性与可能性进行详尽的论证。

1.赞助的发端

在正常情况下，一次赞助活动往往发端于两种情景：

第一，某一商界单位主动向其他单位、组织或个人提供赞助。

第二，某一商界单位接到其他单位、组织或个人的赞助请求后，经过研究，酌情给予对方一定程度的赞助。

在实际生活里，后一种情景往往更加多见。

通常，商界单位在接到其他单位、组织或个人的赞助请求后，对是否应当进行赞助、在赞助时应当采取何种具体形式、具体赞助的财物的数量等，都应进行认真的研究；既没有必要来者不拒、大包大揽，也不应一推了之、一毛不拔。

2.赞助的论证

在就某次赞助活动进行研究、论证时，赞助单位必须充分明确下列几点：

第一，必须符合我国的宪法和法律，绝对不允许从事违法乱纪活动。

第二，必须与本单位的经营策略、公共关系目标相适应，而不是与其背道而驰。

第三，必须真正地有利于受赞助者，同时有利于整个社会。

第四，必须是本单位力所能及之事，至少不应半途而废，甚至劳而无功。

（二）赞助的计划

通过前期的研究、论证，商界单位一旦决定进行赞助活动，就应着手制订详尽的赞助计划，以确保其成功。具体来说，赞助的计划实际上是前期研究、论证成果的具体化。根据惯例，它应由专司其职的工作部门在进行前期研究、论证的基础上，根据本单位既定的赞助政策和赞助方向认真制订而成。一般来讲，商界单位中负责赞助计划的工作部门主要是指其公关部。在某些情况下，办公室、财务部亦可介入此事。

在制订赞助计划时，商界单位必须树立正确的指导思想。其核心点应为：赞助活动必须同本单位的经营策略、公共关系目标相一致，赞助活动的终极目标应当是赞助单位、受赞助者与社会三方同时受益。赞助政策的制定、赞助方向的选择，均应以此作为指南。

在一般情况下，赞助计划需要专人草拟，并经本单位决策机构批准。大体上赞助计划又可具体分为以下两类：

1.年度性计划

商界单位可以将赞助列入自己的议事日程，最好每年都能正式制订一次本单位的全年度赞助计划。此种做法的优点是，既可以使本单位的赞助活动做到规范有序、有的放矢，又可以从宏观上控制赞助活动的规模，避免其超出自己所能承受的范围，以及由此产生的毫无意义的浪费或损耗。

2.临时性计划

它主要是商界单位针对临时性、突发性的事件所制订的赞助计划。制订此类计划，商界单位必须坚持深入的调查研究，并不得有悖于本单位的经营战略。从本质上讲，它只能算是对年度性计划的补充。

（三）项目的审核

在进行正式的赞助活动之前，对既定的赞助项目进行审核往往极其必要。赞助项目的审核主要是指赞助单位事先对自己参与的赞助项目所进行的核定与审查。在正常情况下，它应由赞助单位专门负责赞助活动的工作部门具体执行。

在审核赞助项目时，有关人员必须抱着高度的责任心对赞助活动的各个具体环节逐一进行细致的分析研究，以防患于未然。

在对赞助项目进行具体审查核定时，重点应放在如下方面：

① 赞助项目是否符合本单位的经营策略与公共关系目标；

② 受赞助者的口碑如何；

③ 赞助能否真正取得成功；

④ 赞助的具体方式是不是合适；

⑤ 赞助单位的承受能力如何；

⑥ 赞助的时机是否得当；

⑦ 赞助将会产生多大的社会作用；

⑧ 社会舆论与社会公众将会如何评价此次赞助活动；

⑨ 此次赞助对本单位会产生多大的积极作用；

⑩ 此次赞助对本单位会产生多大的负面影响。

在经过综合审核后，假定赞助项目得大于失，则可将其付诸实施；假如赞助项目失大于得，尤其是在其无任何社会效益可言时，则应坚决停止运作。

（四）承诺的兑现

赞助活动一经正式决定，即应择机将其付诸实施。在实施过程中，赞助单位应具体注意以下几点：

1.有约在先

为了确保赞助活动取得成功，并防止其发生种种变故，一般而言，凡重大的赞助活动在正式实施以前，赞助单位与受赞助者双方均应正式签订赞助合同或赞助协议，并应由公证机关进行公证。这样一来，双方各自承担的权利与义务就被正式规定了下来。任何一方如有违反，都可依约追究其法律责任。

2.审慎行事

在赞助的实施过程中，赞助单位必须处处审慎而行。既要认真履约，又要争取社会的理解与被赞助者的支持。对受赞助者一定要平等相待，不要因给予其赞助而以“救世主”自居，时时趾高气扬，处处讨价还价，从而令对方产生逆反心理。必须明确的是：赞助绝非一种单方面的赏赐。在赞助活动中，双方往往都是有利可图的。

3.扩大影响

在可能的情况下，赞助单位在实施赞助计划的过程中不仅需要得到社会各界的理解与支持，而且要善于巧借良机，利用各种传播媒介在法律、法规允许的前提下对自己进行适度的宣传，以求扩大本单位的社会影响力，提高自身的知名度与美誉度；但在宣传时必须讲究技巧，切勿自吹自擂、令人生厌。

4.严守承诺

进行赞助时，赞助单位务必言而有信，在指定的时间内将自己拟赞助的财物如数全部到位。不论发生什么情况，都不允许赞助单位拖延时间、取消赞助。削减数额、以次充好、以假充真、以物抵款等，通常也是不允许的。赞助单位如果真的那么做，则不但是一种单方面的毁约行为，而且表明自己原先的承诺仅仅是为了沽名钓誉。

三、会务的安排

在赞助活动正式实施之际，往往需要正式举行一次聚会，将有关事宜公诸社会。此种以赞助为主题的聚会在赞助活动中，尤其是在大型的赞助中，大都必不可少。有时，人们亦称其为赞助仪式。它主要是为了向全社会公告赞助活动正式启动，是赞助活动中的一项重要环节。赞助会通常应由受赞助者出面承办，并由赞助单位给予适当的支持。

（一）举办地点

赞助会的举办地点一般可选择受赞助者所在单位的会议厅，也可由受赞助者出面租用社会上的会议厅。用以举办赞助会的会议厅，除了其面积大小必须与出席者的人数成比例之外，还需打扫干净，并略加装饰。

举办赞助会的会议厅内的灯光应亮度适宜。在主席台的正上方或面对会议厅正门之处的墙壁上，还需悬挂一条大红横幅，在其上面应以金色或黑色的楷书书写上“××单位赞助××项目大会”“××项目赞助仪式”。前一种写法意在突出赞助单位，后一种写法则主要是为了强调接受赞助的具体项目。

一般而言，赞助会的会场不宜布置得美轮美奂、豪华张扬；否则，极有可能使赞助单位产生不满，或由此产生受赞助单位华而不实的感觉。

（二）参加人员

参加赞助会的人士，既要有充分的代表性，又不必在数量上过多。除了赞助单位、受赞助者双方的主要负责人及员工代表外，赞助会应重点邀请政府代表、社区代表、群众代表以及新闻界人士参加。在邀请新闻界人士时，特别要注意邀请那些在国内外或当地具有较大影响力的电视、网络、报纸、广播、杂志等媒体人员与会。

所有参与赞助会的人士在与会时须身着正装、修饰仪表，并注意个人的举止。赞助会的整体风格必须是庄重的，任何与会者都不能与之唱反调。

（三）具体程序

依照常规，一次赞助会的全部时间不应长于一个小时。因此，赞助会的具体会议议程必须既周密又紧凑。赞助会的具体会议议程大体上有如下项目：

1.宣布开始

赞助会的主持人一般应由受赞助单位的负责人或公关人员担任。在宣布正式开会前，主持人应恭请全体与会者各就各位、保持肃静，并邀请贵宾到主席台上就座。

2.赞助单位正式实施赞助

其具体做法通常是赞助单位的代表首先出场，口头上宣布其赞助的具体方式或具体金额。随后，受赞助单位的代表上场，双方热情握手。接下来，由赞助单位的代表正式将标有一定金额的巨型支票或实物清单双手捧交给受赞助单位的代表；必要时，礼仪小姐应为双方提供帮助。若赞助的物资重量、体积不大，则可由双方在现场交接。在此过程中，全体与会者应热情鼓掌。

3.赞助单位代表发言

其发言内容重在阐述赞助的目的与动机，也可对本单位的情况略作介绍。

4.受赞助单位代表发言

此刻的发言者一般应为受赞助单位的主要负责人，其发言中心应集中在对赞助单位的感谢方面。

5.来宾代表发言

根据惯例，可以邀请政府有关部门的负责人讲话。其讲话主要是肯定赞助单位的义举，同时可呼吁全社会积极倡导此种互助友爱的美德。该项议程有时亦可略去。至此，赞助会即可宣告结束。

在赞助会正式结束后，赞助单位、受赞助单位双方的主要代表以及会议的主要来宾，通常应合影留念。此后，宾主双方可以稍事晤谈，然后来宾即可一一告辞。一般情况下，在赞助会结束后，主办单位大都不为来宾安排膳食。如果确有必要，则至多略备便餐，绝对不宜设宴待客。

在极个别情况下，赞助会亦可由赞助单位操办。由赞助单位所操办的赞助会，其会务工作与以上所述基本相仿。

四、活动的评估

在赞助会结束后，尤其是在整个赞助活动告一段落之后，赞助单位有必要对其进行一次认真而系统的评估。

（一）评估的目的

对赞助活动所进行的评估，实际上主要是指在对赞助活动进行综合分析和系统总结之后，对其社会效果所进行的科学评价与分析。对任何商界单位而言，一项赞助活动无论如何都是其重点进行的公共关系活动之一，都需要为此投入大量的人力、物力与财力。因此，商界单位在赞助活动结束后对其进行一次全面的评估，以便总结经验、吸取教训、听取意见、调整对策，这是十分有益的。

进行赞助活动的评估工作，一般应由赞助单位的公关部牵头负责，有时亦可由专司此事的班子主持此事。在评估工作完成后，应形成书面报告，提交给本单位的决策机构以及各位主要负责人，以供对方参考，并掌握具体情况。

根据要求，进行赞助活动的评估工作必须集思广益、广开言路、深入调查、反复研究，善于听取正反两方面的不同意见，善于去粗取精、去伪存真、由此及彼、由表及里。只有这样做，才能真正掌握实际情况。

（二）评估的重点

在进行赞助活动的评估工作时，基本上需要抓住如下几个方面的具体问题：

第一，将实施效果与先期计划相比照。应重点研究赞助单位是否真正实现了自己的赞助意图，赞助活动的预定目标是否达到。

第二，掌握社会各界对赞助活动的认同程度。可通过各类调查来了解各类公众，包括受赞助单位、地方政府、新闻媒介对此次活动的真实评价与看法。

第三，及时发现赞助活动的成功经验，认真总结，日后发扬光大。

第四，了解赞助活动在实施过程中所出现的问题。不论此类问题是否已在意料之中或原因出自何方，均应认真对待，避免在以后的赞助活动中再出现该类问题。

第五节　茶话会

所谓茶话会，在商界特指意在联络老朋友、结交新朋友、具有对外联络和招待性质的社交性集会。因其以参加者不拘形式地自由发言为主，并备有茶点，故被称为茶话会。有时候，也有人将其简称为茶会。从表面上来看，茶话会主要是以茶待客、以茶会友，但实际上它往往重点不在“茶”，而在“话”，即意在借此机会与社会各界沟通信息、交流观点、听取批评、增进联络，为本单位创造一个良好的外部环境。从这个意义上来讲，茶话会在所有的商务性会议中并非无足轻重。

与洽谈会、新闻发布会、展览会、赞助会等其他类型的商务性会议相比，茶话会是社交色彩最浓而商务色彩最淡的一种类型。因此，有人将其称为“商界务虚会”。

茶话会礼仪主要涉及会议的主题、来宾的确定、时空的选择、座次的安排、茶点的准备、会议的议程、现场的发言等几个方面。

一、会议的主题

茶话会的主题在此特指茶话会的中心议题。在一般情况下，商界所召开的茶话会的主题大致可分为如下三类：

1.联谊

以联谊为主题的茶话会是人们平日里最常见的茶话会，其主题通常是为了联络主办单位同应邀与会的社会各界人士的友谊。

在此类茶话会上，宾主通过叙旧与答谢，往往可以增进相互之间的进一步了解，密切彼此之间的关系。除此之外，它还为与会的社会各界人士提供了一个扩大社交圈的良好契机。

2.娱乐

以娱乐为主题的茶话会主要是指在茶话会上安排一些文娱节目或文娱活动，并以此作为茶话会的主要内容。此类主题的茶话会主要是为了活跃现场，增加热烈而喜庆的气氛，调动与会者人人参与的积极性。

与联欢会有所不同的是，以娱乐为主题的茶话会所安排的文娱节目或文娱活动，往往不需要事前进行专门的安排与排练，而是以现场的自由参加与即兴表演为主。它所注重的不是刻意追求表演效果，而是强调重在参与、尽兴。

3.专题

以专题为主题的茶话会是指在某一特定时刻或为了某些专门问题而召开的茶话会。其主要内容是主办单位就某一专门问题收集反馈信息，听取某些专业人士的见解，或同某些与本单位存在特定关系的人士进行对话。

召开此类茶话会时，尽管主题既定，仍须倡导与会者畅所欲言、不拘情面。为促使会议进行得轻松、活跃，茶话会的主题允许宽泛一些，并允许与会者的发言稍许有所跑题。

二、来宾的确定

邀请哪些方面的人士参加茶话会，往往与茶话会的主题存在直接的因果关系。因此，主办单位在筹办茶话会时必须围绕主题邀请来宾，尤其是要确定主要的与会者。

在一般情况下，茶话会的主要与会者大体上分为五类：

1.本单位的人士

以本单位人士为主要与会者的茶话会，主要是邀请本单位的各方面代表参加，意在沟通信息、通报情况、听取建议、嘉勉先进、总结工作。此类茶话会亦可邀请本单位的全体员工或某一部门、某一阶层的人士参加，有时它也被称为内部茶话会。

2.本单位的顾问

以本单位的顾问为主要与会者的茶话会，意在表达对有助于本单位的各位专家、学者的敬意。这些人士受聘为本单位的顾问，自然对本单位贡献良多。同时，特意邀请他们与会，既表示了对他们的尊敬与重视，也可以进一步直接向其咨询，并听取其宝贵的建议。

3.社会知名人士

社会知名人士通常是指在社会上拥有一定才能、德行与声望的各界人士。他们不仅在社会上具有一定的影响力、号召力与社会威望，而且往往是某一方面的代言人。在以社会知名人士为主要与会者的茶话会上，本单位人员可与社会知名人士直接进行交流，加深对方对本单位的了解与好感，并倾听社会各界对本单位直言不讳的意见。

4.合作中的伙伴

合作中的伙伴在此特指在商务往来中与本单位存在一定联系的单位或个人。除了本单位的协作者之外，其还应包括与本单位存在供、产、销等其他关系者。以合作中的伙伴为主要与会者的茶话会，重在对与会者表达谢意，加深彼此之间的理解与信任，有时亦被称为联谊会。

5.各方面的人士

有些茶话会往往会邀请各行各业、各个方面的人士参加，通常被称为综合茶话会。以各方面的人士为主要与会者的茶话会，除可供主办单位传递必要的信息外，主要是为与会者创造一个扩大其个人交际面的社交机会。

茶话会的与会者名单一经确定，即应以请柬的形式向对方发出正式邀请，对方可以不必答复。

三、时空的选择

一次茶话会要取得成功，对时间与空间的具体选择都是主办单位必须认真对待的事情。

（一）举办的时间

举行茶话会的时间可以分成如下方面：

1.举行的时机

茶话会举行的时机是头等重要的。唯有时机选择得当，茶话会才会产生预期的效益。通常认为，辞旧迎新之时、周年庆典之际、重大决策前后、遭遇危难挫折之时等，都是商界单位召开茶话会的良机。

2.举行的时间

根据惯例，举行茶话会的最佳时间是16点左右，亦可将其安排在10点左右。需要说明的是，在具体进行操作时没有必要墨守成规，主要应以与会者尤其是主要与会者的参与方便性以及当地人的生活习惯为准。

3.时间的长度

一次茶话会到底举行多久，可由主持人在会上随机应变、灵活掌握。也就是说，茶话会往往可长可短，关键是要看现场有多少人发言、发言是否踊跃。在一般情况下，一次成功的茶话会大都讲究适可而止。若能将其限定在一两个小时内，则效果往往会更好一些。

（二）举办的空间

举行茶话会的空间在此指的是茶话会举办地点、场所的选择。按照惯例，适宜举行茶话会的场地主要有：一是主办单位的会议厅；二是宾馆的多功能厅；三是主办单位负责人的私家客厅、私家庭院或露天花园；四是包场高档的营业性茶楼或茶室。至于餐厅、歌厅、舞厅、酒吧等处，均不宜用来举办茶话会。

在选择举办茶话会的具体场地时，还需兼顾与会人数、支出费用、周边环境、交通安全、服务质量、档次等诸多问题。

四、座次的安排

同其他正式的工作会、报告会、纪念会、庆祝会、表彰会、代表会相比，茶话会的座次安排具有自身的鲜明特点。从总体上来讲，在安排茶话会与会者的具体座次时，必须使之与茶话会的主题相适应，而绝对不能令其相互抵触。

具体而言，根据约定俗成的惯例，目前在安排茶话会与会者的具体座次时，主要采取以下方法：

1.环绕式排位

环绕式排位是指不设立主席台，而将座椅、沙发、茶几摆放在会场四周，不明确座次的具体尊卑，而由与会者在入场后自由就座。此种安排座次的方式，与茶话会的主题最相符，因而在当前最为流行。

2.散座式排位

散座式排位多见于在室外举行的茶话会。其座椅、沙发、茶几的摆放，貌似散乱无序，实则可以四处自由地组合，甚至可由与会者根据个人要求而自行调节、随意安置。如此进行座次安排的目的，就是要特意创造出一种宽松、舒适、惬意的社交环境。

3.圆桌式排位

圆桌式排位是指在会场上摆放圆桌，而请与会者在其周围自由就座的一种安排座次的方式。在茶话会上，圆桌式排位通常又分为下列两种具体的方式：

第一，仅在会场中央安放一张大型的椭圆形会议桌，而请全体与会者在其周围就座。

第二，在会场上安放数张圆桌，而请与会者自由组合，各自在其周围就座。

当与会者人数较少时，可以采用前者；当与会者人数较多时，则应采用后者。

4.主席式排位

它并不意味着要在会场上摆放出一目了然的主席台，而是指在会场上主持人、主人与主宾应被有意识地安排在一起就座，并应按照常规居于上座，如中央、前排、会标之下或面对正门之处。此种座次排列的方式一般适用于参加者人数较多、规模较大的茶话会。

就总体而论，为使与会者能够畅所欲言、方便交际，茶话会上的座次安排尊卑不宜过于明显。不排座次，允许自由活动，不摆放与会者的名签，乃是其常规做法。

五、茶点的准备

茶话会，顾名思义，自然有别于正式的宴会，因此它不上主食，不安排酒水，只向与会者提供一些茶点。不论主办单位还是与会者都应明白，茶话会是重“说”不重“吃”的，所以没有必要在吃的方面过多地下功夫。设想一下，若在茶话会上有很多的美酒佳肴，大家一味地沉浸于口腹之乐，哪里还有闲情逸致去发表高见呢？

茶话会上用以待客的茶叶与茶具，务必精心准备。选择茶叶时，在力所能及的情况下应尽力挑选上等品，切勿滥竽充数。与此同时，还要尽可能地注意照顾与会者的不同口味。例如，对中国人来说，绿茶老少咸宜，而对欧美人而言，红茶则更受欢迎。在选择茶具时，最好选用陶瓷器皿，并讲究茶杯、茶碗、茶壶成套；千万不要采用玻璃杯、塑料杯、搪瓷杯、不锈钢杯等。所有茶具一定要清洗干净并完整无损。

除主要供应茶水之外，茶话会还可为与会者略备点心、水果或地方风味小吃。需要注意的是，在茶话会上向与会者所供应的点心、水果或地方风味小吃，品种要适宜，数量要充足，并便于取食；为此，最好将湿巾或擦手巾一并上桌。

按照惯例，在茶话会举行后，主办单位通常不再为与会者备餐。

六、会议的议程

相对而言，茶话会的会议议程在各类正式的商务性会议之中可称得上最简单的。

在正常情况下，商界所举办的茶话会的主要会议议程只有如下几项：

1.主持人宣布茶话会正式开始

在宣布会议正式开始之前，主持人应提前请与会者各就各位，并保持安静。在会议正式宣布开始之后，主持人还可对主要的与会者略加介绍。

2.主办单位的主要负责人讲话

其讲话应以阐明此次茶话会的主题为中心内容，还可以代表主办单位对全体与会者的到来表示欢迎与感谢，并恳请大家今后一如既往地给予本单位更多的理解与支持。

3.与会者发言

根据惯例，与会者的发言在任何情况下都是茶话会的重心。为确保与会者在发言中能够直言不讳、畅所欲言，通常主办单位事先不对发言者进行指定与排序，也不限制发言的具体时间，而提倡与会者自由地进行即兴式发言。有时，与会者在同一次茶话会上还可以数次发言，以不断补充、完善自己的见解、主张。

4.主持人略作总结

在此之后，即可宣布茶话会结束。

七、现场的发言

与会者的现场发言在茶话会上举足轻重。假如在一次茶话会上没有人踊跃发言，或与会者的发言严重跑题，都会导致茶话会的最终失败。

根据会务礼仪的规范，茶话会的现场发言要真正获得成功，主要有赖于主持人的引导得法和与会者的发言得体。

1.主持人的引导

在茶话会上，主持人所起的作用往往不止于掌控、主持会议，更重要的是在现场审时度势，引导与会者的发言，并有力地控制会议的全局。在众人争相发言时，应由主持人决定孰先孰后。当无人发言时，应由主持人引出新的话题，请教与会者，或由其恳请某位与会者发言。当与会者之间发生争执时，应由主持人出面劝阻。在每位与会者发言之前，主持人可对其略作介绍。在与会者发言前后，主持人应带头鼓掌致意。万一有人发言严重跑题或言辞不当，主持人应出面转换话题。

2.与会者的发言

与会者在茶话会上发言时，表现必须得体。与会者在要求发言时，可用手示意，但同时注意与其他人相互谦让，不要与人争抢；不论自己有何高见，打断他人的发言都是失当的行为。与会者在发言的过程中，不论所谈何事，都要使自己语速适中、口齿清晰、神态自然、用语文明。与会者肯定成绩时，一定要实事求是，力戒阿谀奉承；提出批评时，态度要友善，切勿夸大事实、讽刺挖苦。与其他发言者意见不合时，与会者一定要注意兼听则明，并要保持风度，切勿当场对其表示出不满，或私下里对对方进行人身攻击。

拓展阅读八

思政园地

第五届中阿博览会开创中阿合作新境界

2021年8月19—22日在宁夏银川召开的第五届中阿博览会成果丰硕，总计签约成果277个。博览会继承、创新办会模式，开辟经贸合作新领域，开创中阿合作新境界。

第五届中阿博览会创新采用“线上线下相结合、以线上为主”的方式，综合运用前沿技术和各类场景应用，实现线上线下同步参展参会、观展采购。博览会通过云端参会、线上洽谈、云端签约等方式，共有1 000多万名线上观众和专业采购商访问洽谈、协商采购，并实现了“5G看展览”，观众通过现场VR眼镜，可360度、全景实时观看展览现场。

在机制性活动基础上，本届博览会结合中阿所需、宁夏所能，创新设立了中阿能源合作高峰论坛、水资源论坛、清洁能源新型材料展、数字经济展、跨境电商展等，搭建起各类企业参与“一带一路”投资合作的桥梁。

线下线上展览重点围绕数字经济、医疗康养、新型材料、清洁能源等领域展开，239家企业设计布置了1.2万平方米的线下展区；线上综合商品展的1 000余家企业中，华为、京东等38家世界500强、中国500强及行业龙头企业特装参展，总访问量突破1 000万人次，其中海外线上观展12万人次。

本届博览会经贸合作新领域成果丰硕，中国葛洲坝集团有限公司、天津中沙泰达工业园区管理有限公司分别与沙特阿拉伯、埃及、阿拉伯联合酋长国、伊拉克等国家和地区签署了5G、人工智能、航空航天等合作项目，有效拓展了中阿经贸合作领域。

中阿博览会有设置主宾国的传统，本届中阿博览会顺应摩洛哥、阿拉伯联合酋长国等国家和地区进一步加强与我国经贸合作的需求，首次设置了摩洛哥、阿拉伯联合酋长国双主宾国，加快构建国内国际双循环新发展格局，推动共建共享“一带一路”。党的二十大报告指出：“深度参与全球产业分工和合作，维护多元稳定的国际经济格局和经贸关系。”我国将继续开展此类经贸活动。

资料来源 许晋豫. 第五届中阿博览会开创中阿合作新境界［EB/OL］.（2021-08-22）［2021-10-28］. https://baijiahao.baidu.com/s?id=1708790589648178562&wfr=spider&for=pc.

关键术语

洽谈会 新闻发布会 展览会 赞助会 茶话会

复习与思考

1. 双边洽谈时怎样安排座次?
2. 多边洽谈时怎样安排座次?
3. 怎样协调商界与新闻媒体的关系?

第九章

商务仪式礼仪

准确地讲，仪式通常是指在一些比较盛大、庄严、隆重、热烈的正式场合，为激发出席者的某种情感或为引起其重视，而郑重其事地参照某种程序所举行的某种活动的具体形式。在现实生活里，商界人士接触到的仪式甚多，如签字仪式、开业仪式、剪彩仪式、交接仪式、庆典仪式等。

在商务交往中，仪式经常发挥着难以替代的重要功能：

① 树立商界人士所在单位的良好形象；

② 提高商界人士所在单位的知名度与美誉度；

③ 培养商界人士所在单位全体成员的自信心、凝聚力、自豪感、归属感和集体荣誉感；

④ 表达商界人士对待自己的交往对象尤其是自己的合作对象的诚心与诚意；

⑤ 表达本单位与外单位进行商务合作的积极态度和关注之心；

⑥ 借此机会引起社会各界对本单位的重视，并可加深社会公众对本单位的了解。

一句话，在商务活动中恰到好处地运用仪式，可从多方面使商界人士及其所在单位获益。是否遵守商务仪式礼仪，直接关系到商界人士的公众形象。

第一节　签约仪式

签约，即合同的签署。在商务交往中，它被视为一项标志着有关各方的相互关系取得了更大的进展，以及为消除彼此之间的误会或抵触而达成了一致性见解的重大成果。因此，它备受商界人士的重视。

在商务交往的实践中，尽管口头承诺也能在一定程度上发挥作用，但能够更有效地取信于人、让交往对象心安理得的还是“口说无凭，立此为据”的文字性合同。

商务合同通常是指有关各方之间在进行某种商务合作时，为确定各自的权利和义务而正式依法订立、经过公证、必须共同遵守的条文。在许多情况下，合同往往又被叫作合约。在另外一些时候，人们所说的合约则是指条文比较简单的合同。在商务往来中，带有先决条件的合同，如等待律师审查、有待正式签字、需要落实许可证的合同，则又被叫作准合同。严格地说，准合同是合同的前身，也是最终达成合同的一个步骤。

在一般场合，商界人士往往将合同、合约与准合同统称为合同。这样做虽不甚精确，但也有助于大家删繁就简、减少麻烦。

根据仪式礼仪的规定，对签署合同这一类称得上是有关各方关系发展史上“里程碑”式的重大事件，应严格地依照规范来讲究礼仪、应用礼仪。为了郑重其事，在具体签署合同之际往往会依例举行一系列的程式化的活动，此即所谓签约的仪式。在具体操作时，它又分为草拟阶段与签署阶段两大部分。

一、草拟合同

在现实生活中，商界人士接触到的商务合同的种类可谓异常繁多。其中，比较常见的有购销合同、借贷合同、租赁合同、协作合同、加工合同、基建合同、仓保合同、保险合同、货运合同、责任合同等。以下将介绍合同草拟的正规做法。

从格式上讲，合同的写作有一定之规。它的首要要求是：目的要明确，内容要具体，用词要标准，数据要精确，项目要完整，书面要整洁。

从具体的写法上来说，合同有条款式与表格式等。前者是指以条款形式出现的合同，后者是指以表格形式出现的合同。

条款式合同与表格式合同在写法上都有各自的具体规范，对此在实践中只能遵守，而不可以明知故犯。一般来说，标的、费用与期限被称为合同内容的三大要素。在任何一项合同中，都应当三者齐备、缺一不可。如果从具体的条款撰写方面来讲，则一项合同至少需要具备标的数量、质量、价款或酬金，以及履约期限、履约地点、履约方式、违约责任等基本内容。对此种规范，商界人士必须自觉地遵照执行。

在草拟合同时，除了在格式上要标准、规范外，还必须注意遵守法律、符合惯例、合乎常识、照顾对手几方面的问题。

（一）遵守法律

在商务交往中，所有正式的合同都具有法律约束力。一旦合同订立，任何一方就都不可对其擅自变更或解除。因此，商界人士必须熟悉国家的有关法律与法规，以便充分地运用法律与法规来维护自身的正当权益。

从操作中的实际情况来看，商界人士在拟定合同时必须遵守的有关法律、法规主要涉及商品生产、技术管理、外汇管制、税收政策以及商检科目等方面。

在草拟涉外商务合同时，还必须遵守我国法律与国际法。遵守我国法律，是国家主权原则的体现，也是为了不损害我国的社会公共利益。遵守国际法，则是为了在对外交往中更好地与国际社会接轨，在国际经济合作中少走弯路。

（二）符合惯例

在草拟合同时，必须优先遵守法律、法规，尤其是必须优先遵守我国的法律、法规；遇到有关法律、法规尚未规定的，则可采用举世公认的国际惯例。

所谓商务交往中的国际惯例，是指那些为国际社会所普遍接受的、行之有效的、约定俗成的常规做法。例如，在商务交往中政治与经济应当分开，不允许借商务往来之便干涉他国的内部事务，或是伺机影响他方的内政。又如，双方进行国际贸易时，应参照国际商会制定的《跟单信用证统一惯例》（UCP600）来处理信用证中的问题及当事人之间发生的纠纷。

一般而言，国际惯例是维系商务交往正常化的一大基石，因此商界人士在草拟合同时应以它来协调自己的行动。对此不甚了了而贸然行事，到头来必定会吃大亏。

（三）合乎常识

在草拟合同时，商界人士有必要使合同的一切条款合乎常识，坚决不要犯常识性错误。

商界人士在草拟合同时应当具备的常识，是指与其业务有关的专业技术方面的基本知识，它们包括商品知识、金融知识、运输知识、保险知识和商业知识等。

商品知识其实是一个整体性的概念，它包括有关产品的生产过程和管理方面的知识，以及产品本身的一切知识。

金融知识是指与货币的发行、流通、回笼有关的一切知识。具体来说，它主要是指货币、汇率、信贷等方面的知识。

运输知识包括运输具体方式的选择、运输中商品形态的具体要求、运输的特殊条件以及运输的责任方等方面的知识，它们与仓储一样都是必须考虑的。

保险知识包括险别、选择以及办理程序等方面的知识，其对商务方面的交易是一种意义重大的保证。

商业知识是指与商品流通各环节有关的知识，它对合同的草拟也有一定的帮助。

具备上述各方面的常识，有助于商界人士在工作中得心应手，并为交往对象所敬重。在商务交往中，没有知识就等于没有实力，对此大家都心知肚明。

（四）照顾对手

正式合同的一大特征是有关各方必须协商一致，出自心甘情愿；反之，如果一方恃强凌弱、仗势压人，把自己的意志强加于对方，强迫对方与自己订立“城下之盟”，那么即使勉强签署合同，事后也会不断地发生纠纷，那样对有关各方都没有好处。

因此，商界人士在草拟合同的具体条款时，既要“以我为中心”，优先考虑自己的切身利益，又要替对方多多着想，顾全对方的体面，并尽可能照顾对方的利益，这是促使合同为对方所接受的最佳途径。

在进行与合同有关的谈判时，商界人士在具体条款上不仅要讲究原则性，也要讲究灵活性。在坚持根本利益的前提下，灵活地变通，适当地让步，这样能获得更多的利益。

二、签署合同

在正常情况下，合同的成立生效需要履行一定的手续。《中华人民共和国民法典》规定：

①当事人采用合同书形式订立合同的，自当事人均签名、盖章或者按指印时合同成立。在签名、盖章或者按指印之前，当事人一方已经履行主要义务，对方接受时，该合同成立。

法律、行政法规规定或者当事人约定合同应当采用书面形式订立，当事人未采用书面形式但是一方已经履行主要义务，对方接受时，该合同成立。

②当事人采用信件、数据电文等形式订立合同要求签订确认书的，签订确认书时合同成立。

当事人一方通过互联网等信息网络发布的商品或者服务信息符合要约条件的，对方选择该商品或者服务并提交订单成功时合同成立，但是当事人另有约定的除外。

仪式礼仪规定，为使有关各方重视合同、遵守合同，在签署合同时通常应举行郑重其事的签字仪式，即签约。

（一）准备工作

1.布置签字厅

签字厅既有常设专用的，也有临时以会议厅、会客室来代替的。布置它的总原则是庄重、整洁、清静。

一间标准的签字厅应在室内铺满地毯。除必要的签字用桌椅外，其他一切陈设都不需要。正规的签字桌应为长桌，其上最好铺设深绿色的桌布。

按照仪式礼仪的规范，签字桌应横放于室内；在其后，可摆放适量的座椅。签字人在就座时，一般应面对正门。

在签字桌上，按照惯例应事先安放好待签的合同文本，以及签字笔、吸墨器等签字时所用的文具。

与外商签署涉外商务合同时，还需在签字桌上插放有关各方的国旗。插放国旗时，在其位置与顺序上必须按照礼宾序列而行。例如，签署双边涉外商务合同时，有关各方的国旗须插放在该方签字人座椅的正前方。

2.安排签字时的座次

在正式签署合同时，各方代表对给予己方的礼遇均非常在意。因此，商界人士对在签字仪式上最能体现礼遇高低的座次问题应认真对待。

签字时各方代表的座次都由主方代为先期排定。合乎礼仪的标准做法是：

（1）签署双边合同

这时应请客方签字人在签字桌右侧就座，主方签字人则应同时就座于签字桌左侧。双方各自的助签人应当分别站立于各自一方签字人的外侧，以便随时对己方签字人提供帮助。双方其他的随员可按照一定的顺序在己方签字人的正对面就座，也可以依照职位的高低依次自左至右（客方）或自右至左（主方）地列成一行，站立于己方签字人的身后；当一行站不完时，可按照以上顺序并遵照“前高后低”的惯例，排成两行、三行或四行。原则上，双方随员人数应大体相近。

（2）签署多边合同

这时一般仅设一张签字椅，各方签字人签字时须依照有关各方事先同意的先后顺序依次上前签字。他们的助签人则应随之一同行动。在助签时，依“右高左低”的规矩，助签人应站立于签字人的左侧。与此同时，有关各方的随员则应按照一定的序列，面对签字桌就座或站立。

3.预备待签的合同文本

依照商界的习惯，在正式签署合同之前，应由举行签字仪式的主方负责准备待签合同的正式文本。

举行签字仪式是一桩严肃而庄重的大事，因此绝不能将“半成品”交付使用，或临近签字时，有关各方还在为某些细节而纠缠不休。在决定正式签署合同时，就应是合同的最终文本，即正式的、不再进行任何更改的标准文本。

负责为签字仪式提供待签的合同文本的主方，应会同有关各方一道指定专人共同负责合同的定稿、校对、印刷与装订。按照常规，应为在合同上正式签字的有关各方均提供一份待签的合同文本；必要时，还可再向各方提供一份副本。

在签署涉外商务合同时，比照国际惯例，待签的合同文本应同时使用有关各方法定的官方语言，或使用国际上通行的英文。此外，亦可同时使用有关各方法定的官方语言与英文。使用外文撰写合同时，应反复推敲、字斟句酌，不要望文生义、乱用词汇。

待签的合同文本应以精美的白纸印制而成，按大八开的规格装订成册，并以高档质料作为其封面。

4.规范签字人员的服饰

按照规定，签字人、助签人以及随员在出席签字仪式时，应穿着具有礼服性质的深色西装套装或西装套裙，并配以白色衬衫与深色皮鞋。男士还必须系上单色领带，以示正规。

在签字仪式上露面的礼仪人员、接待人员，可以穿自己的工作制服或是旗袍一类的礼仪性服装。

（二）签字程序

签字仪式虽然持续时间不长，但程序规范、庄重而热烈。签字仪式的正式程序通常分为下列几项：

1. 签字仪式宣布开始

此时，有关各方人员进入签字厅，在既定的位次上各就各位。

2. 正式签署合同文本

通常的做法是，首先签署己方保存的合同文本，再接着签署他方保存的合同文本。商务礼仪规定：每一位签字人在由己方所保存的合同文本上签字时，按照惯例应当名列首位。因此，每一位签字人均应首先签署己方保存的合同文本，再交由他方签字人签字。此种做法在礼仪上被称为轮换制。它的含义是：在位次排列上，轮流使有关各方均有机会居于首位一次，以显示机会均等、各方平等。

3. 签字人交换已由有关各方正式签署的合同文本

此刻，各方签字人应热烈握手、互致祝贺，并相互交换各自一方刚才所使用过的签字笔作为纪念，全场人员应鼓掌表示祝贺。

4. 共饮香槟酒祝贺

交换已签的合同文本后，有关人员，尤其是签字人当场干一杯香槟酒，是国际上通行的用以增添喜庆色彩的做法。

第二节　开业仪式

开业仪式是指在单位创建、开业，项目完工、交接，某一建筑物正式启用或某项工程正式开始之际，为了表示庆贺或纪念，而按照一定的程序隆重举行的专门仪式。有时，开业仪式亦称开业典礼。

开业仪式在商界一直颇受人们的青睐，究其原因，是因为通过它可以因势利导，对商家自身事业的发展裨益良多。一般认为，举行开业仪式至少可以发挥下述几个方面的作用：

第一，有助于塑造出本单位的良好形象，提高知名度与美誉度。

第二，有助于扩大本单位的社会影响，吸引社会各界的重视与关心。

第三，有助于将本单位的建立或成就“广而告之”，借此为自己招徕顾客。

第四，有助于让支持过自己的社会各界与自己一同分享成功的喜悦，进而为日后的进一步合作奠定良好的基础。

第五，有助于增强本单位全体员工的自豪感与责任心，从而为自己创造出一个良好的开端或开创一个新的起点。

开业仪式的礼仪一般是指在开业仪式筹备与运作的具体过程中应当遵从的礼仪惯例。通常，它包括以下两项基本内容：开业仪式的筹备、开业仪式的运作。

一、开业仪式的筹备

开业仪式尽管进行时间很短，但要营造出现场的热烈气氛并取得成功，绝非一件易事。由于它牵涉面甚广、影响巨大，所以不得不对其进行认真的筹备。筹备工作做得认真、充分与否，往往决定着一次开业仪式能否真正取得成功。主办单位对于此点务必给予高度重视。

（一）指导性方针

在筹备开业仪式时，首先在指导方针上要遵循以下原则：

1.热烈

热烈是要求想方设法在开业仪式的进行过程中营造出一种欢快、喜庆、隆重而令人激动的氛围，而不应令其沉闷、冷清、乏味。

2.节俭

节俭是要求主办单位勤俭持家，在举办开业仪式以及为其进行筹备工作的整个过程中，在经费的支出方面要量力而行、节俭，反对铺张浪费。

3.缜密

缜密是要求主办单位在筹备开业仪式时，既要遵守礼仪惯例，又要具体情况具体分析，认真策划，注重细节，分工负责，一丝不苟，力求周密、细致，严防百密一疏、临场出错。

（二）具体的工作

1.舆论宣传

既然举办开业仪式的主旨在于塑造本单位的良好形象，那么就要对其进行必不可少的舆论宣传，以吸引社会各界对自己的注意，争取社会公众对自己的认可或接受。为此所要做的常规工作有：

其一，选择有效的大众传播媒介，进行集中性的广告宣传。其内容多为开业仪式举行的日期和地点、开业之际对顾客的优惠、开业单位的经营特色等。

其二，邀请有关新闻界人士在开业仪式举行之时到场进行采访、报道，以便对方对本单位进行进一步的正面宣传。

2.邀请来宾

开业仪式的影响力往往取决于来宾的身份与数量。在力所能及的条件下，要力争多邀请一些来宾参加开业仪式。地方领导、上级主管部门与地方职能管理部门的领导、合作单位与同行单位的领导、社会团体的负责人、社会知名人士、媒体人士，都是邀请时应予优先考虑的重点。为慎重起见，用以邀请来宾的请柬应认真书写，并装入印制精美的信封，由专人提前送达对方手中，以便对方早作安排。

3.场地布置

开业仪式多在开业现场举行，其场地可以是正门外的广场，也可以是正门内的大厅。按照惯例，举行开业仪式时宾主应一律站立，故一般不布置主席台或座椅。为显示隆重与敬客，可在来宾尤其是贵宾站立之处铺设红色地毯，并在场地四周悬挂横幅、标语、气球、彩带；还应在醒目之处摆放来宾赠送的花篮、牌匾。来宾的签到簿、本单位的宣传材料、待客的饮料等，亦须提前备好。音响、照明设备以及开业仪式举行时所需使用的用具、设备，必须事先认真检查、调试，以防其在使用时出现差错。

4.接待服务

在举行开业仪式的现场，一定要有专人负责来宾的接待服务工作。除教育本单位的全体员工在来宾面前人人都要以主人翁的身份热情待客、有求必应、主动相助之外，更重要的是要分工负责、各尽其职。在接待贵宾时，需由本单位主要负责人亲自出面；在接待其他来宾时，则可由本单位的礼仪小姐负责此事。若来宾较多，须为来宾准备好专用的停车场、休息室，并应为其安排饮食。

5.礼品馈赠

举行开业仪式时赠予来宾的礼品一般属于宣传性传播媒介的范畴。若其选择得当，必定会产生良好的效果。根据常规，向来宾赠送的礼品应该具有如下四大特征：

第一，宣传性。礼品既可选用本单位的产品，也可在礼品袋内装入本单位简介或其主打产品的介绍等。

第二，纪念性。要使礼品具有一定的纪念意义，并使拥有者对其珍惜、重视，或为之感到光荣和自豪。

第三，独特性。礼品应当与众不同，具有本单位的鲜明特色，使人一目了然，并可令人过目不忘。

第四，便携性。一般而言，此刻赠予人的礼品应体积较小、不易破损，并且易于携带。

6.拟定程序

从总体上来看，开业仪式大都由开场、过程、结局等基本程序构成。开场，即奏乐、邀请来宾就位、宣布仪式正式开始、介绍主要来宾。过程是开业仪式的核心内容，通常包括本单位负责人讲话、来宾代表致辞、启动某项开业标志等。结局包括开业仪式结束后宾主一道进行现场参观、联欢、座谈等，它是开业仪式必不可少的尾声。为使开业仪式得以顺利进行，在筹备时必须认真草拟具体的程序，并选好称职的仪式主持人。

二、开业仪式的运作

站在仪式礼仪的角度来看，开业仪式其实只是一个统称。实际上，在不同的适用场合，它往往会采用一些更为具体的名称，如开幕仪式、开工仪式、奠基仪式、破土仪式、竣工仪式、下水仪式、通车仪式、通航仪式等。它们的共性都是要以热烈而隆重的仪式来为本单位的发展创造一个良好的开端；它们的个性则表现为仪式的具体运作上存在一些差异，需要在具体操作时加以注意。

下面，从仪式运作方面来介绍各种常见的开业仪式的主要特征。

（一）开幕仪式

在各种开业仪式中，商界人士平日接触最多的大概要首推开幕仪式了。正是出于这种原因，在不少人的认识里，开业仪式与开幕仪式往往被画上了等号。

严格地讲，开幕仪式仅仅是开业仪式的具体形式之一。通常它是指在企业正式启用之前，或在各类商品的展示会、博览会、订货会正式开始之前所举行的相关仪式。每当开幕仪式举行后，企业将正式营业，有关商品的展示会、展览会、订货会将正式接待顾客与观众。

依照常规，举行开幕仪式需要较为宽敞的活动空间。门前广场、展厅门前、室内大厅等处，均可用作开幕仪式的举行地点。

开幕仪式的主要程序共有以下几项：

第一，仪式宣布开始。全体肃立，介绍来宾。

第二，邀请专人揭幕或剪彩。揭幕的具体做法是：揭幕人行至彩幕前恭立，礼仪小姐双手将开启彩幕的彩索递交对方。揭幕人随之目视彩幕，双手拉启彩索，令其展开彩幕。全场目视彩幕，鼓掌并奏乐。

第三，在主办方代表的亲自引导下，全体到场者依次进入幕门。

第四，主办方代表致辞答谢。

第五，来宾代表发言祝贺。

第六，主办方代表陪同来宾进行参观。开始正式接待顾客或观众，对外营业或对外展览宣告开始。

（二）开工仪式

开工仪式实际上是在工厂准备正式开始生产产品、矿山准备正式开采矿石时所专门举行的庆祝性、纪念性活动。

为使出席开工仪式的全体人员均能耳濡目染、感同身受，比照惯例，开工仪式大都在生产现场举行，即以工厂的主要生产车间、矿山的主要矿井等处作为举行开工仪式的场所。

除主持人按惯例应着礼仪性服装之外，主办方的全体员工均应穿着干净而整洁的工作服出席仪式。

开工仪式的常规程序主要有下述几项：

第一，仪式宣布开始。全体起立，介绍各位来宾，奏乐。

第二，在主持人的引导下，主办方代表陪同来宾行至开工现场，如机器开关或电闸附近，全场肃立。

第三，正式开工。届时，应请主办方员工代表或来宾代表到机器开关或电闸旁，手动启动机器或合上电闸。全体人员此刻应鼓掌祝贺并奏乐。

第四，全体员工各就各位，上岗进行操作。

第五，在主办方代表的带领下，全体来宾参观生产现场。

（三）奠基仪式

奠基仪式通常是指一些重要的建筑物，如大厦、场馆、亭台、楼阁、园林、纪念碑等，在动工修建之初正式举行的庆贺性活动。

奠基仪式现场的选择与布置通常有一些独特的规矩。奠基仪式举行的地点一般应选择在动工修筑建筑物的施工现场。奠基的具体地点，按常规应选择在建筑物正门的右侧。在一般情况下，奠基石应为一块完整无损、外观精美的长方形石料。在奠基石上，通常文字应当竖写，在其右上方应刻有建筑物的正式名称，在其正中央应刻有“奠基”两个大字，在其左下方则应刻有奠基单位的全称以及举行奠基仪式的具体日期。奠基石上的字体大都以楷体字刻写，最好是白底金字或黑字。

在奠基石的下方或一侧，还应安放一只密闭完好的铁盒，内装与该建筑物相关的各项资料以及奠基人的姓名。届时，它将同奠基石一道被奠基人等培土掩埋于地下，以作纪念。

通常，在奠基仪式的举行现场应设立彩棚，安放该建筑物的模型或设计图、效果图，并使各种建筑机械就位待命。

奠基仪式的程序大体上可以概括为：

第一，仪式正式开始。介绍来宾，全体起立。

第二，主人对该建筑物的功能以及规划设计进行简介。

第三，来宾致辞祝贺。

第四，正式进行奠基。此时，应锣鼓喧天或演奏喜庆乐曲。首先，由奠基人双手持握系有红绸的新锹为奠基石培土。随后，由主人与其他嘉宾依次为之培土，直至将其埋没为止。

（四）破土仪式

破土仪式亦称破土动工，是指在道路、河道、水库、桥梁、电站、厂房、机场、码头、车站等正式开工之际专门为此举行的动工仪式。

破土仪式举行的地点大多应当选择在工地的中央或其某一侧。举行仪式的现场，务必事先进行认真的清扫、平整、装饰，至少要防止其出现道路坎坷泥泞、飞沙走石或者蚊蝇扑面的状况。

倘若来宾较多，尤其是高龄来宾较多，则最好在现场附近临时搭建一些以供休息的帐篷或活动房屋，使来宾免受风吹、日晒、雨淋。

破土仪式的具体程序大体上包括以下几点：

第一，宣布仪式开始。介绍来宾，全体肃立。

第二，主人致辞。以介绍和感谢为发言重点。

第三，来宾致辞祝贺。

第四，正式破土动工。其常规做法是：

首先，由众人环绕于破土之处肃立，并目视破土者以示尊重。

其次，破土者须双手执系有红绸的新锹垦土三次，以示良好的开端。

最后，全体在场者一道鼓掌，并演奏喜庆音乐或燃放鞭炮。

一般而言，奠基仪式与破土仪式在具体程序方面大同小异，其适用范围亦大体相近。因此，这两种仪式不宜同时在一处举行。

（五）竣工仪式

竣工仪式有时又称落成仪式或建成仪式，是指本单位所属的某一建筑物或某项设施建设、安装工作完成之后，某一纪念性、标志性建筑物，诸如纪念碑、纪念塔、纪念堂、纪念像、纪念雕塑等建成之后，以及某种意义特别重大的产品生产成功之后，专门举行的庆贺性活动。

举行竣工仪式的地点一般应以现场为第一选择，如新建成的厂区内、新落成的建筑物外以及刚刚建成的纪念碑、纪念塔、纪念堂、纪念像、纪念雕塑的旁边。

应予以重视的是，在竣工仪式举行时，全体出席者的情绪应与仪式的具体内容相适应。例如，在庆贺工厂、大厦落成或重要产品生产成功时，出席者应表现得欢快、喜悦。在庆祝纪念碑、纪念塔、纪念堂、纪念像、纪念雕塑建成时，出席者则须表现得庄严、肃穆。

竣工仪式的基本程序通常有下列项目：

第一，仪式宣布开始。介绍来宾，全体起立。

第二，本单位负责人发言。以介绍、回顾、感谢为主要内容。

第三，进行揭幕或剪彩。

第四，全体人员向竣工仪式的“主角”——刚刚竣工或落成的建筑物郑重其事地恭行注目礼。

第五，来宾致辞。

第六，进行参观。

（六）下水仪式

下水仪式是指在新船建成下水时专门举行的仪式。造船厂在吨位较大的轮船建造完成、验收完毕、交付使用之际，为其正式下水起航会举行庆祝性活动。

按照目前国际上通行的做法，下水仪式都是在新船码头上举行的。在举行仪式前，主办方应对现场进行一定程度的美化。例如，在船坞门口与干道两侧，应饰有彩旗、彩带。在新船所在的码头附近，应设置专供来宾观礼或休息用的彩棚。

对下水仪式的主角——新船，亦须认真装扮。一般的讲究是要在船头扎上由红绸结成的大红花，并在新船的两侧船舷上扎上彩旗，系上彩带。

下水仪式的主要程序大体上有以下项目：

第一，仪式宣布开始。介绍来宾，全体起立，乐队奏乐或锣鼓齐奏。

第二，由主人简介新船的基本状况，如船名、吨位、马力、长度、高度、吃水、载重、用途、工价等。

第三，由特邀掷瓶人行掷瓶礼。砍断缆绳，新船正式下水。

第四，来宾代表致辞祝贺。

行掷瓶礼是下水仪式中独具特色的一个节目。它在国外由来已久，并已传入我国。它的目的是要渲染出喜庆的气氛。它的做法是，由身着礼服的特邀嘉宾双手持握一瓶正宗的香槟酒，用力将瓶身向新船的船头投掷，瓶破之后酒香四溢，酒沫飞溅。在嘉宾掷瓶以后，全体到场者须面向新船行注目礼，并随即热烈鼓掌。此时，还可在现场再度奏乐或敲打锣鼓，释放气球，放飞信鸽，并在新船上撒彩花、抛彩带。

（七）通车仪式

通车仪式是指在重要的交通工程完工并验收合格之后正式举行的启用仪式。如公路、铁路、地铁以及重要的桥梁、隧道等，在正式交付使用前均会举行一次以示庆祝的通车仪式，有时通车仪式也叫开通仪式。

举行通车仪式的地点通常为公路、铁路、地铁新线路的某一端，新建桥梁的某一头或新建隧道的某一端。

在举行仪式的现场附近以及沿线两旁，主办方应适量地插上彩旗、挂上彩带；必要时，还应设置彩色牌楼并悬挂横幅。在通车仪式上，被装饰的重点应是用以进行“处女航”的汽车、火车或地铁列车。车头一般应被系上红花；在车身两侧则可酌情插上彩旗、系上彩带，并悬挂醒目的大幅宣传性标语。

通车仪式的主要程序一般有以下项目：

第一，仪式宣布开始。介绍来宾，全体起立。

第二，主人致辞。其主要内容是：介绍即将通车的新线路、新桥梁或新隧道的基本情况，并向有关方面谨致谢意。

第三，来宾代表致辞祝贺。

第四，正式剪彩。

第五，首次正式通行车辆。届时，宾主及群众代表应一起登车而行；有时须由主人所乘坐的车辆行进在最前方开路。

（八）通航仪式

通航仪式又称首航仪式，是指飞机或轮船在正式开通某一条新航线之际正式举行的庆祝性活动。一般而言，通航仪式除去其主要的角色为飞机或轮船之外，在其他方面，尤其是在具体程序的操作上与通车仪式大同小异。因此，这里就不再对其进行详述。实际操作时，通航仪式一般均可参照通车仪式的具体做法进行。

第三节 剪彩仪式

严格地讲，剪彩仪式是指商界的有关单位为庆贺公司设立、企业开工、宾馆落成、商店开张、银行开业、大型建筑物启用、道路或航线开通、展销会或博览会开幕等而隆重举行的一项礼仪性活动。因其主要活动内容是邀请专人使用剪刀剪断被称为“彩”的红色缎带，故被人们称为“剪彩”。

剪彩仪式一直长盛不衰并仍然被业内人士看好，主要基于如下几个方面的原因：

第一，剪彩活动热热闹闹，既能给主人带来喜悦，又能令人产生吉祥如意之感。

第二，剪彩不仅是对主人既往成绩的肯定和庆贺，而且可以对其进行鞭策与激励，促使其再接再厉，继续进取。

第三，可借剪彩仪式这一良机向社会各界通报自己的“问世”，引起各界人士对自己的关注。

在一般情况下，在各式各样的开业仪式中，剪彩仪式都是一项极其重要的、不可或缺的程序。尽管往往可以被单独分离出来独立成项，但在更多的时候，它都是附属于开业仪式的。这是剪彩仪式的重要特征之一。

剪彩仪式上有众多的惯例、规则必须遵守，其具体程序亦有一定的要求。剪彩仪式的礼仪就是对此所进行的基本规范。

从操作的具体层面来看，目前通行的剪彩仪式的礼仪主要包括剪彩的准备、剪彩的人员、剪彩的程序、剪彩的做法等方面的内容。

一、剪彩的准备

与举行其他仪式相同，剪彩仪式也有大量的准备工作需要做好，其中主要涉及场地的布置、环境的清理、灯光与音响的准备、媒体的邀请、人员的培训等。在准备此类工作时，必须认真细致、精益求精。

除此之外，主办方必须对剪彩仪式上所需的某些特殊用具，诸如红色缎带、新的剪刀、白纱手套、大的托盘以及红色地毯等，仔细地进行选择与准备。

（一）红色缎带

红色缎带，即剪彩仪式中的“彩”。作为主角，它自然是万众瞩目之处。按照传统做法，它应由一整匹未曾使用过的红色绸缎，在中间结成数朵花团而成。目前，有些单位为了厉行节约，而代之以长度为两米左右的细窄的红色缎带。

一般来说，红色缎带上所结的花团不仅要生动、硕大、醒目，而且其具体数目往往还同现场剪彩者的人数直接相关。

依照惯例，红色缎带上所结花团的具体数目有两类模式可依：

其一，花团的数目较现场剪彩者的人数多一个。这可以使每位剪彩者总是处于两朵花团之间，尤显正式。

其二，花团的数目较现场剪彩者的人数少一个。这不同于常规，有新意。

（二）新的剪刀

新的剪刀是专供剪彩者在剪彩仪式上正式剪彩时所使用的。每位现场剪彩者人手一把剪刀，而且必须崭新、锋利而顺手。主办方事先一定要逐把检查一下剪刀是否已经开刃，好不好用；务必确保剪彩者在以之正式剪彩时可以一举成功。

在剪彩仪式结束后，主办方可以将每位剪彩者所使用过的剪刀经过包装后送给对方以资纪念。

（三）白纱手套

白纱手套在此是专为剪彩者所准备的。在正式的剪彩仪式上，剪彩者在剪彩时最好每人戴上一副白色薄纱手套，以示郑重。在准备白纱手套时，除要确保其数量充足外，还须使之大小适度、崭新平整、干净洁白。有时，主办方亦可不准备白纱手套。

（四）大的托盘

大的托盘在剪彩仪式上是托在礼仪小姐手中用作盛放红色缎带、剪刀、白色薄纱手套的。剪彩仪式上所使用的托盘，最好是崭新、洁净的。它通常首选不锈钢制品。为显示正规，可在使用时在它的上面铺上红色绒布或绸布。

就数量而论，在剪彩时，既可以用一只托盘依次向各位剪彩者提供剪刀与手套，并同时盛放红色缎带；也可以为每一位剪彩者配置一只专为其服务的托盘，并使红色缎带专由一只托盘盛放。后一种方法往往显得更加正式一些。

（五）红色地毯

红色地毯在此主要用于铺设在剪彩者正式剪彩时的站立之处。其长度可视剪彩者人数的多寡而定，其宽度则不应少于一米。

主办方在剪彩现场铺设红色地毯，主要是为了提升档次，并营造出一种喜庆的气氛。有时，主办方亦可不予铺设。

二、剪彩的人员

主办方对剪彩人员必须认真选择并事先进行必要的培训。

除主持人之外，剪彩人员主要由剪彩者与助剪者两类人员构成。

（一）剪彩者

剪彩者，即在剪彩仪式上持剪刀剪彩之人。在剪彩仪式上担任剪彩者是一种很高的荣誉，而剪彩仪式档次的高低往往也同剪彩者的身份密切相关。因此，主办方在剪彩仪式中最重要的就是要把剪彩者选择好。

根据惯例，剪彩者可以是一个人，也可以是几个人，但其一般不宜人数过多。通常，剪彩者多由上级领导、合作伙伴、社会知名人士、员工代表或客户代表来担任。

确定剪彩者名单，必须是在剪彩仪式正式举行之前。名单一经确定，即应尽早告知对方，使其有所准备。一般情况下，确定剪彩者时必须尊重对方个人的意见，切勿勉强对方。需要由数人同时担任剪彩者时，应分别告知每位剪彩者届时他将与何人同担此任。这样做是对剪彩者的一种尊重；千万不要在剪彩仪式开始前才生拉硬拽，临时找人凑数。

必要时，主办方可在剪彩仪式举行前将剪彩者集中在一起，告知对方有关的注意事项，并稍事排练。按照常规，剪彩者应着套装、套裙或制服，并将头发梳理整齐；不允许戴帽子、戴墨镜，也不允许穿便装、便鞋。

若剪彩者仅为一人，则其剪彩时居中而立即可。若剪彩者不止一人，则对其同时上场剪彩时位次的尊卑就必须予以重视。一般的排列位次的方法是：中间高于两侧，右侧高于左侧，距离中间站立者愈远，位次便愈低。其中最重要的要求是：主剪者应居于中央位置。需要说明的是，之所以规定剪彩者的位次“右侧高于左侧”，是因为它是一项国际惯例，剪彩仪式理当遵守。其实，若剪彩仪式并无外宾参加，则执行我国“左侧高于右侧”的传统做法也没有什么不可以的。

（二）助剪者

助剪者在此是指在剪彩的一系列过程中从旁为剪彩者提供帮助的人员。一般而言，助剪者多由礼仪小姐担任。

具体而言，在剪彩仪式上服务的礼仪小姐可以分为迎宾者、引导者、服务者、拉彩者、捧花者、托盘者等。迎宾者的任务是在活动现场负责迎来送往。引导者的任务是在进行剪彩时负责带领剪彩者登台或退场。服务者的任务是为来宾尤其是剪彩者提供饮料，安排休息之处。拉彩者的任务是在剪彩时展开、拉直红色缎带。捧花者的任务是在剪彩时手托花团。托盘者的任务则是为剪彩者提供剪刀、手套等剪彩用品。

在一般情况下，迎宾者与服务者应不止一人。引导者既可以是一名，也可以为每位剪彩者各配一名。拉彩者通常应为两人。捧花者的人数则需要视花团的具体数目而定，一般应为一花一人。托盘者可为一人，亦可为每位剪彩者各配一人。有时，礼仪小姐亦可身兼数职。

对礼仪小姐的基本要求是相貌姣好、身材颀长、年轻健康、气质高雅、音色甜美、反应敏捷、机智灵活、善于交际。礼仪小姐的最佳装束应为：化淡妆，盘起头发，穿款式、面料、色彩统一的单色旗袍，配肉色连裤丝袜、黑色高跟皮鞋。除戒指、耳钉外，不宜再佩戴其他首饰。有时，礼仪小姐身穿深色或单色的套裙亦可。她们的穿着打扮必须尽可能地整齐划一。必要时，主办方也可从外单位临时聘请礼仪小姐。

三、剪彩的程序

在正常情况下，剪彩仪式应在行将启用的建筑、工程或者展销会、博览会的现场举行。正门外的广场、正门内的大厅都是可予优先考虑的最佳地点。活动现场可以略作装饰。在剪彩之处悬挂写有剪彩仪式具体名称的大型横幅，更是必不可少。

一般来说，剪彩仪式宜紧凑，忌拖沓，耗时愈短愈好，短则一刻钟即可，长则至多不宜超过一个小时。

按照惯例，剪彩既可以是开业仪式中的一项具体程序，也可以独立出来，由其自身的一系列程序所组成。独立而行的剪彩仪式通常包括如下基本程序：

1. 来宾就位

在剪彩仪式上，通常只为剪彩者、来宾和本单位的负责人安排座席。在剪彩仪式开始时，主办方应敬请大家在已排好顺序的座位上就座。在一般情况下，剪彩者应就座于前排；若不止一人，则应使之按照剪彩时的具体顺序就座。

2. 宣布开始

在主持人宣布仪式开始后，乐队应演奏音乐，现场可以燃放鞭炮，全体到场者热烈鼓掌。此后，主持人应向全体到场者介绍到场的重要来宾。

3. 宾主发言

发言者依次应为：主办方的代表、上级主管部门的代表、地方政府的代表、合作单位的代表以及重要来宾的代表。其内容应言简意赅，每人不超过3分钟，重点应分别为介绍、道谢与致贺。

4.开始剪彩

此刻，全体应热烈鼓掌，必要时还可奏乐。在剪彩前，主持人须向全体到场者介绍剪彩者。

5.进行参观

剪彩后，主办方代表应陪同来宾参观被剪彩之物。仪式至此即宣告结束。随后，主办方可向来宾赠送纪念性礼品，并以自助餐款待全体来宾。

四、剪彩的做法

进行正式剪彩时，剪彩者与助剪者的具体操作方法必须合乎规范；否则，就会使剪彩效果大受影响。

（一）上场

当主持人宣布进行剪彩之后，礼仪小姐即应率先登场。在上场时，礼仪小姐应排成一行行进，从两侧同时登台，或从右侧登台。登台之后，拉彩者与捧花者应站成一行。拉彩者应处于两端拉直红色缎带，捧花者则应各自双手捧好一朵花团。托盘者此刻须站立在拉彩者与捧花者身后一米左右，并自成一行。

当剪彩者登台时，引导者应在其左前方进行引导，使之各就各位。剪彩者登台时，宜从右侧出场。当剪彩者均已到达既定位置之后，托盘者应前行一步，到达前者的右后侧，以便为其递上剪刀、手套。

剪彩者若不止一人，在其登台时应排成一列，并使主剪者行进在前。在主持人向全体到场者介绍剪彩者时，后者应面含微笑向大家欠身或点头致意。剪彩者行至既定位置之后，应向拉彩者、捧花者含笑致意；当托盘者递上剪刀、手套时，亦应微笑着向对方道谢。

（二）剪彩

在正式剪彩前，剪彩者应首先向拉彩者、捧花者示意，待其有所准备后再集中精力，右手持剪刀，表情庄重地将红色缎带一刀剪断。若多名剪彩者同时剪彩，其他剪彩者应注意主剪者的动作，并与其协调一致，力求大家同时将红色缎带剪断。

按照惯例，剪彩以后，红色花团应准确无误地落入托盘者手中的托盘里，而切勿使之坠地；为此，需要捧花者与托盘者相互合作。剪彩者在剪彩成功后可右手举起剪刀，面向全体到场者致意，然后将剪刀、手套置于托盘内并举手鼓掌。接下来，剪彩者可依次与主办方代表握手道喜，并列队在引导者的引导下退场。退场时，剪彩者一般宜从原先上台的方向下台。

（三）退场

待剪彩者退场后，其他礼仪小姐方可列队由右侧退场。

剪彩者和助剪者在上下场时都要注意井然有序、步履稳健、神态自然，在剪彩过程中更要表现得不卑不亢、落落大方。

第四节 交接仪式

在商界，交接仪式一般是指施工单位依照合同将已经建设、安装完成的工程项目或大型设备，如厂房、商厦、宾馆、办公楼、机场、港口、车站，以及飞机、轮船、火车、机械、物资等，经验收合格后正式移交给使用单位之时专门举行的庆祝典礼。

举行交接仪式的重要意义在于，它既是商务伙伴对此前进行过的成功合作的庆贺，对给予过自己关怀、支持、帮助和理解的社会各界的答谢，又是接收单位与施工、安装单位巧妙地利用时机为双方各自提高知名度、美誉度而进行的一种公关宣传活动。

交接礼仪一般是指在举行交接仪式时须遵守的有关礼仪规范。通常，它具体包括交接仪式的准备、交接仪式的程序、交接仪式的参加等方面的具体内容。

一、交接仪式的准备

（一）来宾的邀请

对来宾的邀请，一般应由交接仪式的主办方——施工、安装单位负责。在具体拟定来宾名单时，施工、安装单位亦应主动征求自己的合作伙伴——接收单位的意见。接收单位对施工、安装单位草拟的名单不宜过于挑剔，但亦可对此酌情提出一些合理建议。

在一般情况下，参加交接仪式的人数自然越多越好。如果参加者太少，则难免会使仪式显得冷冷清清。但是，在宏观上确定参加者的总人数时，必须兼顾场地条件与接待能力，切忌贪多。

从原则上来讲，交接仪式的出席人员应包括施工、安装单位的有关人员，接收单位的有关人员，上级主管部门的有关人员，当地政府的有关人员，行业组织、社会团体的有关人员，各界知名人士，新闻界人士，以及协作单位的有关人员等。

在上述人员中，除施工、安装单位与接收单位的有关人员外，对其他所有人员均应提前送达或寄达正式的书面邀请，以示尊重对方之意。

邀请上级主管部门、当地政府、行业组织的有关人员时，虽不必勉强对方，但必须努力争取，并表现得心诚意切。利用举行交接仪式这一良机使施工、安装单位与接收单位同上级主管部门、当地政府、行业组织进行多方接触，不仅可以宣传自己的工作成绩，而且有助于有关各方之间进一步地实现相互理解和相互沟通。

若非涉密或暂且不宜广而告之，主办方在举行交接仪式时，既要争取多邀请新闻界人士参加，又要为其尽可能地提供一切便利；对不邀而至的新闻界人士，亦应尽量来者不拒。

（二）现场的布置

举行交接仪式的现场亦被称为交接仪式的会场。在对其进行具体选择时，通常应视交接仪式的重要程度、全体出席者的具体人数、交接仪式的具体程序与内容，以及是否要求对其进行保密等几个方面的因素而定。

根据常规，一般可将交接仪式的举行地点安排在已经建设、安装完成并已验收合格的工程项目或大型设备所在地的现场。有时，交接仪式的举行地点亦可酌情安排在主办方本部的会议厅，或施工、安装单位与接收单位双方共同认可的其他场所。

将交接仪式安排在业已建设、安装完成并已验收合格的工程项目或大型设备所在地的现场举行，最大的好处是可以使全体出席仪式的人员身临其境、感同身受，对被交付使用的工程项目或大型设备有直观而形象的了解，并掌握较为充分的第一手资料。倘若在交接仪式举行之后安排来宾进行参观，则更为方便可行。不过，若在现场举行交接仪式，往往准备的工作量较大。由于将被交付的工程项目或大型设备归接收单位所有，故此主办方事先要征得对方的同意，取得对方的配合。

相比之下，将交接仪式安排在主办方本部的会议厅举行，则可免除大量的接待工作，会场的布置也较为便利，特别是在将被交付的工程项目、大型设备不宜为外人参观或暂时不方便外人参观的情况下。此种选择的主要缺陷是：主办方往往需要付出更多的人力、财力和物力，全体来宾对将被交付的工程项目或大型设备缺乏身临其境的直观感受。

如果将被交付的工程项目或大型设备的现场条件欠佳，或出于主办方本部不在当地以及将要出席仪式的人员较多等其他原因，经施工、安装单位提议，并经接收单位同意之后，交接仪式亦可在其他场所举行，如宾馆的多功能厅、外单位出租的礼堂或大厅等处。在其他场所举行交接仪式，尽管开支较高，但可省去大量的安排、布置工作，并可提升仪式的档次。

（三）物品的预备

在交接仪式上，不少需要使用的物品都应由主办方提前进行准备。首先，必不可少的是作为交接象征之物的有关物品，包括验收文件、一览表、钥匙等。验收文件是指已经公证的由交接双方正式签署的接收证明性文件。一览表是指交付给接收单位的全部物资、设备或其他物品的名称、数量明细表。钥匙是指用来开启被交接的建筑物或机械设备的钥匙。在一般情况下，因钥匙具有象征性意味，故预备一把即可。

除此之外，主办交接仪式的单位还需为交接仪式的现场准备用以烘托喜庆气氛的物品，并应为来宾略备一份薄礼。

在交接仪式的现场，可临时搭建一处主席台。必要时，主办方还应在其上铺设一块红地毯，至少要预备足量的桌椅。在主席台上方，主办方应悬挂一条红色巨型横幅，上书交接仪式的具体名称，如“××工程交接仪式”“热烈庆祝××工程正式交付使用”。

在举行交接仪式的现场四周，尤其是在正门入口处、干道两侧、交接物四周，可酌情悬挂一定数量的彩带、彩旗、彩球，并放置一些色泽艳丽、花朵硕大的盆花，用以美化环境。

若来宾赠送的祝贺性花篮较多，可依照约定俗成的顺序，如“先来后到”“不排名次”等，将其呈一行摆放在主席台正前方，或分成两列摆放在现场入口处门外的两侧。在此两处同时摆放，也是可以的。不过，若来宾所赠花篮甚少，则不必将其公开陈列在外。

在交接仪式上用以赠送给来宾的礼品，应突出其纪念性、宣传性。诸如被交接的工程项目、大型设备的微缩模型，以及以其为主角的画册、明信片、纪念章、领带针、钥匙扣等，皆为上佳之选。

二、交接仪式的程序

交接仪式的程序具体来说是指交接仪式进行时的各个步骤。不同内容的交接仪式，其具体程序往往会各有不同。主办单位在拟定交接仪式的具体程序时，必须注意下述两个方面的重要问题：其一，必须参照惯例执行，尽量不要标新立异，另搞一套。其二，必须实事求是、量力而行，在具体的细节方面不必事事贪大求全。从总体上来讲，几乎所有的交接仪式都少不了下述几项基本程序：

（一）宣布交接仪式开始

此刻，全体与会者应进行较长时间的鼓掌，以热烈的掌声来表达对主办方的祝贺之意。在此之前，主持人应邀请有关各方人士在主席台上就座，并以适当的方式暗示全体人员保持安静。

（二）正式进行交接

具体的做法是：由施工、安装单位的代表，将有关工程项目、大型设备的验收文件、一览表、钥匙等象征性物品正式递交给接收单位的代表。此时，双方应面带微笑，双手递交、接收有关物品，然后相互热烈握手，标志着有关工程项目、大型设备已经被正式地移交给了接收单位。

假如条件允许，在该项程序进行的过程中还可在现场演奏或播放节奏欢快的喜庆乐曲。在有些情况下，为了进一步营造出热烈、隆重的气氛，此项程序亦可由上级主管部门或地方政府的负责人为有关工程项目、大型设备的启用进行的剪彩所取代。

（三）各方代表发言

按照惯例，在交接仪式上，有关各方代表应发言。他们依次应为施工、安装单位的代表，接收单位的代表，来宾的代表等。这些发言一般为礼节性的，并以喜气洋洋为主要特征。它们通常宜短忌长，只需要点到为止的寥寥数语即可。从原则上来讲，每个人的发言均应以3分钟为限。

（四）宣告仪式结束

随后，可安排全体来宾进行参观或观看文娱表演。此时此刻，全体与会者应再次进行较长时间的热烈鼓掌。

按照仪式礼仪的总体要求，交接仪式同其他仪式一样，在所耗费的时间上也是贵短不贵长的。在正常情况下，每一次交接仪式从头至尾所用的时间大体上不应当超过一个小时。为做到这一点，要求交接仪式在具体程序上少而精。正因为如此，一些原本应当列入正式程序的内容，如进行参观、观看文娱表演等，均被视为正式仪式结束后所进行的辅助性活动而被另行安排。

如果方便的话，正式仪式一结束，主办方与接收单位就应邀请各方来宾一道参观有关工程项目或大型设备。主办方应为此专门安排富有经验的陪同、解说人员，使各方来宾通过现场参观进一步深化对有关工程项目或大型设备的认识。

若出于某种主客观原因不便邀请来宾进行现场参观，也可以通过组织其参观有关的图片展览或向其发放宣传资料的方式来适当地满足来宾的好奇之心。但不论布置图片展览还是印制宣传资料，在不泄密的前提条件下，主办方均应尽可能地使内容翔实、资料充足、图文并茂。通常，图片展览或宣传资料应包括有关工程项目或大型设备的建设背景，主要功能，具体规格，基本数据，开工与竣工日期，施工、安装、设计、接收单位的概况，与国内外同类项目、设备的比较等。为了增强说服力，不妨多采用准确的数据来进行讨论、说明，有时可安排来宾观看利用视频设备播放的介绍相关项目或设备的制作精良的影视片。

在仪式结束后，若不安排参观活动，还可为来宾安排一场综艺类的文娱表演，以助雅兴。表演者既可以是主办方的员工，也可以是特邀专业人士；表演的主要内容应为轻松、欢快、娱乐性强的节目。

需要说明的是，有关的工程项目或大型设备的交接自然是与其完工验收相互衔接的。验收工作与交接仪式由于性质不同，故应有所区分。正式的验收工作应安排在交接仪式举行之前进行。

三、交接仪式的参加

参加交接仪式时，不论主办方还是来宾一方，都存在表现是否得体的问题。假如有人在仪式上表现失当，往往会使仪式黯然失色，甚至会因此影响到有关各方的相互关系。

（一）主办方的表现

主办方参加交接仪式时需要注意的主要问题有以下几个方面：

1.仪表整洁

主办方参加交接仪式的人员不仅应当是对外重点进行推介的“精兵强将”“有功之臣”，而且应当使之能够代表本单位的形象。为此，主办方必须要求其妆容规范、服饰得体、举止有方。

2.保持风度

在交接仪式举行期间，不允许主办方的人员东游西逛、交头接耳、打打闹闹；在为发言者鼓掌时，不允许厚此薄彼。当来宾向自己道喜时，主办方人员喜形于色无可厚非，但切勿嚣张放肆、得意忘形。

3.待人友好

不论自己是否专门负责接待、陪同或解说工作，主办方的全体人员都应当自觉地树立起主人翁意识，一旦来宾提出问题或需要帮助，都要鼎力相助。主办方人员不能一问三不知、借故推托、拒绝帮忙，甚至胡言乱语。即使自己力不能及，也要向对方说明原因，并及时向有关方面进行反映。

（二）来宾的表现

来宾在应邀出席交接仪式时主要应重视如下方面的问题：

1.致以祝贺

接到正式邀请后，被邀请者即应尽早以单位或个人的名义发出贺电或贺信，向主办方表示热烈祝贺。有时，被邀请者在出席交接仪式时将贺电或贺信面交主办方，也是可行的。被邀请者在参加仪式时还须郑重其事地与主办方的主要负责人一一握手，再次口头道贺。

2.略备贺礼

为表示祝贺之意，被邀请者可向主办方赠送一些贺礼，如花篮、牌匾、贺幛等。目前，以赠送花篮最为流行。它一般需要在花店订制，用各色鲜花插装而成，还应在其两侧悬挂特制的红色缎带，右书“恭贺××交接仪式隆重举行”，左书本单位的正式全称。花篮既可由花店代为先期送达，亦可由来宾在抵达现场时面交主人。

3.预备贺词

假若自己与主办方关系密切，则须提前预备一份书面贺词，以备被邀请代表来宾发言时之用。其内容应当简明扼要，主要是向主办方道喜祝贺。

4.准点到场

接到邀请后，务必牢记在心，并届时正点抵达；若不能出席，则应尽早通知主办方，以防在仪式举行时来宾甚少，使主办方因门庭冷落而难堪。

第五节　庆　典

一、庆典概述

庆典是各种庆祝仪式的统称。

就内容而论，商界所举行的庆祝仪式大致可以分为以下四类：

第一，成立周年庆典。通常，它都是逢5、逢10进行的，即在本单位成立5周年、10周年以及它们的倍数时进行。

第二，荣获某项荣誉的庆典。当单位本身荣获了某项荣誉称号、单位的“拳头产品”在国内外重大展评中获奖后，此类庆典基本上会举行。

第三，取得重大业绩的庆典。例如，千日无生产事故、生产某种产品的数量突破10万台、经销某种商品的销售额达到1亿元等，对此类来之不易的成绩往往也是要进行庆祝的。

第四，取得显著发展的庆典。当本单位建立集团、确定新的合作伙伴、兼并其他单位、分公司或连锁店不断发展时，自然值得庆祝一番。

就形式而论，商界各单位所举行的各类庆祝仪式都有一个最大的特色，即务实而不务虚。若能由此而增强本单位全体员工的凝聚力与荣誉感，并使社会各界对本单位重新认识、刮目相看，那么大张旗鼓地举行庆典，多进行一些人、财、物的投入，任何理智、精明的商家都会对此在所不惜；反之，若对于宣传本单位的新形象、增强本单位全体员工的自豪感无所作为，那么举行一次庆典即使花费不多，也完全没有必要。

商界人士在组织庆典与参加庆典时往往会有多方面的不同要求。庆典的礼仪就是由庆典的组织与庆典的参加等基本内容所组成的。

二、庆典的组织

筹备一次庆典如同生产和销售一样，首先要为它制订总体的计划。商界人士如果受命完成这一任务，则需要重视下述两大要点：

其一，体现出庆典的主要特色。

其二，安排好庆典的具体内容。

庆典应当以庆祝为中心，把每一项具体活动都尽可能组织得热烈、欢快而隆重。不论举行庆典的具体场合、庆典进行过程中的某个具体场面，还是全体出席者的情绪、表现，都要体现出红火、热闹、欢愉、喜悦的气氛。只有这样，庆典的宗旨——塑造本单位的形象、显示本单位的实力、扩大本单位的影响——才能够真正地得以贯彻落实。

庆典所具有的热烈、欢快、隆重的特色，应在其具体内容的安排下得到全面的体现。

如果站在组织者的角度来考虑，庆典的内容安排至少要特别注意以下问题：

（一）出席者的确定

主办方应精心确定好庆典的出席人员名单。庆典的出席者不应滥竽充数，或让对方勉为其难。在确定庆典的出席者名单时，始终应以庆典的宗旨为指导思想。一般来说，庆典的出席者应当包括以下几个方面：

1.上级领导

地方党政领导、上级主管部门的领导，大都对企业的发展给予过支持、关心、指导。邀请他们参加，主要是为了表示感激之心。

2.社会知名人士

根据公共关系学中的“名人效应”原理，社会各界的名人对公众最具有吸引力。能够请到他们，无疑有助于更好地提高本企业的知名度。

3.大众传媒

在现代社会中，邀请电视、互联网、报纸、杂志、广播等大众媒介参加庆典并主动与其合作，将有助于对方公正地介绍本企业的成就，进而有助于加深社会对本企业的了解和认同。

4.合作伙伴

在商务活动中，合作伙伴经常是同呼吸、共命运的。请他们来与自己一起分享成功的喜悦，既是完全应该的，也是绝对必要的。

5.社区关系

社区关系在此是指那些与本企业共居于同一区域、对本企业具有种种制约作用的社会实体。例如，本企业周围的居民委员会、街道办事处、医院、学校、幼儿园、养老院、商店以及其他单位等。请它们参加本企业的庆典，会使对方进一步了解、尊重、支持本企业，或给予本企业更多的方便。

6.企业员工

企业每一项成就的取得都离不开员工的兢兢业业与努力奋斗，在组织庆典时，是绝对不容许将他们排除在外的。

以上人员的具体名单一旦确定，就应尽早发出邀请或通知。鉴于庆典的出席人员甚多、牵涉面极广，故若非万不得已，不允许将庆典取消或改期。

（二）来宾的接待

与一般商务交往中来宾的接待相比，对出席庆祝仪式的来宾的接待更应突出礼仪性的特点。在庆典中，主办方不但应当热心细致地照顾好全体来宾，而且应当通过自己的接待工作使来宾感受到主人真挚的尊重与敬意，并想方设法使每位来宾都能心情舒畅。

庆典一经决定举行，即应成立对此全权负责的筹备组。筹备组成员通常应由各方面的有关人士组成，他们都应当是能办事、会办事、办实事的人员。

在庆典的筹备组内，应根据具体需要下设若干专项小组，在公关、礼宾、财务、会务、报道等各方面分工合作。负责礼宾工作的接待小组，大都不可缺少。在原则上，庆典的接待小组应由年轻、精干、身材与形象较好、口头表达能力和应变能力较强的人员组成。接待小组成员的具体工作通常包括以下几项：

第一，来宾的迎送，即在举行庆祝仪式的现场迎接或送别来宾。

第二，来宾的引导，即由专人负责为来宾带路，将其送到既定的地点。

第三，来宾的陪同，即对某些年事已高或非常重要的来宾，应安排专人陪同始终，以便照顾。

第四，来宾的招待，即指派专人为来宾送饮料、上点心，以及提供其他方面的关照。

凡应邀出席庆典的来宾，绝大多数人对本企业都是关心和友好的。因此，当他们光临时，主办方应当让他们受到热烈且合乎礼仪的接待；否则，必定伤害来宾的自尊心。

（三）现场的布置

举行庆祝仪式的现场是庆典活动的中心地点。对它的安排、布置是否恰如其分，往往直接关系到庆典留给全体出席者的印象的好坏。依据庆祝仪式礼仪的有关规范，在布置庆典现场时需要思考的具体问题有以下几点：

1.地点的选择

在选择具体地点时，应结合庆典的规模、影响力以及本企业的实际情况来决定。对本企业的礼堂、会议厅，本企业内部或门前的广场，以及外借的大厅等均可相机予以选择。不过在室外举行庆典时，切勿因地点选择不慎而制造噪声，妨碍交通或治安。

2.环境的美化

主办方在反对铺张浪费的同时，应当量力而行，着力美化庆典举办现场的环境。为烘托出热烈、隆重、喜庆的气氛，可在现场张灯结彩，张贴宣传标语，张挂标明庆典具体内容的大型横幅。如果有能力，主办方还可以邀请乐队演奏；但是此类活动应当适度，不要热闹过了头，成为“喧宾夺主”之举。

3.场地的大小

在选择举行庆祝仪式的现场时，应牢记并非愈大愈好。从理论上说，现场的大小应与出席者人数的多少成正比。也就是说，场地的大小应同出席者人数的多少相适应。人多地方小，必定拥挤不堪，让人心烦意乱；人少地方大，则会让来宾对本企业产生门庭冷落的错觉。

4.音响的调试

在举行庆典之前，主办方务必把音响调试好，尤其是供来宾们讲话时使用的麦克风和传声设备不允许出问题。在庆典举行前后播放一些喜庆、欢快的乐曲，只要不抢占“主角”的位置，通常都是可以的。主办方对于播放的乐曲应先期进行审查，切勿届时让工作人员自由选择，随意播放背离庆典主题的乐曲，甚至是悲伤的乐曲或不够庄重的诙谐曲和爱情歌曲。

（四）庆典的程序

一次庆典举办得成功与否，与其具体的程序往往不无关系。仪式礼仪规定，在拟定庆典的程序时有以下两条原则必须坚持：

第一，时间宜短不宜长。大体上讲，它应以一个小时为极限。如此规定，既是为了确保其效果良好，也是为了尊重全体出席者，尤其是为了尊重来宾。

第二，程序宜少不宜多。程序过多不仅会加长时间，还会分散出席者的注意力，并给人以庆典内容过于凌乱之感。

依照常规，一次庆典大致上应包括下述几项程序：

第一，宣布庆典正式开始，全体起立。

第二，本企业主要负责人致辞。其内容是对来宾表示感谢或介绍此次庆典的缘由等。其重点应是报捷以及庆典的可“庆”之处。

第三，嘉宾讲话。大体上讲，出席庆典的上级主要领导、协作单位及社区关系单位均应有代表讲话或致贺词；不过，应当提前约定好，不要当场推来推去。对外来的贺电、贺信不必一一宣读，但对其署名单位或个人应当依照“先来后到”或名称的汉字笔画顺序公布。

第四，文艺演出。此项程序可有可无。主办方如果准备安排，则应慎选内容，注意不要使之有悖于庆典的主旨。

第五，邀请来宾进行参观。如果有可能，则主办方可安排来宾参观本企业的有关展览或车间等。当然，此项程序有时亦可省略。

三、庆典的参加

庆典是企业最为重要的形象塑造和公关礼仪活动。可以说，没有任何一个企业会只为了庆典而庆典，其目的就是通过这一活动来向社会宣传、塑造自身的形象，并使社会对其商业价值、产品以及服务等进行了解。因此说，庆典的实质是企业进行公关宣传和企业形象塑造的工程。而在这个重大活动的过程中，礼仪具有非常重要的作用。

在庆典中，企业往往邀请各方来宾，如政府机关领导、客户代表、合作单位代表、各种媒体的记者等，对这些来宾都要按照礼仪规范的要求，做好各种接待、招待和安排工作。如果主办方不懂得礼仪要求，在接待中让来宾不满意或丢面子，轻则使庆典气氛和效果受到影响，重则影响本企业的声誉与前途。

（一）主办方人员

在举行庆祝仪式之前，主办方应对本企业的全体员工进行必要的礼仪教育。此外，主办方对本企业出席庆典的人员须规定好有关的注意事项，并要求其严格遵守。在此问题上，企业的负责人，尤其是出面迎送来宾和上主席台的人士，只能够身先士卒，绝不允许有任何例外。

按照仪式礼仪的规范，主办方人员在出席庆典时应严格注意的问题主要涉及以下几点：

1.仪容整洁

所有出席本企业庆典的人员，事先都要洗澡、理发，男士还应剃去胡须；不能蓬头垢面、胡子拉碴、浑身臭汗，给本企业的形象“抹黑”。

2.服饰规范

拥有制服的企业，应要求以制服作为本企业人士的庆典着装。无制服的企业，应规定届时出席庆典的本企业人员必须穿着礼仪性服装，即男士应穿深色的西装套装，配白衬衫、素色领带、黑色鞋袜；女士应穿深色西装套裙，配长筒肉色丝袜、黑色高跟鞋，或穿深色的西装套裤、花色素雅的连衣裙。

3.遵守时间

它是最基本的商务礼仪之一。对本企业庆典的出席者而言，不允许小看这一问题。上到本企业的最高负责人，下到级别最低的员工，都不得姗姗来迟，更不得无故缺席或中途退场。如果庆典的起止时间已有规定，则应准时开始、准时结束。

4.表情庄重

在举行庆典的整个过程中，主办方人员都要表情庄重、全神贯注、聚精会神，不允许嬉皮笑脸、嘻嘻哈哈或愁眉苦脸、一脸晦气、唉声叹气；否则，会使来宾产生很不好的想法，危害本企业的形象。

5.态度友好

在此所指的主要是主办方人员对来宾态度要友善、亲切。遇到来宾，主办方人员要主动热情地问好，对来宾提出的问题立即予以友善的答复，不要围观、指点来宾或对来宾持有敌意。当来宾在庆典上发表贺词或随后进行参观时，主办方人员要主动鼓掌表示欢迎或感谢。不论来宾在台上和台下说了什么话，主办方人员都应当保持克制，不要吹口哨、鼓倒掌、敲打桌椅、胡乱起哄；不允许打断来宾的讲话，向其提出挑衅性问题，与其进行辩论，或对其进行人身攻击。

6.行为自律

既然参加了本企业的庆典，主办方人员就有义务以自己的实际行动来确保它的顺利与成功。在出席庆典时，主办方人员在行为举止方面应注意的问题有：

① 不要“想来就来，想走就走”，或在庆典举行期间到处乱走、乱转；

② 不要找周围的人说悄悄话、开玩笑，或朝自己旁边的人甚至主席台上的人挤眉弄眼、做出怪样子；

③ 不要有意无意地做出对庆典毫无兴趣的姿态，如看报纸、读小说、听音乐、玩手机、打扑克、做游戏、打瞌睡等；

④ 不要让人觉得自己心不在焉，如探头探脑、东张西望、一再看手表或向别人打听时间。

7.发言简短

有关人员倘若有幸在本企业的庆典中发言，则须谨记以下问题：

（1）沉着冷静

发言人上下场时应不慌不忙，不要急奔过去或慢吞吞地走路。发言人在开口讲话前，应平心静气，不要气喘吁吁、面红耳赤、满脸是汗、急得讲不出话来。

（2）讲究礼貌

发言人在发言开始时，勿忘说一句“大家好”或“各位好”；在提及感谢对象时，应目视对方；在表示感谢时，应郑重地欠身施礼；对大家的鼓掌，应以自己的掌声来回礼；在讲话结束时，应当说一声“谢谢大家”。

（3）限时结束

发言一定要在规定的时间内结束，而且宁短勿长，不要随意发挥、信口开河。

（4）少做手势

发言人在发言时坚决忌用含义不明的手势。

（二）外单位人员

外单位人员在参加庆典时，同样有必要以自己的最佳临场表现来表达对主办方的敬意与对庆典本身的重视。外单位人员在参加庆典时，若以其所在单位代表的身份而来，而并非仅仅代表自己个人的话，则更应当注意自己的临场表现，丝毫不可自由放任、听之任之。

被邀参加庆典的商务来宾唯有懂得庆典礼仪，才能既使自己顺利完成参加庆典的任务，又使主办方满意，从而增加感情、密切合作关系，对双方的进一步合作产生积极的影响。

拓展阅读九

思政园地

中国银行和新华社签署战略合作协议

中国银行与新华社2019年8月12日在北京签署战略合作协议。双方将在推进金融业关键信息基础设施国产化、服务“一带一路”建设和助力脱贫攻坚战等方面进行战略合作。

中国银行历史悠久，是我国最早在海外设立分支机构、最早开拓国际金融业务的银行，金融服务遍及全球。新华社将充分利用“民族品牌工程”综合服务体系，为中国银行进一步扩大品牌影响力和社会效益提供高效服务。中国银行和新华社都是面向全球的服务机构，在资源属性、业务形态等方面有很强的互补性。双方的战略合作将坚持围绕中心、服务大局，始终把社会效益放在第一位。中国银行和新华社将充分发挥各自优势，聚焦各自主业，形成强大的工作合力，为服务“一带一路”建设、助力脱贫攻坚、推动人民币国际化作出贡献。党的二十大报告指出：“推动共建“一带一路”高质量发展。”此类战略合作值得继续推广。

资料来源　新华社. 新华社和中国银行在京签署战略合作协议［EB/OL］.（2019-08-12）［2021-10-28］. https://baijiahao.baidu.com/s?id=1641651954567225829&wfr=spider&for=pc.

关键术语

仪式　签约仪式　开业仪式　剪彩仪式　交接仪式　庆典

复习与思考

1.签字厅应如何布置?
2.签约时应如何排列座次?
3.常见的开业仪式有哪些具体形式?
4.剪彩仪式应怎样具体操作?
5.交接仪式有哪些主要程序?
6.庆典有哪些主要程序?

第十章

商务办公礼仪

现代社会与传统社会的不同之处，就是现代人必须与很多人一起工作。这就需要有协调相互行为的礼仪。这既是为了工作的效率，也是为了工作的愉悦感。良好的商务办公礼仪不仅关系到一个人的前程和事业发展，更重要的是能树立企业的良好形象。本部分包含办公室礼仪、电话礼仪、传真礼仪、网络礼仪和商务文书礼仪。

第一节　办公室礼仪

办公室礼仪包含许多琐碎的要求。它贯穿于工作的点点滴滴，很难用文字描述清楚。一般说来，办公室礼仪主要包括办公室一般礼仪、环境礼仪、员工个人礼仪、公共区域礼仪。

一、办公室一般礼仪

（一）良好的工作态度

对于干好工作而言，工作态度可能比工作能力更重要。一个人如果没有良好的工作态度，即使他有很强的工作能力，也无法把工作做好，当然也不可能获得事业上的成功。

良好的工作态度应是：不管在哪个工作岗位，平凡的或重要的、喜欢的或不喜欢的，都应尽心尽力、脚踏实地地去做。这是对一个员工的基本要求。现代社会的工作机构是为了一个总体的目标，依据一定的规则，按上下等级关系组织起来的。这是目前为止最有效率的组织方式。它不允许员工有自己的工作喜好，工作上的分工主要依据员工的能力和表现，一位称职的员工必须让工作性质来决定自己的行为选择。

对良好工作态度构成障碍的因素主要有三个：虚荣心、缺乏责任心、缺乏敬业精神。有很多人对工作的态度往往是只看重工作的外表，而不是工作本身。当自己不得不去从事一些看起来不够体面的工作时，人们往往对工作本身不能认同，并且在工作中表现出随便、马虎，用不屑一顾的态度来平衡自己。有一些人对所从事工作的职责范围缺乏明确的认识，工作时往往随心所欲，让个人的情感、情绪和倾向性支配自己的工作表现。还有一些人缺乏敬业精神，整天只是茫然地幻想着某种看来不错的职业，就业以后难以忍受工作的辛劳而又想换别的工作。这样的人永远也不可能真正喜欢工作，因而也永远找不到自己真正喜欢的工作。

所以，要养成良好的工作态度，应做到：

① 克服不必要的虚荣心，应从自身的条件出发去寻找真正适合自己的工作。

② 一旦作出了选择，就不要随意放弃工作；除非你觉得这份工作确实不适合你，并已找到了更适合的工作。

③ 在实际工作过程中，应明确自己的工作职责，并切实地履行它，不管你是否喜欢。

（二）基本行为要求

这里主要指每一个称职的员工在工作场所应做到的基本行为要求，主要包括以下方面：

① 上班不迟到。确切地说，员工应提前到达工作场所，做好上班的准备工作；万一迟到了，要先道歉，而不要急于作解释。

② 早上遇到同事要问好。

③ 上班时间精神饱满，不聊天，不打哈欠，不哼小调，不剪指甲等。总之，员工不能给人以疲惫松散的感觉。

④ 服装整齐。员工不能穿奇装异服。

⑤ 认真麻利地处理一切事务。属于自己职责范围内的事，员工既不要推托，也不要拖拉。

⑥ 处理好个人与集体之间的关系。员工不随意挪用集体的物品做个人用途，上班时间不处理私人事务。

（三）合作

一个组织就是一个系统。要使组织高效地运行，组织内部各部分之间必须密切配合。只有组织内部关系和谐，组织这一系统才能正常运转。因此，作为组织一分子的员工，不论你在组织中处于什么位置，都有义务与他人合作。这主要体现在对以下几种关系的协调方面：

1.协调好与上司之间的关系

上司在组织行动的实施中往往处于领导和支配的地位，要使组织正常运转，就必须确保上司领导的权威性。因此，作为下属，对上司总的态度应是尊重和服从。这是由工作集体的内部组织关系所决定的，而且从总体上讲，上司在经验、知识、能力和品德等方面具有值得下属尊重的地方。

在日常交往中，对上司的尊重和服从行为可体现在以下几个方面：

（1）恭敬问好

员工对上司不必谄媚，但碰到上司时应有恭敬的态度，应主动问好。员工对上司的称呼应用职务称呼，除非上司主动要求员工用其他称呼。

① 在走廊的前方遇到上司时，应趋前问好，但不能超越上司，抢先行走；

② 在狭窄的过道上与上司相遇时，应停止脚步侧身让路，并向上司问好；

③ 当上司走到你办公桌前时应起立问好；

④ 与上司同行时，应走在他的左侧或后边；

⑤ 上下汽车、进出大门或电梯都应请上司先行。

（2）认真完成上司布置的任务

上司布置任务时，员工应在笔记本上认真作记录；认真领会，努力完成，并将完成的进度和其他情况及时报告给上司，以便上司随时掌握工作的进程，作出进一步的安排和调整。

有时，可能会出现这样的情况：上司布置的任务有不正确或不可行之处。这时，与其盲目照办，还不如及时向上司提出自己的不同意见和看法。当然，提意见必须注意方法。

首先，提的意见要有理有据，具有说服力。在陈述不同意见时，要着重陈述事情的根据、原因，以及上司可能还不了解的一些背景材料，而结论最好由上司自己来得出。

其次，说话的语气应尽可能委婉，多用商量口气，避免肯定语气。

最后，要选择合适的场合和时机。最好能选择在与上司单独相处的场合，不能当着大家的面给上司提意见，更不能当着更上一级上司的面陈述你的意见。最适合的时机是上司心情不错的时候，这时他更容易接受不同意见。

如果上司没有采纳你的意见，则下属只能继续按上司的布置执行任务，不能消极抵触。

（3）创造性地完成任务并多提建设性意见

一个能尽心尽责、按部就班地完成上司下达任务的下属，固然是上司喜欢的好下属，但上司往往更喜欢那些能创造性地完成任务的下属。创造性地完成任务是指在没有偏离上司既定目标的前提下，使结果比原来预想的更理想。只有这样，员工才能使自己成为上司不可缺少的左右手，而不是谁都能替代的普通下属。

另外，一个称职的下属还应向上司多提建设性的提议。虽然上司可能比下属高明一些，但他肯定也有许多没有考虑到又对组织的发展很重要的事。如果下属想到了这些事情，并主动向上司提出来，便是对上司最好的配合。

（4）及时道歉

员工在因工作上出现失误而受到上司批评时，应平静地、坦率地认错，不要当场为自己作辩解，也不要觉得自己受了委屈而发牢骚、哭泣。即使你完全有理由证明错误的责任并不在自己，你也应等日后有机会时再作说明。

2.协调好与下属之间的关系

作为一个领导，应意识到一个部门的工作能否干好、一个组织的目标能否实现，主要取决于下属是否积极配合。领导是组织的决策者和指挥者，而具体的执行需要由下属来完成。下属的主动性、积极性能否得到充分的调动，将直接影响领导的决策和意图能否得到最终的贯彻，而下属的主动性和积极性又主要来自对组织的荣誉感、自豪感、安全感和归属感。能否在员工中产生这些感觉在很大程度上取决于领导对员工的关心和尊重程度。因此，上司在处理与下属的关系时关键在于四个字——善待下属。这具体体现在以下几个方面：

（1）关心下属的生活

让员工感到在这个组织里生活有保障、有依靠，因而能安心为组织工作。

（2）关心下属的个人前途

让员工感到有奔头，而不会永远原地踏步。一位好的领导对于自己下属的提薪、升职、继续培训和深造等应有一定的安排。

（3）私事莫劳下属

一名普通的员工应公私分明，上司也应该一样做到公私分明，不属于职责范围内的事不应随意劳烦自己的下属。如果一个领导经常为了自己的个人利益让下属去做一些超越他职责范围的事，则会很容易失去下属的信赖。

（4）指令明确、及时表扬

上司布置任务时应简明易懂，并给予适当指示。当下属完成任务时，上司应说一声“辛苦了”，以示慰劳；当下属工作出色时，上司应及时表扬。

（5）主动为下属承担责任

上司在平时工作上应对下属严格要求，但当出现责任事故时，对下属要尽量宽容，并主动为下属分担责任。

总之，上司在处理与下属的关系时，应把下属的利益放在首位。

3.协调好与同事之间的关系

同事关系与上下级关系相比具有两个显著的特点：

一是同事关系是一种平等的合作关系，相互不存在领导与被领导的关系；

二是同事之间既是天然的合作者，又是潜在的竞争者。

这两个特点决定了同事关系是一种复杂、微妙且难以处理的关系。

同事关系的协调可以从以下几个方面入手：

（1）入乡随俗

由于同事关系是同一工作集体中的工作关系，因此，良好的同事关系从自觉融入这个集体开始。不论是服饰仪表还是言谈举止，都应与同事保持一致，不要让自己在这个集体中格格不入。另外，新来的员工可以通过主动为大家做点事，来表示自己加入这个集体的诚意，如主动打扫办公室卫生、早上为大家沏好茶等。

（2）不干预他人事务

作为工作集体中的一员，在尽量使自己融入这个集体、把自己变成集体一分子的同时，还应注意尊重其他成员在集体中的个人空间（包括工作上、生活上和心理上的）。这具体体现在以下几个方面：

第一，不插手他人分管的工作。在你的同事忙不过来时，主动帮忙是应该的，但不要揽取，也不要对他人的工作指手画脚。

第二，不擅自借用他人的办公用品，包括笔、纸、刀等；也不要随意翻阅同事桌上的信件、文件、材料、书籍、杂志等物品。如需借用或借阅他人的东西，应先打个招呼。递送文件时，文字的方向应朝向对方（如图10-1所示）；递剪刀等危险文具时，应将安全部位朝向对方（如图10-2所示）。借了别人的东西，要记得及时归还，并不要随意转借。

图10-1　递送文件的方法

图10-2　递剪刀的方法

第三，不打听、传播同事的私人秘密。猜测、探听同事的隐私，以同事的隐私为谈资，很容易破坏正常的同事关系。

总之，同事之间既不要格格不入，也不要完全不分你我。

（3）发生争执时不要固执己见

在工作上，由于意见分歧而与同事发生争执是常有的事。但当发生争执时，注意不要变得情绪化，要冷静地听取对方对问题的看法，然后大家都设法退一步，以便找到解决问题的妥协点。如果对方情绪比较激动，一时很难找到妥协点，则员工最好先克制忍耐，保留自己的看法，等以后有机会时再作协商。

（4）避免嫉妒

由于同事之间既是合作者，又是竞争者，同事之间很容易产生嫉妒心理，这是同事之间友好相处的主要障碍。同事中某个人突然获得了提升或是嘉奖，其他同事难免会产生嫉妒心理。这种嫉妒心理有两个方面：

一是自己对同事的嫉妒。当自己对同事在工作上的成就和幸运产生嫉妒时，员工应把自己的嫉妒变成工作上努力进取的动力，而不要把嫉妒演绎成同事间的敌视和冷漠。

二是同事对自己的嫉妒。当自己成为同事中的幸运儿而成了同事们的嫉妒对象时，员工首先要理解同事们的这种心理，其次要用正确的方法去化解这种嫉妒。适当的示弱是消除嫉妒的有效方法。所谓示弱就是员工在适当的时候向同事们展示一下自己的弱点、短处、苦衷和不如意的地方，从而让相对处于弱势的同事们在心理上得到某种平衡。示弱也可以表现为员工在某些可以共同争取的机会面前主动放弃与同事的竞争，从而使同事与自己在个人事业发展上获得某种真正的平衡。

二、环境礼仪

办公室既是员工们工作的地方，也是组织与公众进行交往并让公众认识、了解组织的重要场所。清洁、整齐、舒适、优雅的工作环境能使员工心情舒畅、振奋精神，让人感到组织运行得有条不紊和充满生机，从而在一定程度上体现了组织管理的高水平和高效率。

环境礼仪主要包括以下两个方面：

第一，保持工作环境的清洁，包括桌面、地面和墙壁的清洁。员工不能在办公室随地乱扔纸屑，办公桌上的灰尘应经常擦拭。

第二，保持工作环境的整齐。这主要指办公室里的家具要摆放整齐、美观，办公桌上的文具、资料也应有序摆放。这不仅是为了办公室的整洁美观，同时是工作效率的保证。

三、员工个人礼仪

员工在办公室的行为举止应与办公室这一特定的工作环境相一致，并通过自己良好的行为来体现办公室应有的特点——整洁、高雅、安静、高效。

（一）与办公室的整洁、高雅相一致

员工在办公室的仪容、服饰应保持清洁、整齐、得体，言谈举止应保持端庄、稳重。其具体应注意以下几个方面：

① 工作服应经常洗涤，并熨烫整齐。

② 组织的徽标应佩戴整齐（应戴在上衣的左上方，与第一粒扣子对齐的地方）。

③ 不能穿拖鞋上班。

④ 女士不能穿背心裙、无袖裙、超短裙上班（具体请参阅本书第二章中关于“着装”的礼仪要求）。

⑤ 不能在工作场所理妆（如女士不能在办公室拉长筒袜，具体请参阅本书第二章中关于“仪容”的礼仪要求）。

⑥ 在办公室不应与同事开粗俗的玩笑，即使在电话里与同事交谈时也不能用

过于随便的语气。

⑦ 与客户交谈时应用敬语，这不仅是为了对客户表示尊重，同时是规范工作的体现。

⑧ 在办公室应保持良好的坐姿、立姿、行姿等（具体请参阅本书第二章中关于“举止”的礼仪要求）。

（二）与办公室的安静相一致

员工因工作需要而进行的交谈、走动都应轻声；在办公室门口或过道上，也不应高声谈笑（具体请参阅本书第五章中关于“交谈”的礼仪要求）。

（三）与办公室的高效相一致

员工不应在工作时间看报、闲聊（包括在电话里交谈时也不应聊与工作无关的事）、串岗等。

四、公共区域礼仪

公司洗手间、楼道、门和电梯等，虽然是相对大一点的公共场所，但是它仍然是办公室礼仪的延伸，常被人们忽视。其实，在公共领域的言谈举止仍是影响员工的职业形象的重要部分。

（一）进出门的礼仪

地位低的人为地位高的人开门、男士为女士开门是进出门的基本礼仪。随着社会生活节奏的加快，节省时间成了商务活动中人们的共同追求。随着女士地位的提高和男女平等观念的普及，许多女士追求独立、与男士平等的人格地位，不愿在一些小事上总以弱者、被人照顾的形象出现在商务场合。开门被认为是举手之劳的小事，浪费时间不值得，导致进出门的礼仪越来越实用化了。一般认为应该主人在前为客人开门，通常情况是先到者先开门。

（二）使用电梯、自动扶梯和楼梯的礼仪

1.电梯礼仪

电梯是大多数人在生活、工作中密不可分的交通工具，但懂得电梯礼仪和注意电梯礼仪的人并不多。下面介绍一些电梯礼仪，使乘坐电梯时既安全又得体，给对方（长辈、领导、客户、公众等）留下良好的印象。

在电梯门口处，如果有很多人在等候，请勿挤在一起或挡住电梯门口，以免妨碍电梯内的人出来；电梯内的人出来之后方可进入，不可争先恐后。当电梯门即将关闭时，不要扒门或强行挤入。在电梯人数超载时，不要心存侥幸，非进去不可。

当电梯在升降途中因故暂停时，要耐心等候，不要冒险。

与不相识者同乘电梯，进入时要讲先来后到，出来时则应由外而内依次而出。

与熟人同乘电梯，尤其是与长辈、女士、客人同乘电梯时，应先按电梯呼梯按钮。根据不同的电梯类别，出入电梯的顺序如下：

① 进入有人管理的电梯时，应主动后进后出。

② 进入无人管理的电梯时，为了便于控制电梯，应当先进去、后出来。乘坐无人管理的电梯时，轿厢到达厅门打开后，若客人不止一人，可先行进入电梯按住“开门”按钮，礼貌地说“请进”，等待长辈、女士、客人进入电梯轿厢，并按下他们要去的楼层按钮。若电梯行进间有其他人员进入，可主动询问要去几楼，帮忙按下楼层按钮。

在电梯里，尽量站成“凹”字形，挪出空间，以便后进入者有地方可站。电梯内可视状况是否寒暄，若没有其他人员可略作寒暄；若有外人或其他同事在，可斟酌是否有必要寒暄。到达目的楼层，一手按住“开门”按钮，另一手做“请”的动作，可说：“到了，您先请。”

2.自动扶梯礼仪

使用自动扶梯时，主人应走在前面，以便主人到达目的地后迎接引导客人。如果自动扶梯较宽，则人们应靠右侧站立，以便让着急的人从左侧超过。乘自动扶梯时不便交谈，最好等到达目的地后再谈，这样可以避免他人因不便交谈而感到尴尬。

3.楼梯礼仪

上下楼梯均应靠右单人行走，不应多人并排行走。

为人带路上下楼梯时，带路人应走在前面。上下楼梯时不应进行交谈，更不应站在楼梯上或楼梯转角处进行深谈，以免妨碍他人通过。若是男士，与长者、女士一起下楼梯时，如果楼梯过陡，则应主动行走在前，以防对方有闪失。上下楼梯时既要注意楼梯，又要注意与身前、身后之人保持一定距离，以防碰撞。上下楼梯时应注意姿势、速度。不管自己有多么急的事情，都不应推挤他人，也不要快速奔跑。与着裙装的女士上下楼梯时，接待陪同人员应走在女士前面。

（三）使用洗手间的礼仪

在洗手间里应同样讲究礼仪。要讲公共卫生，保持洗手间清洁，马桶或小便池用后要冲水。用后的卫生纸扔入垃圾桶里，从洗手间出来不要忘了洗手。

在洗手间还要注意言谈礼仪。洗手间是公共空间，开会中间或会后，一起处理棘手问题或办事回来，都可能言犹未尽，在洗手间中继续交谈。在卫生间里不要议论公事或议论别人，以防止隔墙有耳；若被当事人或有关人员听到，就会增添麻烦，严重者还会涉及泄密的问题。

第二节 电话礼仪

如今，电话的应用已经十分普遍，成为任何企业必不可少的基本工具。毫无疑问，接打电话的质量反映了一个人对待工作的真实态度。对方通过你接、打电话的方式、表现，会对你的形象、性格、素质形成一定的印象。

一、固定电话礼仪

固定电话是对外信息交流和沟通的主要工具。在此部分，我们介绍拨打电话礼仪和接听电话礼仪两部分内容。

（一）拨打电话礼仪

拨打和接听电话，总有一方是主动者。在通话双方之中，主动者被称为发话人，他的通话过程通常被叫作拨打电话；被动接听的一方被称为接话人，他的通话过程被叫作接听电话。发话人一般都是有事要通报或有其他要求，因此，在整个通话过程中其通常居于主动、相对支配的地位。这也对发话人提出了与之地位相一致的要求。

1.时间要求

要成功完成一次通话，首先就应该明确：通话唯有适宜而及时地进行，才能事半功倍。若不考虑时间因素，则往往会引起一些麻烦，无事生非。

（1）打电话的时间选择

打电话应考虑何时去电话更方便。按照国际惯例，通话的最佳时间有两个：一是双方预先约定的时间；二是对方方便的时间。

一般来说，尽量在对方上班10分钟以后或下班10分钟以前拨打，这时对方可以比较从容地应答，不会有匆忙之感。除有要事必须立即通告外，不要在他人的休息时间拨打电话，如每日7点之前、22点之后以及午休时间等。在用餐时拨打电话也不合适。

拨打公务电话，尽量要公事公办，不要有闲言碎语；也不能在他人的私人时间，尤其是节假日去麻烦对方。另外，若是有意识地避免对方的通话高峰时间、业务繁忙时间、生理厌倦时间，则打电话的效果会更好。给海外人士打电话，先要了解一下时差，不要不分昼夜，以免骚扰对方。

（2）限制通话时间

在一般情况下，每一次通话的具体长度应有意识地加以控制。基本原则是：以短为佳，宁短勿长。千万不能如决堤之水，滔滔不绝，没完没了，令人着急。有一条“3分钟原则”：在商务通话中，发话人应当自觉地、有意识地将每次通话的长度限定在3分钟之内，尽量不要超过这一时限。当然，这只是原则要求，在实际运用中，如果接话人的兴趣颇大，而你又有充裕的电话费，时间也可以适当延长。

（3）体谅对方

不论发话人与接话人双方关系如何、熟识到哪种程度，发话人在打电话时，应当善解人意，将心比心，对接话人多多体谅。在通话开始后，除了自觉控制通话时间外，就是要注意接话人的反应。比如，可以在通话开始之时，先询问一下对方，现在通话是否方便；假如不便，可约另外的时间，届时再把电话打过去。假如通话时间较长，如超过3分钟，亦应征求一下对方意见，并在结束时略表歉意。在对方节假日、用餐、睡觉时，迫不得已打电话影响了别人，不仅要讲清楚原因，而且别忘记说一声“对不起”。在他人上班时间内，原则上不要为了私事而打电话妨碍对方。

2.内容要求

通话内容尽量简练是控制通话时间的必要前提。发话人要做到内容简练，就必须从以下几个方面下功夫：

（1）事先准备通话内容

电话被称为“无形造访的不速之客”。在很多情况下，它都有可能打扰别人的正常工作或生活。因此，在每次通话之前，理应做好充分的准备。最好的办法是把对方的姓名、电话号码、通话要点等通话必不可少的内容列出一张“清单”。这样便可根据腹稿或文字稿来直截了当地通话，不会再出现现想现说、缺少条理、丢三落四的情况。

此种方法简单易行，只要养成了习惯，就会成为自己的自觉行动。它不仅利己利人，而且容易使通话对象感到自己办事情有板有眼、训练有素，从而对自己产生一定的好感。

（2）简明扼要

在通话之时，发话人讲话力求务实，不求虚假客套。问候完毕，立即开宗明义，直入主题，少讲空话，不说废话，绝不可啰唆、节外生枝、无话找话、短话长说。

（3）适可而止

发话人应自觉控制通话时长，要讲的话说完了，应当机立断，终止通话。由发话人终止通话，是电话交往的惯例之一，也是发话人的一项义务。若发话人不放下电话，接话人是不好意思这样做的。

3.语言要求

在通话时，发话人不仅不能使用不文明的语言，而且须切记，有三句话非讲不可，它们被称为“电话基本文明用语”。

① 在通话之初，要向对方恭恭敬敬地道一声“您好”，然后再言其他。切勿一上来就“喂”或开口便讲自己的事情。

② 在问候对方后，接下来自报家门，以便对方明确来者何人。这里有以下几

种方法可以借鉴：第一，报本人的全名；第二，报本人所在单位；第三，报本人所在单位和全名；第四，报本人所在单位、全名以及职务。第一种模式适于日常的私人交往，后三种多用于公务交往，而第四种最为正规。也就是说，即使是经常通话的人，也不可忽略自报姓名这道手续；不要想当然地认为对方定能听出自己的声音，以致对方一边谈话还要一边琢磨你的身份。

③ 在终止通话前，双方预感即将结束的片刻，发话人应主动先说一声“再见”。要是少了这句礼貌用语，就会使终止通话显得有些突兀，并使自己有礼始而无礼终，同样会使对方受到伤害和不解。

4.态度文明

发话人在通话时，除语言要“达标”之外，在态度方面也不可粗枝大叶。对态度具体有以下几点要求：

①打电话前应保持平静的心境。如果发话人在打电话前正与朋友闲聊，或是正进行激烈的争论，那么在打电话前应适当调整自己过分散漫或过分严肃的态度；否则，会把此前的散漫或严肃态度带进电话，并传递给对方，从而在对方心目中留下一个不太好的印象。

②如果电话是由总机接转，或对方的秘书代接的，则可在对方礼节性问候之后，“礼尚往来”地使用“您好”“劳驾”“请”之类的礼貌用语与对方通话，不要对对方粗声大气，出口无忌，或随随便便将对方呼来唤去。

③若是要找的人不在，可以选择以下几种应对方式：

第一，用“对不起，打扰了，再见”直接结束通话。这通常是在事情并不是很紧急，而且自己往往还有其他的联络方式的情况下使用。

第二，请教方便联系的时间或是其他可能的联系方式。这通常在事情比较紧急的情况下采用。具体的做法是：“请问我什么时候再打来比较合适？”“我有要紧的事（重要的事）要找×××，不知有没有其他方式可以与他联系？”不管对方是否为你提供了其他的联系方式，都应以“谢谢，再见”结束电话。

第三，请求留言。一般是在同对方的关系比较熟悉，或者是有资格让对方给你回话的情况下可以要求留言。具体的做法是：“如果可以的话（如果方便的话），麻烦您转告他，×××给他打过电话。”“请问我可以留言吗？”在得到肯定回答之后，告诉对方“请他给××××××××号码回个电话”，最后也应以“谢谢，再见”结束电话。

④在通话过程中，若电话因故中断，按礼节应由发话人再拨一次，不要不了了之，或等接话人一方打来电话；再次拨通以后，须稍作解释，以免对方生疑，以为是发话人不高兴才挂断的。

⑤发现自己拨错了电话，应马上说一声“对不起，我打错电话了”，因为毕竟你无故占用了对方的时间；千万不要不声不响把电话给挂了，更不要为自己打错电话而无端地抱怨，以免给对方的工作和生活带来不快。

⑥结束通话。一般来说，电话应由发话人来决定是否结束通话，因而挂电话也通常是由发话人先挂。但由于有时也会有这样的情况，接话人在对方要挂电话时还有话要说，这时，如果发话人匆忙挂断电话就有失礼貌，所以必须等到对方也说了“再见”后再挂电话。挂断电话时，应双手轻放，不要发出很响的挂机声。

5.举止文明

发话人在通话时，在举止方面应对自己有所要求；当众拨打电话时，对这一点更是不能掉以轻心。

如果一个主管并非担任高级职务，应该自己拨打电话，这是为了礼貌起见，不宜过多依赖秘书替你拨号。一个年轻的主管请秘书打电话给上层领导或老领导，就犯下了不敬的错误。若是不得已由秘书拨号，主管也应当在旁等候电话接通，而不是另干其他的事情，让对方等候，那样容易给人以摆架子的感觉。

在讲话时，嘴部与话筒之间应保持3厘米左右的距离。这样的话，就不会使对方接听电话时因话音过高或过低而感到不舒服了。

通话“半途而废”时，或连续拨号对方一再占线，要表现出应有的耐心，不要骂骂咧咧或采取粗暴的举动，甚至拿电话撒气。

（二）接听电话礼仪

电话是人类所有发明中最为便捷的通信工具之一。发话人可以随时向对方提出问题、进行远距离协调计划等。而这对接话人而言可能是一种干扰，因为不得不放下手头的工作去接听电话。

在整个通话过程中，接话人在接电话时虽处于被动的位置，但不可因此在礼仪规范方面得过且过，不加重视。

1.接听及时

电话铃一旦响起，接话人应立即停止自己手头上的工作，尽快予以接听。在电话铃响以后，接话人最好亲自接听，轻易不要让别人代劳。接话人不要在铃响许久甚至接连打几次之后，才去接电话；否则，会显得自己妄自尊大。不过，铃声才响过一次，接话人就拿起电话也显得操之过急，会令对方反应不及。

因特殊原因，致使铃响许久才接电话，接话人须在通话之初就向发话人表示歉意，如“对不起！刚才比较忙，让你久等了”，切勿强词夺理。

2.自报家门

在工作场所接电话，当你拿起电话后，首先应问候对方，然后自报家门，或是先自报家门再问候对方。

接电话时自报家门的目的有两种：

一是出于礼貌，说明有人正在认真接听。当对方首先问好后，接话人应立即问候对方，不要一声不吭或故意造作。

二是为了让对方知道有没有打对电话，万一打错电话就可以少费很多口舌。因为在工作场合，效率总是被首先考虑的事，规范的电话体现的不仅是对对方的尊重，而且是本单位的高效率和严管理的工作作风。

一般而言，接话人在公司接听办公电话时，则说“这是××公司”。若接话人在私人寓所接听电话，为了自我保护，可按照国外做法以电话号码作为自报家门的内容，即“这里是××××××××（电话号码）”，也可只报姓氏，不必留名。这种情况下，虽然接话人可以不介绍自己，但问候语和“请问你有什么事吗”“请问你想和谁通话”之类的通话内容是必不可少的。

3.态度谦恭

在通话时，接话人即使有急事，也要力求聚精会神地接听电话；不允许三心二意、心不在焉，或是把话筒置于一旁，任其自言自语。在通话过程中，接话人的态度应当谦恭友好，当对方身份较低或有求于己时，也应礼貌应对，不要拿腔作势、嘲弄讽刺，伤害对方的自尊心；也不要一言不发或爱理不理，有意冷场。接话人若有急事，可先说明，并表示稍后再回电话，或以后再详细说明；方便的话，可说明回电话的准确时间，以便对方等候。

4.中途离开

接话人在接听电话时，如果中途有事，必须中断通话走开一下，一般时间不应超过30秒，而且应恳请对方原谅。

5.合适的语音、语调

接话的语气很重要，是交际的关键。用清晰而愉快的语调接电话，能显示出说话人的职业风度及可亲的性格，给人良好的印象。

由于缺乏直观的形象，通话时对方无法看到你的着装、饰品、举止、表情，只能靠听觉对说话人的各种表现作出判断。在说过“你好”并自报家门后，你是热情还是不耐烦都会通过说话语调反映出来。随着谈话的继续进行，对方就会作出判断：你是热情友好、乐于助人，还是工于心计、满嘴胡言；你是放松自然，还是激动紧张。这一切都会通过你的语言、语音和语调传递给对方。

为此，接话人应保持平和的语调，答话前先作一次深呼吸，使自己冷静；说话应清晰，注意措辞，面带微笑，使声音听起来更有热情；必要时在电话机旁放面镜子，以随时提醒自己。

接电话时，接话人语调要平稳，不可时而悄声细语，时而吼声如狼，更不能时而悲泣难抑，时而狂笑不止，这都是一个人不懂得自控的表现，给人的感觉很不好。

接电话时，接话人应避免和旁人交谈。哪怕拿起话筒还没问候，此时有人来，接话人也不能再把话筒放下。接话人在语调上也不要搞“口技”表演，装张三学李四，这是没教养的表现。

接话人在通话时若想打喷嚏，应偏过头，捂住话筒，并说声“对不起”；千万不要边谈话边嚼口香糖或喝茶水之类。

不要使房间里的背景声音干扰电话交谈。比如隔壁的办公室正在装修，电钻正发出刺耳的噪声，接话人应先向对方解释原因，以求理解，并对由此带来的不便表示歉意。有时候，接话人可请对方稍等，离开噪声源。接话人更不能没有噪声而自己“制造噪声”，干扰电话交谈。

说话实际上是人际交往的主要内容，在电话中说话更有较多的挑战和礼数；若做不好，就会影响接听电话的质量。因此，从语音、语调入手，改善应答习惯，会对接听礼节乃至整个人际关系都大有裨益。

6.办公室的业务电话通常需要作记录

记录的内容应包括来电人的姓名和单位、来电的时间和主要内容，以及联络方式。来电人的姓名及单位通常应在对方自报家门时予以及时记录；如对方没有自报家门，应用合适的问句加以询问。来电的时间和主要内容通常可以在通话结束后再作记录。至于联络方式，如果对方没有主动告知，则可以主动询问。

一般的交往电话，如果有重要的内容，则须及时作记录并注意与对方核实，以免搞错。

7.转接电话

①当接话人接到找别人的电话时，在接话人替别人转接电话之前最好能先确认对方的身份，这也是出于对转接者是否接电话的选择权的尊重。尤其是负责与外界进行电话往来的办公室秘书，在办公室接电话时，不应该疏忽接电话的这一环节，也不能因为对方没有自报家门就想当然地断定打电话的人与其要找的人肯定很熟悉，因而就觉得没有必要去确认对方的身份。当然，如果接话人代接的是私人电话，则为了表示对个人隐私权的尊重，不去确认对方的身份可能更为妥当。向对方确认身份时，接话人应先表示一下歉意，如：“很抱歉，请问您是哪位？”千万避免用“你是谁”这样直接的问话去确认对方的身份，因为这会让对方觉得你很不友好。

②在需要转接电话时，接话人在转接之前应先说一声“请稍候”，即使被指定接电话的人就在旁边。这个“请稍候”的时间一般应在1分钟之内。如果被指定接电话的人在较远的地方，在1分钟之内可能不能赶到，或是正在忙其他事一时分不开身，这时应先询问一下对方是否方便等候，等得到肯定回答后再去找人接电话，譬如：“×××一会儿能来接电话，您方便等一下吗？”

有时，接话人估计被指定接电话的人会马上到，但事实上过了1分钟还没有来，就应拿起话筒向对方表示歉意，并询问对方是否方便再等一会儿，或是请教对方其他方便的联系方式。譬如：“对不起，×××好像一时走不开，您方便再等一会儿吗？或者您如果方便的话，我让他给您回电话。”

③当被指定接电话的人不在时，接话人除了向对方说抱歉外，还应尽量给人提供方便。具体做法有以下三种：一是告诉对方什么时候可以找到他要找的人；二是

承诺给对方回话；三是请对方留言。

8.接到打错的电话也需礼貌应对

接到打错的电话，人们很容易失去应有的礼貌，甚至会变得粗鲁，这是因为人们通常觉得打错电话的人与自己没有关联（就如同人们通常会对陌生人无礼一样）。但事实上，并非所有打错电话的人都必定与自己没有关联，有时候对方恰恰可能是与自己有重要关系的人。因此，我们在接电话时，最好能意识到每一个打进来的电话都是重要的，因而都应保持良好的礼貌用语。对打错电话的礼貌应对可以是："对不起，您打错了。"

9.通话结束

当对方向你说"再见"时，别忘了你也应说"再见"，并等对方挂机后再挂电话；最好不要一听到对方说"再见"马上就把电话挂了，尤其不能在对方一讲完事情，还没来得及说"再见"时就把电话挂断了。接话人挂电话时也应尽量小心轻放，别让对方听到你很响的搁机声。

二、手机（移动电话）礼仪

手机是现在人们使用最为频繁的电子通信工具之一。在使用手机时，除了需要注意上述固定电话礼仪外，还需要注意以下几方面的内容：

（一）手机放置

商界人士在正式的商务场合，手机暂时不用的时候，应将其放置在适当的位置，既便于工作上使用，又合乎礼仪。

商界人士携带手机外出时，应当将其有意识地放置于适宜之处。放置手机的最佳位置是随身携带的公文包或上衣口袋内。穿套装、套裙时，商界人士切勿将手机挂在衣内的腰带上。当与人坐在一起交谈时，商界人士可将手机放在身旁，并调到静音状态或关机。

（二）手机使用

1.不要妨碍他人

手机的最大好处是为了方便自己与外界进行联络，随时随地携带在身边；但是在任何情况下，都不可以把这种方便建立在有碍于他人之上。也正因为如此，手机的使用要求有很多：

（1）开会时不宜使用手机

开会期间，商界人士应自觉地关闭自己的手机，或者使之处于震动、静音状态。商界人士切不可任其随时随地"大呼小叫"，影响他人；否则，既会显得自己在开会时用心不专，也会对会议效果造成直接的破坏。

（2）公共场所不宜滥用手机

置身于公共场所时，人们应当尽可能地不使用手机，自觉保持安静，以免侵犯他人的权利。需要与别人通话时，人们应当寻找无人之处，切勿当众高声喧哗；前往法庭、影剧院、歌舞厅、展览会、博物馆、咖啡屋、宴会厅，以及商场、超市时，都应对此倍加小心。

2.保证通话顺畅

商界人士将手机号码告诉别人时应力求准确；否则，既有可能误事，又有蓄意骗人之嫌。商界人士将手机号码书面告知他人时，必须书写清楚；如系口头相告，则应当重复一至两遍，以便让对方有机会进行核对验证。

商界人士如果手机号码有变动，应主动通报于人，主要是尽早地向自己重要的商务交往对象进行通报，以防止双方的联系出现中断。在必要时，除手机号码外，商界人士不妨同时再告知商务交往对象其他的有效联络方式，做到有备无患。

万一因故暂时不使用自己的手机，商界人士应提前在语音信箱上留言或者口头告诉重要的商务交往对象；在进行说明时，最好明确手机暂不使用的具体期限和其他有效的联络方式。有时，商界人士还可采用设置呼叫转移的方式同外界保持联络。

第三节　传真礼仪

传真机是远程通信方面的重要工具，因其方便快捷，在现代商务活动和社会生活中使用越来越多，可部分取代邮递服务。传真件也是一种被普遍认可的文书形式。起草传真时应做到简明扼要、文明有礼。传真机有其独特的使用规则。

①如有可能，在发传真之前，应先打电话通知对方，因为很多单位是大家共用一台传真机，你不通知的话，你的传真件就可能会落在别人的手里或因别人不知道是谁的传真件而被丢入垃圾箱。

②传真机有自动和手动两种方式。手动方式需接听传真电话的人给你发送传真开始的信号，在听到嘀嘀的长音后再开始传真文档。自动方式不需对方人工操作，在拨通传真电话后，在几声正常电话回音之后，就会自动出现嘀嘀的长音，此后就可以开始传真文档。

③正式的传真必须有封面。封面页一般较为正式。有的公司使用“填空式”或封面专用纸。发急件时应在封面页注明，因为有的大公司定时分批发送公函和信件，如不标明急件，就容易被耽误。传真封面上注明传送者与接收者双方的公司名称、人员姓名、日期、总页数等，如此接收者可以一目了然。

如果不是非常正式的传真，也必须以3-1、3-2、3-3等方式标注页码，让接收者一看就知道传真共有3页，如果其中某一张不清楚或未收到，则可以请对方再将此页传一次。发送传真件时可以使用有本公司名称的公文纸，并注明时间与日期。传真一般应在每一页写明接收人姓名、电话号码以及所在部门的名称，如需要可写明发送人的姓名、传真号、电话号码、所在部门名称及传送文件页数。

④事先未经许可，不应传送太长的文件或保密性强的资料。由于传真机所用纸张的质量一般不高，印出的字迹可能不太清楚，要长久保存请将传真件复印。如果接收人需要原件备案，诸如一些需要主管人员亲笔签字的文件，如合同等，则应在传真后将原件用商业信函的方式寄送。

⑤私人事情未经请求最好不要使用公司的传真机，因为传真纸、电费、碳粉、机器耗损等均是附加成本，没有任何公司会喜欢员工使用传真机办私人事情。

⑥公共传真机保密性不高，任何刚好经过传真机旁边的人都可以轻易窥得传真纸上的内容，所以传真件不能确保完全保密；若是较私密的事，最好不用传真传达。

⑦书写传真件时，在语气和行文风格上应做到清楚、简洁，且有礼貌。传真信件时必须用写信的礼仪，如称呼、签字、敬语等均不可缺少，尤其是信尾签字不可忽略，这不仅是礼貌问题，而且只有签字才代表这封信函是经过发信者同意的。

第四节　网络礼仪

一、网络基本礼仪

网络礼仪是保障网络世界正常秩序的基本规范。国外一些计算机网络组织为其用户制定了一系列相应的规则。例如，美国计算机伦理学会制定的十条戒律是：

① 不用计算机伤害别人；

② 不干扰别人的计算机工作；

③ 不窥探别人的文件；

④ 不用计算机进行偷窃；

⑤ 不用计算机做伪证；

⑥ 不使用或复制没有付费的软件；

⑦ 未经许可不能使用别人的计算机资源；

⑧ 不盗用别人的智力成果；

⑨ 应考虑所编程序的社会后果；

⑩ 应以深思熟虑和慎重的方式使用计算机。

国外有些机构还明确规定了哪些网络行为是应该被禁止的，如美国南加利福尼亚大学“关于网络伦理的声明”指出了几种网络不道德行为：

① 有意造成网络交通混乱或擅自闯入网络及其连接系统；

② 商业性地或欺骗性地利用大学计算机资源；

③ 偷窃资料、设备或智力成果；

④ 未经许可接近他人文件；

⑤ 在公共用户场合做出引起混乱或造成破坏的行为；

⑥ 伪造电子函件信息。

二、网络训练礼仪

1.熟悉网络知识

所谓网络，就是将多台电脑联结在一起，使各用户之间能够通过数据库、聊天室、电子邮件和其他方式进行便捷的沟通与交流。网络可分为广域网和局域网两大类，如互联网属于广域网，大学校园网则属于局域网。

2.网上、网下行为一致

在现实生活中，绝大多数人都遵纪守法，注意用法律及道德标准规范自己的行为。同样，互联网上的道德和法律与现实生活中是相同的，在网上交流时也需要用法律的、道德的标准规范自己的行为。

3.入乡随俗

不同的网站、不同的聊天群有不同的规则。在某个聊天群能做的事情，在另一个聊天群可能不宜做，最好先观察后发言，以便了解聊天群的气氛和可以接受的行为。

4.尊重他人的时间

别人为你寻找答案需要花费时间和资源。在你提出问题之前，应先花些时间进行搜索和研究，也许同样的问题以前曾提出过多次，现成的答案随手可得。

5.在网上留个好印象

由于网络交流的匿名性，因此文字成为网民相互之间印象的唯一判断。交流和沟通时，如果对某一方面情况不熟悉，可以先阅读相关资料，在发言前应仔细检查语法和用词，尤其要注意的是不要使用脏话和挑衅的语言。

6.分享你的知识

在时间允许的情况下，你可以帮助其他人解决问题。当对某个问题有比较全面的了解时，你最好写份总结与大家分享。

7.平心静气地争论

争论是正常现象，但要注意以理服人，不要进行人身攻击。

8.尊重他人的隐私

如果你熟悉的某人用化名上网，你未征得本人同意便不能其真实姓名公开。如果你无意中看到了别人电脑上的邮件或秘密，则不应该“广播”。

9.不要滥用权利

群主、版主比其他用户享有更多权利，故应珍惜这些权利，而不要滥用特权。此外，商务公司要特别注意为客户保密。

10.宽容

当看到别人写错字或提出一个低级问题时，最好不必介意；当然，也可以私密的方式委婉地提醒对方。

三、掌握网络沟通技巧

（一）了解各种网络媒体

1.网站

网站分门户网站和分类网站。门户网站有内容包罗万象的搜狐网、新浪网等。分类网站有内容相对单一的中国文化网、中国汽车网等。所以，浏览新闻资讯，可以上新华网、凤凰网等；收集工作信息，则可上国家、地方人才网或各类求职网等；购物可以去天猫、京东等网站。

2.移动应用程序

移动应用程序主要是指安装在智能终端（包括智能手机、平板电脑、智能手表等）上的软件，完善原始系统的不足，实现个性化。移动应用程序为广大用户提供便捷的新闻、金融、通信、娱乐等多元化服务。例如，在中国，微信是一个用户非常多的应用程序，其为智能终端提供免费的即时通信服务。现在，我国很多行政机关、企事业单位和社会团体等申请了公众平台服务号、订阅号、企业号等，很多个人也申请了订阅号，达到为用户传达资讯、提供交互服务等目的。

3.自媒体

自媒体是指私人化、平民化、普泛化、自主化的传播者，以现代化、电子化的手段，向不特定的大多数或者特定的个人传递规范性及非规范性信息的新媒体的总称。自媒体平台包括博客、微博、微信、百度官方贴吧、论坛、视频应用程序等。

商界人士应全面利用好各种网络媒体，了解商业发展情况和趋势，寻找商机，进行商务沟通。商界人士在进行在线交流时，应尽量使用文明和简明扼要的语言、文字。

（二）收发电子邮件技巧

电子邮件是一种重要的通信方式，因其方便快捷、信息量大、费用低廉，深受人们的喜爱，使用者非常多，尤其是进行国际通信联络和大批量信息交流更是优势明显。商界人士对待电子邮件应像对待其他传统通信工具一样，要讲究礼仪。

① 发送电子邮件时，要尽可能不使邮件携带电脑病毒。电脑要安装杀毒软件进行实时监控；要是没有把握，不妨用正文的方式代替附件。

② 虽然是电子邮件，但是写信的内容与格式应与平常书信一样，称呼、敬语不可少，签名则仅以打字代替即可。

③ 注意网上保密工作。商界人士不要将公司或个人的账号、密码等记在电脑里，因为黑客的手段很高超。

④ 商界人士写电子邮件时，应言简意赅；写完后检查一下有无拼写错误和不必要的话，审查核定所用字体和字号是否合适。

⑤ 群发邮件时，一般邮件只需在收件人一栏将不同电子邮件地址之间用逗号分开；重要邮件请以秘密附件方式传递，这样接信的人只会看见信的内容，而不会知道其他收件人的名字和电子信箱。

⑥ 写邮件时最好在主题栏写明主题，以便让收信人一看就知道来信的要旨。

⑦ 最好不要将正文栏空白只发附件，除非因各种原因出错后重发的邮件；否则，不仅不礼貌，还容易被收件人当垃圾邮件处理掉。

⑧ 重要的电子邮件可以发送两次，以确保能发送成功；发送完毕后，可通过短信、微信、电话等询问是否收到邮件，通知收件人及时接收阅读。

⑨ 尽快回复来信。如果暂时没有时间，就先简短回复，告诉对方你已经收到邮件。

⑩ 许多邮箱容量有限，要定期及时清理邮件收件箱、草稿箱等，空出邮箱空间；及时将一些重要的电子邮件地址存入电子邮箱的通讯录中。

第五节　商务文书礼仪

一、商务信函礼仪

商界人士撰写商务信函的能力直接影响到各界人士对本公司的评估。商界人士发出的每一封信函都代表着自己公司的形象，显示着自己公司的水平和实力。所以，商务信函写作决定了商界人士是否以专业的方式同其他商界人士进行有效的沟通，是否能在商界人士的业务往来中占据举足轻重的地位。

（一）商务信函礼仪的总体要求

写作商务信函并不要求商界人士使用华丽优美的词句。所有商界人士需要做的就是，用简单朴实的语言准确地表达自己的意思，让对方非常清楚地了解自己想说什么。围绕这一点，下面总结了几方面的内容供借鉴：

1.简明扼要

商务信函一定要写得简明扼要、短小精悍、切中要点。如果是不符合主题或者对商务信函的目的不能产生利益的内容，则舍弃它们。因为这些内容不仅不能使交流通畅，反而会混淆视听，非但不能让读者感兴趣，反而会让他们恼火，产生反感。

在商务信函中，当涉及数据或者具体的信息时，如时间、地点、价格、货号等，尽可能做到精确。这样会使交流的内容更加清楚，更有助于加快事务的进程。

2.语气和语调

由于商界人士写的信函都是有目的的，所以在信函里所采用的语气、语调也应该符合自己的目的。在写之前先不妨仔细考虑一下，你要写的这封信函想达到一个什么目的，自己希望对收信人产生一种怎样的影响，是抱歉的、劝说性的，还是坚决的、要求性的。这完全可以通过信函中的语气和语调来表现。

3.真诚

不管是生活中的交往还是生意上的合作，真诚是最重要也是最基础的，所以商界人士的信函也必须充分体现自己的真诚。把写好的信函拿起来认真读一遍，确保你的自然和真诚。

4.礼貌

我们这里所说的礼貌，并不是简单用一些礼貌用语就可以的，而是要体现一种为他人考虑、多体谅对方心情和处境的态度。如果本着这样的态度去跟别人交流，那么就算你这次拒绝了对方的要求，也不会因此失去这个朋友，不会影响今后的合作机会。

特别要注意，当双方观点不能统一时，我方首先要理解并尊重对方的观点。如果对方的建议不合理或者对我方的指责不公平，我方可以据理力争，说明观点，但注意要讲究礼节、礼貌，避免用冒犯性的语言。

5.校对

写完商务信函之后，要检查拼写和语法是否正确，然后检查一下自己所提供的事实、数据等是否有错。我们都会犯错，但即使在你的信函里有一个极小的失误，也可能会破坏你在沟通方面的可信度，并使人对你表达的其他信息产生怀疑。

（二）邀请信

邀请信是邀请亲朋好友或知名人士、专家等参加某项活动时所发的邀约性书信。在商界人士的商务社交活动中，这类书信的使用极为广泛。

1.邀请信的内容

① 说明邀请对方参加什么活动，以及邀请的原因是什么。

② 将活动安排的细节及注意事项告诉对方，如时间、地点、参加人员、人数，做些什么样的准备及所穿的服饰等。

③ 为了方便安排活动，如有必要，可注明请对方予以回复，以便得知对方能否应邀及还有哪些要求等。

❖范文10-1　　　　**邀请信**

尊敬的大华公司负责人：

"202×·北京民用新产品新技术展销会"定于202×年9月18日至28日在北京国际展览中心举行，欢迎贵公司报名参展。

报名时间：7月1日至31日

报名地点：花园路甲10号

联系电话：010-××××××××

组委会敬请

202×年6月26日

2. 回函

商务礼仪中，对邀请信所进行的答复被称为回函。回函基本上都需要亲笔书写，以示重视；如果打印回函，则至少应当亲笔签名。

所有的回函，不管是接受函还是拒绝函，均须在接到书面邀约之后3日内回复，而且回得越早越好。

在回函的行文中，应当对邀请者尊重、友好，并且应当对能否接受邀约这一关键性问题作出明确的答复；切勿避实就虚，让人觉得"难解其中味"。如果拒绝邀约，则讲明理由就可以了。

回函的具体方式可参照邀请者发来的书面邀约，在人称、语气、措辞、称呼等方面，与之不相上下，就算不上失礼。

在写接受函时，应将有关的时间与地点重复一下，以便与邀请者核实无误。回函通知邀请者自己接受邀请后，不能届时失约；否则，会给邀请者增添许多麻烦。

❖范文10-2　　　　**接受回函**

成功影视广告公司总裁李××先生：

中岛公司董事长兼总经理吴××非常荣幸地接受您的邀请，将于3月20日上午9时准时出席贵公司的开业仪式。

谨祝开业大吉，并顺致敬意！

中岛公司　吴××

3月15日

拒绝邀约的理由应当充分，卧病、出差、有约在先等均可采用。在回绝邀约时，万勿忘记向邀约者表示谢意，或预祝其组织的活动圆满成功。

❖范文 10-3　　**拒绝回函**

尊敬的李××先生：

我深怀歉疚地通知您，由于本人明晚将乘机飞往德国法兰克福市洽谈生意，故而无法接受您的出席贵公司迎春茶话会的邀请。

恭请见谅，谨致谢忱。

此致

敬礼！

陈××敬上

1月10日

（三）感谢信

感谢信是商界人士为了答谢对方的邀请、问候、关心、帮助和支持，或是对于支援、帮助、关心自己的党政机关、企事业单位、社会团体表示感谢的礼仪专用书信。

1.感谢信的分类

感谢信依据不同的内容可以有不同的分法。

（1）依据感谢对象分类

① 给集体的感谢信。这类感谢信一般是个人由于在困难时受到了集体的帮助，使自己渡过难关、走出困境，所以要用感谢信的方式表达自己的感激之情。

② 给个人的感谢信。这类感谢信是个人或单位为了表达某个人曾给予的帮助、照顾而写的。

（2）依据感谢信的存在形式分类

① 公开张贴的感谢信。这种感谢信通过网络、报纸、电台或电视台等渠道公开发布。

② 直接寄往单位或个人的感谢信。

2.感谢信的格式和写法

感谢信通常由标题、称呼、正文、结尾和落款构成。

（1）标题

感谢信的标题写法通常有以下几种形式：

① 单独由文种名称组成，如“感谢信”。

② 由感谢对象和文种名称共同组成，如“致××剧院的感谢信”。

③ 由感谢双方和文种名称共同组成，如“××公司致××剧院的感谢信”。

（2）称呼

称呼写在开头顶格处，要求写明被感谢的行政机关、企事业单位、社会团体的名称或个人的姓名，然后加上冒号。

（3）正文

感谢信的正文从称呼下移一行空两格开始写，要求写上感谢的内容和感谢的心情。其应分段写出以下两个方面：

① 感谢的事由。这部分要精练地叙述事情的前因后果，叙述对方的好品德、好作风。叙述时务必交代清楚人物、事件、时间、地点、原因和结果，尤其重点叙述关键时刻对方的关心和支持。

② 揭示的意义。这部分要在叙事的基础上指出对方的关心、支持和帮助对整件事情成功的重要性以及体现出的可贵精神，同时表示向对方学习的态度和决心。

（4）结尾

结尾要写上表达敬意、感谢的话，如“此致，敬礼”“致以诚挚的敬意”等。

（5）落款

感谢信的落款署上发文单位名称或发文者的姓名，并且署上成文日期。

❖ **范文 10-4**

感谢信

××派出所：

我母亲已××岁，今年××月××日从老家××送我的小儿子到××市。在××站倒车时，她去卫生间迷了路，找不到孙子。贵所所长××同志了解这一情况后，立即发动所有同志去找。据我母亲说，你们找了1个多小时，在离火车开车前几分钟终于找到了我的小儿子，并将他们祖孙二人送上火车。

在此，我代表我全家向贵所及全体同志表示衷心的感谢！

你们热心助人、守护百姓的精神值得我学习。我是一名售货员，我一定要像你们那样兢兢业业、热情周到地做好我的服务工作。

此致

敬礼！

××市××商场　××

202×年××月××日

（四）证明信

证明信是以行政机关、社会团体、企事业单位或个人的名义凭借确凿的证据证明某人的身份、经历或某件事情的真实情况时所使用的一种专用书信。它也通常被称为证明或证明书。

1.证明信的分类

证明信的分类有很多种。

① 依据证明信的内容，我们可以将其分为证明某人身份、证明某人某一时期的工作经历和证明某件事情真相的证明信等。

② 依据证明信具体的存在方式，我们可以将其分为公文式、书信式、便条式三种格式。

证明信还可以分为以组织名义所发的证明信和以个人名义所发的证明信两种。而前者还可再分为普通书写的证明信和印刷证明信两种。

2.证明信的格式和写法

不论是哪种形式的证明信，其结构都大致相同，一般都由标题、称呼、正文、署名和日期等构成。

（1）标题

证明信的标题通常有以下两种方式构成：

① 单独以文种名称做标题，在第一行中间冠以“证明信”“证明”字样。

② 由文种名称和事由共同构成，写在第一行中间，如“关于××同志××情况（或问题）的证明”。

（2）称呼

写证明信时在第二行顶格写上受文单位的名称或受文个人的姓名、称呼，然后加冒号。

有些供有关人员外出活动证明身份的证明信因没有固定的受文者，开头可以不写受文者称呼，而是在正文前用公文引导词“兹”引起正文内容。

（3）正文

正文要在称呼写完后另起一行，空两格书写。要针对对方所要求的要点写，需要你证明什么问题就证明什么问题，其他无关的内容不写。例如，证明的是某人的历史问题，则应写清人名、何时、何地及所经历的事情；若要证明某一事件，则要写清参与者的姓名、身份，以及在此事件的地位、作用和事件本身的前因后果，也就是要写清人物、事件的本来面目。

正文写完后，要另起一行，写上“特此证明”四个字，也可在正文结尾处直接写出。

（4）署名和日期

要在正文的右下方写上证明单位的名称或个人的姓名、称呼，成文日期写在署名下另起一行，然后由证明单位的名称加盖公章或证明人签名、盖私章；否则，证明信将是无效的。

❖ 范文10-5　　证明信

兹有我厂工程师××同志、技术员××同志，前往湖北、广东、海南等省，检查并修理我厂出产的××牌热水器，希有关单位给予帮助。

特此证明。

××省××市××厂

（公章）

202×年××月××日

二、商务请柬礼仪

请柬，也叫请帖，是为邀请而发出的商务社交文书。在我国，请柬的使用有着悠久的历史。由于请柬是专用于请客的，所以形式、内容、措辞都比较讲究。现在，请柬从形式上归于单一，但内容和用途较以前更为广泛。

（一）请柬的形式与外观

现在请柬的形式比较单一，可以分为折叠式和正反式。折叠式请柬一般为一方纸的对折，对折后形成四面，封面印一些适当的图案，并印"请柬"二字；封底印图或素白；内面则写请柬的具体内容。正反式请柬是比较简朴的一种请柬，形同一张卡片，正面写"请柬"二字，背面则是请柬的具体内容。这种简朴的请柬现在较少使用。

从书写或印刷格式看，请柬又可分为竖式和横式。竖式请柬与传统的竖行书写方式相对应；横式请柬则与横行书写方式相对应。现在，横式、竖式请柬两种形式通用，但适当作一些选择也还是应该的。这种选择可以从以下几个方面考虑：

① 依据邀请参加的内容。传统、民族特色浓的活动可用竖式请柬，现代、西方特色浓的活动可用横式请柬。

② 依据所使用的文字。如果是纯外文（除日文等）或中外文并用的，则以横式请柬为宜。

对于一般的邀约来说，从文化用品商店挑选来的请柬就可以了。如果是大型活动或极富特色的专门活动，最好是专门设计、印制。比如商界举办的大型活动，要邀请好多人参加，一一填写地址、时间等是比较困难的，印刷则可以解决这些问题。如果是画展、音乐会等独具特色的活动，则可以专门设计请柬的封面，这样就会取得独特的效果。

（二）请柬的格式和写法

在现代商务活动中，请柬的运用是十分广泛的。商务请柬一般要平白、明确，简要写清楚因何所请，邀请出席的时间、地点等。

在横式请柬中，被邀请人的姓名顶格书写，正文写具体的邀请内容，最后是落款、地址和电话。

❖范文10-6 **横式请柬**

××先生：

兹定于202×年××月××日上午10时我店正式开业，3楼客厅同时接待业务洽谈。届时敬请光临赐教。

致礼！

×××

地址：××街××号

电话：××××××××

竖式请柬一般都用比较文雅的语言。长久以来，我国形成了一整套此类通用语，比如请人前来叫“敬请（恭候）光临（莅临、惠顾、惠临）”等；如果是请人为自己办某些事情，则用“指教”“指导”等。根据邀请客人的不同目的，请柬也可以有不同的用语。如果是请人来参加因某事而设的宴会，就用“特备薄酒”“淡酌”等。

（三）请柬的注意事项

1.答复回执

一般来说，接到请柬的人并不一定都来，活动的组织者等对此也要有一定的准备，即多发一些请柬，以邀请到预计的人数。不过，这总归还是不准确的。为了更准确地把握来客情况，有的请柬同时带有回执，即请被邀请人回复。回执最一般的是要求被邀请人明确是否光临，有的还要求回答其他情况，如是否自带舞伴；外地来的客人是否要求解决住宿问题等。回执可以是另外印制附于请柬的，也有的是请柬自带的。接到带回执的请柬，应将回执填好寄回，或者打电话告知有关情况。

2.请柬的附件

有的请柬除其本身以外，还要有其他的附件。比如，除了写清地址之外，请柬另附一张路线图，这对于寻找困难的地址或方便来客来说，都是必要的。再如，请人参加婚庆舞会而附舞会入场券，请人参观画展等附参观券。画展、音乐会、报告会等类活动的邀请，如能同时附上节目单、报告目录或其他资料，则最为妥帖，因为这样可以给人更明确的信息，以供人选择来还是不来。

3.加封

一般的请柬都应该加封，寄出的尤应如此，递交的则可不封口。这方面草率了，就会给对方不郑重的感觉。

4.有的请柬在发出前需征得对方同意

有的请柬是不能随便发出的，即这种请柬只能在对方同意应邀的前提下才能发出。比如，请人作某行业方面的知识、技术讲授，作报告或为自己做其他事情等，请柬要在征得对方同意的前提下发出；否则，就是“先斩后奏”“下命令”，就可能违背别人的意愿，显然，这些都是不礼貌的。同样是这种情况，如果请柬在发出前已经征得了对方的同意，则应将请柬及时送上；否则，也是不礼貌的。

5.请柬发出的时间

无论是递交还是寄交请柬，都应该把握请柬发出的时间。寄交的请柬则必须估计到足够的邮递时间；否则，就可能使被邀请者接到请柬时活动已经开始了，或是根本来不及准备。对于有回执的请柬来说，发出时间更应该提前，给被邀人留出足够的回复时间。需要对方准备的邀请，也应如此。

三、商务启事礼仪

启事是指在需要向大家公开说明某事或希望大家协助办理某事时所写的简短文字稿。它一般采用网络、电视、广播、报刊或张贴于公共场合等形式进行宣告。它的对象极为广泛，是社会大众。启事的目的是既求广又求快，通过多种传播媒介来达到要求。

（一）启事的特点

启事是一种较独特的社交礼仪文书，其特点主要有以下两个方面：

1.知晓性强

启事是用最大限度的传播媒介、最广的范围与传播空间、最短的时间来最大可能地将所启之事公告于社会大众，以使社会各界人士在尽量短的时间里知晓启事内容，尽快解决有关事项。

2.简洁明晰

启事内容要求事项少，文字简短有力。启事的用词要鲜明、清晰，简明扼要，文字精练，适用范围广且明确，使公众一看或一听就明确所启之事。

（二）启事的种类

启事适用范围广，涉及内容多，根据不同标准可分为多种类别。

1.按启事所涉及的事务分

（1）公务启事

这一般是指行政机关、企事业单位、社会团体向部分公众宣布或告知有关事宜时使用的启事，如招聘启事、租房启事、迁址启事、开业启事、征稿启事、征询意见启事等。

（2）私务启事

这一般是指个人向公众声明、要求、征询有关问题时使用，如寻人启事、寻物启事、征婚启事、家教启事等。

2.按启事所涉及事项的性质分

（1）征招类启事

这主要是指征求某些对象做某事或招收某些人员的启事，如征文启事、招工启事、招生启事、招标启事、征订启事、征集启事等。

（2）寻找类启事

这主要是指寻人或寻物启事。

（3）声明类启事

这主要是指声明某证件作废、辨别真伪，告知地址迁移、名称改变，提前或延期，开业或停业等情况的启事。

此外，还有不同目的与内容的其他启事，诸如道歉类、鸣谢类、辞行类、陈情类、喜庆类、丧祭类等礼仪色彩特别浓重的启事。

（三）启事的格式

启事的格式由标题、正文、落款组成。

1.标题

标题一般是指应写清楚启事的性质或主题，如“更正启事”“寻物启事”等。

2.正文

正文就是启事的主体，主要写所启之事及该事的旨意。正文要求直截了当地将所要求之事的具体内容、想法、意图明确地告知社会公众。为了便于联系，正文中的时间、地点、事物名称（人物姓名）、年龄、职业、要求或征询事项要写得明确、具体而简洁。

3.落款

落款要写明启事人姓名、单位名称及启事的确切时间。在正文之后空一行右下方位置落款。若报刊上的启事，可不写时间。

（四）启事的写作要求

1.标题要简短醒目

启事标题要尽量简短，一般用简称，像寻人启事用“寻人”标题，招聘启事用“招聘”标题等。为了醒目，其字体较正文的字体要大得多。

2.内容要突出重点

启事一般应一事一启，讲求一文一个中心思想，使人一看见就知道要做什么或怎样做某事。

3.陈述要简明扼要

启事一般用说明来表达主题，要求行文简短、明确，文字精练、准确，措辞严谨，不用比喻、夸张等修辞手法；切忌文字冗赘、语言晦涩。

4.行文要礼貌得体

启事是让社会各界了解、帮助做有关事情，或征求意见等，在行文上讲究一定的体式，用语上力求文明礼貌、得体、恰当，以彬彬有礼的告白引起社会公众的普遍理解或同情；切忌虚张声势、蒙骗愚弄、讥讽挖苦。

❖范文10-7　　**招聘启事**

北京市××耐火材料有限公司成立于2007年，是德国××公司在中国的重要合作伙伴。本公司的业务以贸易和产品制造为主，面向建筑卫生陶瓷、技术陶瓷乃至其他高科技材料领域，提供世界知名厂家的高技术含量原材料、耐火材料、专用设备及优质服务。

因本公司近年业务发展迅速，规模不断扩大，业务覆盖的高科技领域不断扩展，为此特邀请有志与本公司共同发展的人才加盟。职位与条件如下：

（1）耐火材料销售助理（1名），男性。要求无机非金属专业或硅酸盐专业大学本科学历，本行业3年以上工作经验，热爱本行业工作，对技术陶瓷行业有较好的认识，能熟练使用电脑，英文基础良好，懂德语者优先。

（2）技术陶瓷原材料销售助理（1名），男性。要求无机非金属专业大学本科学历，从事技术陶瓷专业工作3年以上，热爱本行业工作，能熟练使用电脑，英文基础良好，懂德语者优先。

（3）文员（1名），女性。要求大专以上学历，2年以上工作经验，能熟练使用各种办公软件，中文和英文文字功底良好，懂德语者优先。

有意者请按照以下任何一种方式和我们联系，合格则约见，谢绝来访！

联 系 人：李女士

电　　话：010-××××××××
电子邮箱：naihuohr@163.com
通信地址：北京市海淀区××路××号××写字楼××室
北京市××耐火材料有限公司
邮政编码：××××××

四、商务祝词与贺词礼仪

祝词是行政机关、企事业单位、社会团体或个人在喜庆场合对某人或某项即将开始的工作、事业表示祝福的言辞或文章。祝词一般是在事情没有结果时表示的一种祝愿和希望。

贺词是行政机关、企事业单位、社会团体或个人在喜庆场合对某人或某项已经取得成功的工作、事业表示祝贺的言辞或文章。贺词一般是在事情有了结果时表示的庆贺和道喜。

由以上可知，祝词和贺词的区别是显而易见的。祝词在事前祝，贺词在事后贺，但祝词、贺词在某些场合可以互用。今天人们在实际使用时常常将祝词、贺词混在一起，祝贺之间也难以分清，所以这里我们将其归为一部分进行介绍。

（一）祝词与贺词的分类

1.按祝贺对象分

（1）祝贺寿诞

祝贺寿诞的主要对象是老年人。在祝贺中，既赞颂他已取得的辉煌成绩，又祝愿他幸福、健康、长寿。祝贺寿诞的对象也可以是新得子女的一对夫妻，贺其喜得子嗣，祝其夫妻生活更加甜美。祝贺寿诞的对象也可以是自己，称自寿。自寿往往抒发个人的感慨、抱负或自勉。

（2）祝贺事业

事业成功的祝贺涉及范围极广。例如，一次商务会议开始时祝其圆满成功，会议结束时贺会议圆满结束；展览会剪彩时祝其取得较好的社会效益，展览会结束时贺其已达到了预期目的；某人考入大学时，贺其金榜题名，祝其鹏程万里。其他如公司开业、银行开张、报刊创办、社团纪念等均可贺其已取得的成就，祝其今后事业顺利发达。

（3）祝贺婚嫁

这是指既贺新婚，又祝新人婚后和谐美满。

（4）祝贺酒宴

以酒助兴，酒只是人们交往中的一种媒介形式。酒宴上的祝词、贺词，其实是在向赴宴宾客表达祝福和庆贺。

2.按表达形式分

（1）现场即席致辞祝贺

一般说来，商界人士在较为随意轻松的场合可以即兴表示祝贺；但在公共场合，为庄重、严肃起见，应按事先拟好的祝词与贺词发言。

（2）信函、电传和视频等祝贺

有时祝贺人无法到场祝贺，在这样的情况下，可以用手写信或电子邮件的方式祝贺，也可以发送传真或录制视频等方式来表示祝贺之意。

（二）祝词与贺词的特点

1.喜庆性

祝词与贺词是在喜庆的场合对祝贺对象的一种真诚的祝福和良好心愿的表达，因此，喜庆性是祝词与贺词的基本特点，在措辞上务必体现出一种喜悦、美好之情。

2.体裁的多样性

祝词与贺词无须拘泥于某种文体，可以根据祝贺对象的具体情况采用合适贴切的文章体裁，既可以用一般的应用文体，也可以采用诗、词、对联等各种其他的文体样式。

（三）祝词与贺词的基本格式和写法

祝词与贺词通常由标题、称呼、正文和落款四部分组成。

1.标题

祝词与贺词的标题一般由两种方式构成：

一是由致辞者、致辞场合和文种共同构成，如《周恩来总理在迎尼克松总统宴会上的讲话》。

二是由致辞对象和致辞内容共同构成，如《贺紫荆山国庆集体婚礼》《在刘××先生和李××女士婚礼上的祝词》。

2.称呼

称呼写在开头顶格处，写明祝词与贺词对象的姓名。一般要在姓名后面加上称呼甚至有关的职务头衔，以求敬重，如“尊敬的史密斯博士”。

3.正文

正文一般由三项内容构成。

（1）向对方致意

要说明自己代表何人或何种组织向对方及其何项事业祝福贺喜。如在《在创新电脑公司开业庆典上的贺词》一文中，此项内容如下：

改革开放带来累累硕果，党的十九大东风又吹来发展新气象。在这万象更新的金秋季节，天津创新电脑公司隆重开业了。在此，我代表各位来宾向公司表示衷心祝贺！

（2）概括评价对方已经取得的成就

如在《在创新电脑公司开业庆典上的贺词》一文中，此项内容如下：

公司的名字是“创新”，今天我的贺词也要来一个创新。在这里，我不想谈“门盈喜气，店满春风”的老话，也不想说“生意兴隆通四海，财源茂盛达三江”的俗愿，我只想从“创新”的“新”字谈起，那就是——新事、新风、新辉煌。

众所周知，科学技术是第一生产力。电脑这一崭新的生产力已经以惊人的速度进入人类的生活和工作领域。公司站在时代的前列，打出了“为时代文明铺路，让电脑走进千家万户”的旗帜，正可谓“胸怀四化业，志在绘宏图”。公司开业可喜可贺，公司所从事的事业更可喜可贺！

自古以来，没有哪个商家不贪利，没有哪个商家不爱财。但是，公司承诺：“我们要有别人没有的新风尚，生财有道，以德为先，以信为本。”公司推出了人无我有、人有我新的宗旨——“有价的电脑，无价的服务”“全心全意为用户，献出兄弟姐妹情”。朋友们，你们说，有这样的商家，有这样的新风，你们还愁买不到称心的电脑吗？公司还愁财源不像长江之水一样滚滚来吗？

（3）展望未来美好前景，再次向对方表示衷心的祝贺

如在《在创新电脑公司开业庆典上的贺词》一文中，此项内容如下：

创新，创新，只有创新才会出新；创新，创新，只有开拓才能前进。如今，党的政策已经为你们铺平了道路，朋友们，扬鞭启程吧！

各位来宾，让我们举杯祝愿，祝创新公司的事业蓬勃发展！

4.落款

落款处应当署上致辞单位的名称或致辞人的姓名，还要署上成文日期。

（四）祝词与贺词写作的注意事项

祝词与贺词要求热情洋溢、喜庆，满怀诚意地表达自己的良好祝愿。其多用褒扬、赞美、激励之词，但又千万不可用华而不实的词句，以免有阿谀奉承之嫌。

祝词与贺词的文体多种多样，只要写出特色、表达诚挚的祝愿即可。

五、商务讣告与悼词礼仪

（一）讣告

讣告又称“讣闻”。“讣”原指报丧的意思，就是将人去世的消息报告给大家。

讣告是行政机关、企事业单位、社会团体或个人把某人去世的不幸消息向逝者的亲戚、朋友、家属发出通告性文书。人去世之后，行政机关、企事业单位、社会团体或逝者亲属一般要进行一些悼念活动，来表示对逝者的哀悼之情、寄托哀思，上至国家领导下至平民百姓无不如此。

1.讣告的种类与写法

按照内容与形式的不同，讣告可分为一般式讣告、公告式讣告、新闻报道式讣告。

（1）一般式讣告

这是最常见的、最通用的一种讣告。其格式和写法如下：

①标题。开头一项居中写“讣告”或“逝者姓名+讣告”。字号要略大于正文的字号。

②正文。正文包含三层含义：

一是逝者姓名、职务、身份，逝者逝世原因、时间、地点，逝者的年龄；

二是简介逝者生平事迹，概述其一生中的重大成就和具有代表性的经历；

三是写明吊唁、开追悼会的时间、地点及注意事项。

③落款与时间。落款写单位名称、治丧委员会名称或个人姓名。时间写发讣告的具体日期。

（2）公告式讣告

公告式讣告是一种比一般式讣告隆重、庄严的讣告。它一般是根据逝者的职务、身份，由党和国家或一定级别的行政机关、社会团体作出决定发出，往往由公告本身及其他消息共同组成。它的格式与写法如下：

① 公布逝世消息。其包括标题、正文及公告时间三部分。标题由发出单位名称全称和“公告”组成。正文要写明逝者的姓名、职务，逝世原因、时间、地点，逝者的年龄，以及对逝者的简单评价和哀悼之词。最后写明公告时间。

② 治丧委员会公告。其包括标题、正文及时间三部分。标题一般用粗大字体写明《×××同志治丧委员会公告》。正文是对丧事的安排及具体要求。最后公布治丧委员会名单，写明公告时间。

（3）新闻报道式讣告

新闻报道式讣告常作为一则消息通过网络、电视、广播、报刊等渠道晓谕社会。其格式和写法都极为简单，只有标题和正文，不必落款，也不写时间。

① 标题。标题一般都是《×××同志逝世》。

② 正文。正文有两层含义：

一是简述逝者原单位、职务、身份、姓名，因何于何时在何地逝世，终年多少岁；

二是对逝者的生平作简要介绍。

2.讣告的印制与注意事项

（1）书写或印制讣告的形式

书写或印制讣告有以下形式：

① 一般式。其用一面32开或16开白卡纸，通栏横排正文；标题居中置于正文上面，字号略大于正文；正文字号大小一致；信封一般不用另行印制，使用素色普通信封即可。

② 公告式。其一般用白色纸张用墨笔抄写讣告全文。纸张的大小视讣告具体情况而定。

③ 新闻报道式。讣告全文加黑框。

（2）讣告的语气

讣告的语气要求准确、简练、严肃、庄重，以体现对逝者的哀悼。

❖**范文**10-8 **讣 告**

××厂吴××同志，因长期患肝硬化，经多方医治无效，于202×年××月××日10时26分逝世，终年××岁。

吴××同志自参加工作以来，一贯认真负责，积极肯干，多次被评选为先进生产者，深受全厂职工的尊敬和好评。他的病逝，使我们失去了一位好同志。为了寄托我们的哀思，兹定于××月××日上午9时在本厂礼堂开追悼会，希望吴××同志生前友好届时参加。

吴××同志治丧委员会

202×年××月××日

（二）悼词

悼词是对逝者表示哀悼的话或文章。它有广义和狭义之分。广义的悼词指向逝者表示哀悼、缅怀与敬意的一切形式的悼念性文章；狭义的悼词专指在追悼会上，对逝者表示敬意与哀思的宣读式的专用哀悼文体。

1.悼词的分类

（1）按照用途分

① 宣读体悼词。这种悼词专用于追悼会，由一定身份的人进行宣读。它是对在场参加追悼会的同志讲话，而不是对逝者讲话。悼词表达出全体在场的人对逝者的敬意与哀思，同时勉励群众化悲痛为力量。宣读体悼词以记叙或议论逝者的生平功绩为主，而不以个人抒情为主。另外，宣读体悼词受追悼大会本身的时间、地点、条件的限制，在形式上较为固定。

② 艺术散文类悼词。这类悼词内容广泛，包括所有的向逝者表示哀悼、缅怀

与敬意的情文并茂的文章，这类文章大都发表在报刊或网络媒体上。这种文章通过对逝者生平的回忆，展现逝者的品质和精神，虽志在怀念，但落脚在逝者的精神对活着的人的鼓舞和激励上。

（2）按照表现的手段分

① 记叙类悼词。其以记叙逝者的生平事迹为主，并适当结合抒情或议论。这是现代悼词最常见的类型，通过朴实的记叙文体表达对逝者的哀悼和怀念之情。宣读体悼词可以采用这种形式。

② 抒情类悼词。这类悼词以抒发对逝者的悼念之情为主，并适当地结合叙事或议论。抒情类悼词经常以抒情散文的形式出现，文学色彩浓厚，能在情感上打动人。它与一般抒情散文的不同在于悼词的情感不同于普通的情感，而是庄重、真挚、质朴、自然。

③ 议论类悼词。其以议论为主，以抒情、叙事为辅，重在评价逝者对社会的贡献。议论类悼词能够和现实生活紧密结合，是社会意义较强的一种哀悼文体。

2.悼词的基本格式

通常来讲，悼词没有固定的格式，但宣读体悼词的形式相对稳定，这里主要介绍一下宣读体悼词的格式和写法。宣读体悼词主要由以下部分构成：

（1）标题

标题的组成方式有以下两种情况：

① 直接由文种名称做标题，如“悼词”。

② 由逝者姓名和文种名共同构成标题，如“在宋庆龄同志追悼会上的悼词”。

（2）正文

悼词的正文通常由开头、中段、结尾构成。

①开头。这部分以沉痛的心情说明召开或参加此次追悼会的目的，尽可能全面而准确地说明逝者的职务、职称和称呼，以示尊崇，要注意这些称呼之间的先后顺序。接着，悼词简要地介绍逝者何时因何与世长辞，以及逝者的年龄等。

②中段。这部分承接开头，缅怀逝者。这是悼词的主体部分。该部分主要由两方面组成：

一是介绍逝者的生平事迹，即对逝者的籍贯、学历以及生平功绩进行集中介绍，应突出逝者对人民、对社会的贡献。

二是对逝者的思想、精神、作风、品质、修养等作出综合的评价，介绍其对他人和社会产生的积极影响，如鼓舞、激励了青年人，为后人树立了榜样等。

该部分的介绍可先概括地说，再具体介绍，也可先具体地介绍，再概括地总结。

③结尾。这部分主要写明生者对逝者的悼念及如何向逝者学习、继承其未竟的事业，化悲痛为力量，为国家、为社会作出更大的贡献等内容。最后要写上“永垂不朽”“精神长存”之类的话。悼词的结尾要积极向上，不应该是消极的。

（3）落款

悼词一般在开头就已介绍了参加追悼会的人员情况，所以悼词的落款一般只署上成文的日期即可。

3. 悼词写作注意事项

① 写悼词要具有概括性，不能变成流水账，要突出逝者的高贵品质和贡献。

② 悼词中对逝者的评价要公允，既不苛求，又不过分溢美。悼词一般不写逝者的缺点、错误，在写作时最好能事先与领导和家属进行商量，求得其同意。

③ 悼词的语言要简洁、朴实，并充满感情，做到哀而不伤、悲而不惨。

④ 悼词可事先印制成文，也可用毛笔抄写在白纸上，悬挂于追悼会场。

拓展阅读十

关键术语

邀请信　感谢信　证明信　请柬　启事　祝词与贺词　讣告　悼词

复习与思考

1. 办公室礼仪中应注意哪些细节？
2. 打电话时应选择什么时间比较合适？
3. 一般打电话应限制在多长时间为佳？
4. 打电话时在语言方面有哪些要求？
5. 接听电话为什么要自报家门？
6. 如何为他人转接电话？
7. 如何使用传真机？
8. 电子邮件礼仪有哪些？

主要参考文献

［1］金正昆．商务礼仪教程［M］．6版．北京：中国人民大学出版社，2019.

［2］刘长凤．实用服务礼仪培训教程［M］．2版．北京：化学工业出版社，2019.

［3］徐白．公关礼仪教程［M］．2版．上海：同济大学出版社，2019.

［4］李嘉珊．国际商务礼仪［M］．3版．北京：电子工业出版社，2018.

［5］胡晓涓．商务礼仪［M］．3版．北京：中国人民大学出版社，2018.

［6］邵凌霞，杨艾明，齐斌尧．现代礼仪与公共关系［M］．2版．北京：科学出版社，2017.

［7］李兰英，肖云林．商务礼仪［M］．3版．上海：上海财经大学出版社，2016.

［8］刘金同，刘晓晨，田桂芹．实用社交礼貌礼仪教程［M］．2版．北京：北京大学出版社，2013.

［9］金正昆．公关礼仪［M］．西安：陕西师范大学出版社，2012.

［10］朱美娥．你的形象何止百万［M］．大连：东北财经大学出版社，2012.

［11］闻君，金波．现代礼仪实用全书［M］．修订版．北京：时事出版社，2011.

［12］甘露，郭晓丽，杨国荣．商务礼仪［M］．北京：北京理工大学出版社，2010.

［13］少恒．实用礼仪大全［M］．北京：当代世界出版社，2010.

［14］陈国强．办公室礼仪与口才［M］．北京：中国经济出版社，2008.

［15］樊丽丽．实用生活礼仪常识［M］．北京：中国经济出版社，2008.

［16］付红梅．现代礼仪大全［M］．北京：中国华侨出版社，2008.

［17］郝凤波．商务礼仪——商务人士礼仪规范读本［M］．北京：地震出版社，2008.

［18］惠特摩尔．最权威商务礼仪课——商务精英必须知道的基本礼节［M］．姜岩，译．石家庄：河北教育出版社，2008.

［19］万锦虹，李英．商务与社交礼仪［M］．北京：北京师范大学出版社，2008.

［20］王慧敏，吴志樵，周永红．商务礼仪教程［M］．北京：中国发展出版社，2008.

［21］王平辉．社交礼仪规范与技巧［M］．南宁：广西人民出版社，2008.

［22］徐觅．现代商务礼仪教程［M］．北京：北京邮电大学出版社，2008.

［23］郭学贤．现代实用礼仪［M］．北京：首都师范大学出版社，2007.

［24］田超颖．商务社交礼仪全书［M］．北京：地震出版社，2007.

［25］谢迅．商务礼仪［M］．北京：对外经济贸易大学出版社，2007.

［26］余忠艳，李荣建，等．现代商务礼仪［M］．武汉：武汉大学出版社，2007.

［27］周敏．现代公务礼仪［M］．杭州：浙江大学出版社，2007.